Verstehen – BESTEHEN

Prüfungswissen Einzelhandel

Fit für die IHK-Prüfung

Autoren:

Reka Habel
Klaus Otte
Thomas Schmitz-Kaltenthaler
Thomas Wyrwoll

Cornelsen

Verlagsredaktion: Ralf Boden
Technische Umsetzung: Verena Hinze, Essen
Layout: vitaledesign, Berlin / Type Art, Grevenbroich
Umschlaggestaltung: Anja Rosendahl, Berlin
Titelfoto: shutterstock, iStockphoto

www.cornelsen.de/cbb

1. Auflage, 3. Druck 2017

© 2013 Cornelsen Schulverlage GmbH, Berlin
© 2017 Cornelsen Verlag GmbH, Berlin

Druck: AZ Druck und Datentechnik GmbH, Kempten

ISBN 978-3-06-151019-0

PEFC zertifiziert
Dieses Produkt stammt aus nachhaltig
bewirtschafteten Wäldern und kontrollierten
Quellen.

PEFC/04-31-2260

www.pefc.de

Vorwort

Berufskompetenz ist für eine erfolgreiche Tätigkeit in jedem Beruf notwendig. Gemeint ist damit, dass Sie als MitarbeiterIn in der Lage sein müssen, Probleme in Ihrem Berufsalltag zu analysieren, Problemlösungen zu entwickeln, sie umzusetzen und zu überprüfen, ob die Lösung erfolgreich war.

Die Grundlage jeder Berufskompetenz ist das berufliche Fachwissen. Das vorliegende Buch enthält das Fach- und Prüfungswissen für den Beruf „Verkäufer/Verkäuferin im Einzelhandel" und „Kaufmann/Kauffrau im Einzelhandel".

Die Zusammenstellung der Wissensbereiche folgt dabei dem Katalog der Prüfungsinhalte, wie er von der Aufgabenstelle für kaufmännische Abschluss- und Zwischenprüfungen (AKA) der Industrie- und Handelskammern herausgegeben wird.

Dieses „Verstehen – Bestehen: Prüfungswissen Einzelhandel" bildet das Fachwissen so ab, wie es für die Prüfungsfächer vorgeschrieben ist.

Für die Verkäufer/-innen und für die Kaufleute (Prüfungsteil 1):
I   Verkauf und Marketing
II Warenwirtschaft und Rechnungswesen
III Wirtschafts- und Sozialkunde

Und für die Kaufleute (Prüfungsteil 2):
IV Geschäftsprozesse im Einzelhandel

Als umfassendes Kompendium bringt dieses Buch das erforderliche Fach- und Prüfungswissen auf den Punkt – so kompakt wie möglich und so ausführlich wie nötig.

Es kann unterrichtsbegleitend zur Wiederholung und für die intensive Vorbereitung auf die Prüfung genutzt werden.

Durch die kompakte Darstellung in einem einzigen Band und die strikte Gliederung nach Prüfungsfächern sparen Sie vor der Prüfung die Mühe, sich den Prüfungsstoff in den drei Jahrgangsbänden des Lehrwerks „zusammenzusuchen".

Der Band eignet sich auch als Einführung für Quereinsteiger, als Kurzlehrbuch für Umschüler oder als Repetitorium der vorherigen Ausbildungsinhalte zu Beginn einer Weiterbildung.

Denn das Fachwissen ist so dargestellt, dass die Inhalte nicht nur rekapituliert, sondern grundlegend verstanden werden können.

Jedem der vier Prüfungsteile folgen daher Verständnisfragen, mit deren Hilfe Sie die Inhalte nochmals vertiefen können. Die gefundenen Antwort- und Lösungsmöglichkeiten überprüfen Sie selber in einem Lösungsteil am Schluss des Buches.

Verweise zwischen den einzelnen Kapiteln des Buches (jeweils mit „➡" gekennzeichnet) ermöglichen es Ihnen, sich gezielt über bestimmte Begriffe und Abläufe zu informieren.

Das bewusst umfangreich gehaltene und tief gegliederte Stichwortverzeichnis ermöglicht es Ihnen, jeden fraglichen Begriff oder Zusammenhang, über den Sie sich informieren wollen, schnell im Buch zu finden. Sind zu einem Stichwort mehrere Fundstellen angegeben, verweist jeweils die fett gedruckte Seitenzahl auf diejenige Seite, die für das Verständnis am maßgebendsten ist.

Am Ende des Buches sind für Sie die für die Prüfung und den Praxisalltag maßgeblichen Formeln und Schemata noch einmal zusammengefasst.

Viel Erfolg wünschen Autoren und Verlag!

Inhalt

I   Verkauf und Marketing

1   Information und Kommunikation

1.1   Informations- und Kommunikationssysteme

Informationen als Bestandteile des Wissens werden durch Kommunikation zwischen Sender und Empfänger in allen Unternehmungen zwischen den Mitarbeitern ausgetauscht. Für diesen Informationsaustausch stehen zur Verfügung:

Klassische Informationssysteme:
Akten, Karteien, Informationsanschläge („Schwarze Bretter"), Festnetztelefon und Telefax.

- **Akten** sind sachbezogene Sammlungen von Schriftstücken (Lieferer A bis M, Lieferer N bis Z)
- **Karteien** sind kurze, sachbezogene Informationen auf Karten sachlich zusammengefasst (Artikelkartei)
- **Informationsanschläge** dienen dem Austausch der Mitarbeiterinnen und Mitarbeiter zu allen Themen
- **Festnetztelefonie** ist durch die Notwendigkeit des Kabelanschlusses ein platzgebundenes Mittel der Kommunikation
- **Telefaxe** sind eingescannte Schriftstücke, die über die Telefonleitung dem Empfänger zugestellt werden, wobei das Empfangsgerät eine Kopie des eingescannten Schriftstücks erstellt.

Modernere Informationssysteme:
Mobiltelefone mit SMS, MMS und E-Mail, Computer mit Netzanschluss zum Intranet und Internet.

- **Mobiltelefone** (Handys) sind festnetzunabhängig und können deshalb ortsungebunden jederzeit eingesetzt werden.
- **SMS** ist der **S**hort **M**essage **S**erver über den von einem Mobiltelefon zum anderen Kurznachrichten i.d.R. mit bis zu 160 Zeichen versendet werden können.

- Der **M**ultimedia **M**essaging **S**ervice **MMS** verschickt komplexe Text-, Bild- oder auch Video-Dateien.
- Um per **E-Mail** (elektronischer Post) zu kommunizieren, müssen die Kommunikationsteilnehmer bei einem E-Mail-Provider mit einer eigenen E-Mail-Adresse angemeldet sein, sodass sie dann von PC zu PC oder Handy zu PC und umgekehrt Nachrichten austauschen können.
- **Computer** können in einem unternehmensinternen Netz (Intranet) miteinander kommunizieren oder auch im Internet (interconnected Network), weltweit.

(!) **Merke: Alle modernen Informationssysteme arbeiten nach dem EVA-Prinzip:**
E ingabe ➡ V erarbeitung ➡ A usgabe.

Für die Eingabe sind je nach Art der Eingabe unterschiedliche Geräte notwendig.

Art der Eingabe	Gerät
Sprache	Mikrofon
Zeichen aller Art	Tastatur
Strichcodes; Zahlen; Bilder; Texte	Scanner

Die **Verarbeitung** übernehmen Prozessoren, und die **Ausgabe** geschieht über Kopfhörer, Drucker, Lautsprecher, Monitor (Bildschirm).

Im aktuellen Einzelhandelsbetrieb ist i.d.R. die **Kasse mit angeschlossenem Scanner** das wichtigste **Eingabegerät.** Die Kasse ist mit dem Computer verbunden, auf dem als Programm ein **Warenwirtschaftssystem** (➡ Teil II, Kap. 1, S. 73) installiert ist, das nicht nur den Warenfluss der Unternehmung steuert.

Wegen der Bedeutung der Daten (Informationen), die auf dem Personal Computer (PC) gespeichert sind, ist es notwendig, diese

Daten gegen Missbrauch zu schützen. Dieser Datenschutz muss sowohl die Geräte (Hardware) umfassen, als auch die Programme und Dateien (Software). Beispielsweise können die Speicher (Festplatten) durch Schlüssel gesichert werden, aber auch wie die Software durch Programme und Passwörter. Organisatorische Maßnahmen (in großen Unternehmungen z.B. die Trennung von Eingabe und Auswertung) können ebenfalls der Datensicherheit dienen. Alle Mitarbeiterinnen und Mitarbeiter sind verpflichtet, die jeweiligen Datenschutzvorrichtungen der Einzelhandelsunternehmung einzuhalten.

1.2 Teamarbeit, Kooperation und Arbeitsorganisation

Die **Arbeitsaufgaben** in den Einzelhandelsbetrieben sind sehr komplex und werden deshalb immer häufiger in Teamarbeit organisiert. Während bei der Gruppenarbeit ein Gruppenleiter für die Verteilung der Aufgaben zuständig ist und jedes Gruppenmitglied bestimmte organisatorische Gruppenaufgaben übernimmt, ist die Teamarbeit dadurch gekennzeichnet, das die einzelnen Teammitglieder sich gegenseitig schätzen, sich gegenseitig unterstützen und die Arbeitsbeiträge aller Teammitglieder gleich viel wert sind **(Äquivalenzprinzip).** Deshalb ist es sinnvoll, bei der Zusammenstellung der Teams darauf zu achten, dass die einzelnen Teammitglieder zueinander passen.

Im Team darf es **keine Denkverbote** geben. Nur dann kann es

- seine volle Kreativität entwickeln,
- die Qualität der Arbeit steigern,
- den Informationsfluss verbessern,
- bei zunehmender Zufriedenheit der Mitarbeiter das Ergebnis für die Unternehmung optimieren.

Um das zu erreichen, müssen die einzelnen Teammitglieder

- sinnvoll Informationen austauschen,
- Absprachen einhalten,
- den anderen Mitgliedern Rückmeldungen (Feedback) geben.

Das **Feedback** sollte
- zeitnah sein,
- nicht verletzend sein,
- ehrlich sein,
- in der Ich-Form vorgetragen werden,
- auf jeden Fall Verbesserungsvorschläge enthalten,
- dem Empfänger positive Botschaften vermitteln,
- vom Empfänger als positiver Beitrag zur eigenen Entwicklung genutzt werden.

(!) Merke: Die Zusammenarbeit für den optimalen Unternehmenserfolg ist aber nicht nur im Team notwendig, sondern auch zwischen den einzelnen Teams, ja sogar zwischen den einzelnen Unternehmungen, z.B. Einzelhändler und Großhändler, Einzelhändler und Hersteller.

Damit die Mitarbeiterinnen und Mitarbeiter der Unternehmung ihre Tätigkeit gerne tun, müssen sie nicht nur während der Ausbildung, sondern während der gesamten Berufszeit lernen **(lifelong-learning).** Dazu muss der Lernende jeweils
- sein Lernziel bestimmen,
- seine Lernzeit planen und einhalten,
- seine Lernergebnisse fixieren,
- seine Lern- und Arbeitsergebnisse präsentieren,
- sich im Internet, in Fachbüchern, Fachzeitschriften und auf Messen informieren.

Die so vorgefundenen Informationen werden in einer **Lernkartei** (schriftlich auf Karteikarten), in sachlich geordneten **Ablagen** (Ordner) oder in einer **Lerndatei** auf dem PC abgelegt.

1.3 Umgang mit Konflikten

Konflikte entstehen immer dann, wenn zwei oder mehr Menschen gegensätzliche oder gar unvereinbare Interessen haben, die jeder für sich durchsetzen will. Da Konflikte meist als negativ empfunden werden und so das Wohlbefinden des Einzelnen beeinträchtigen, wirken sie sich negativ auf das Arbeitsergebnis aus. Es ist also sinnvoll, Konflikte zu lösen. Dazu ist es notwendig:

- den Konflikt als solchen zu erkennen,
- festzustellen, welche Ursachen der Konflikt hat,
- konfliktverschärfendes Verhalten zu vermeiden,
- konstruktive Konfliktlösungsstrategien anzuwenden.

Konfliktverschärfend wirkt es,

- wenn dem Partner Gegnerschaft unterstellt wird,
- dem Konfliktpartner die alleinige Schuld zuzuweisen,
- zu unterstellen, dass der Konfliktpartner so handele, um einen selbst zu schädigen,
- Killerphrasen zu benutzen (*„Das ist so und so bleibt es!"*).

Konstruktiv konfliktlösend wirkt es, wenn

- Missverständnisse aufgeklärt werden,
- alle Konfliktpartner Einfluss auf die Konfliktlösung haben,
- der Konflikt als Möglichkeit erkannt wird, zu einer optimaleren Lösung des Ausgangsproblems zu kommen,
- eventuell ein **Mediator** (Vermittler) eingeschaltet wird, der keine eigenen Konfliktinteressen hat, sondern aus den Meinungen der Konfliktparteien einen Kompromiss erarbeiten kann, der für beide Konfliktparteien akzeptabel ist.

2 Warensortiment

Das **Sortiment** (➡ Teil IV, Kap. 3.1, S. 205) ist die Menge an unterschiedlichen Waren, die der Einzelhändler seinen Kunden darbietet. Um ein Sortiment zu bestimmen, kann man in folgenden Schritten vorgehen:

Nr.	Bezeichnung	Beschreibung	Beispiel
1	**Warenbereich, Branche**	Produkte gleicher Art	Textilien
2	**Warengattung**	zusammengehörende Produkte gleicher Art	Herrenoberbekleidung

3	**Warenart**	Unterteilung der Gattungen.	Sakkos
4	**Artikel**	Unterteilung der Warenarten	Tweed
5	**Sorte**	die einzelne Ware	Tweed Sakko von XX in der Größe 46

Das **Kernsortiment** bestimmt die Ausrichtung des Einzelhandelsgeschäfts und erwirtschaftet den Hauptumsatz. Das **Randsortiment** wird zusätzlich geführt und ergänzt das Kernsortiment, z.B. in Form eines saisonalen Angebotes **(Saisonsortiment)**.

Die **Sortimentsdimension** gibt über die Breite und die Tiefe eines Sortiments Auskunft. Hier ein Beispiel:

Sortimentsdimension	Beschreibung	Beispiel
weit, breit	mehrere verschiedene Branchen	Lebensmittel, Kosmetik, Textilien usw.
eng, schmal	nur ein oder zwei unterschiedliche Branchen	Elektrogeräte
flach	nur wenige Warenarten und Artikel	nur Vollmilchschokolade eines Herstellers
tief	viele unterschiedliche Artikel und Sorten	Schokolade in acht Geschmacksrichtungen von je vier Herstellern

Für den Kunden im Einzelhandelsgeschäft ist aber nicht diese Sortimentssystematik wichtig, sondern ihn interessiert der Nutzen, den er von seinem gekauften Produkt hat. Darum muss ein erfolgreicher Mitarbeiter im Einzelhandel gute Kenntnis über die Produkte haben, die er verkauft.

Informationsquellen für Warenkenntnisse sind:
- Herstellerinformationen und -schulungen
- Gebrauchsanweisungen
- Suchmaschineninformationen im Internet

- Kollegenbefragungen
- Testberichte, z.B. Stiftung Warentest
- Packungsaufdrucke.

Wichtige Informationen für Verkäufer und Kunden ergeben sich aus der Warenkennzeichnung:

Art der Waren-kennzeichnung	Bedeutung der Kennzeichnung	Beispiel
Gütezeichen	Überbetriebliche Prüfstellen der Hersteller bewerten bestimmte Mindestanforderungen.	„Echtes Leder", „Woolmark"
Markenzeichen oder Warenzeichen	Der Hersteller entwickelt ein bestimmtes Zeichen, um unverwechselbar zu sein.	„Nivea-Creme" „Tesafilm"
Umweltzeichen	Wird für die ökologische Bedeutung des Produktes von unterschiedlichen Institutionen verliehen.	„Blauer Engel" „Fairtrade"
Prüfzeichen	Zugelassene Prüf- oder Zertifizierstellen vergeben die Zeichen für die Einhaltung von Sicherheitsstandards.	„GS" „VDE" „CE"

Darüber hinaus gibt es für die einzelnen Branchen, z.B. Lebensmittel, Textilien, **zusätzliche Kennzeichnungsvorschriften**, z.B. über den Nährwert und die Haltbarkeit oder die Pflege. Für einige Produkte ist auch eine **Gefahrstoffkennzeichnung** (➡ Teil II, Kap. 3, S. 86) vorgesehen, wenn sie z.B. „leicht entzündlich" sind oder „brandfördernd" oder „umweltgefährlich".

(!) Merke: Mit guter Warenkenntnis kann der Mitarbeiter im Einzelhandel den Kunden vom Kundenutzen überzeugen und Preisunterschiede begründen.

3 Grundlagen von Beratung und Verkauf

3.1 Kunden- und dienstleistungsorientiertes Verhalten

Der Einzelhandelsmarkt befindet sich seit vielen Jahren im Stadium des **Käufermarktes** (➠ Kap. 5.1, S. 49), d.h. es gibt viele Verkäufer und im Verhältnis dazu wenige Käufer. Deshalb muss jedes Einzelhandelsgeschäft dem Kunden als das Geschäft vorkommen, das am Besten zu ihm passt und in dem er deshalb gerne einkauft. Ein wichtiger Faktor, um dieses Ziel zu erreichen ist das Personal im **Outlet** (= Laden). Jeder Mitarbeiter muss den Kunden als Gast verstehen, dem er, der Mitarbeiter, den Aufenthalt im Geschäft so angenehm wie möglich machen möchte. Der Mitarbeiter kann und will dafür sorgen, dass der Kunde das Geschäft mit den Produkten verlässt, die er braucht.

! Merke: Der Mitarbeiter begegnet dem Kunden als dessen persönlicher Dienstleister und als Berater. Für das Einzelhandelsunternehmen ist der Mitarbeiter dadurch der beste Werbeträger.

Der Einzelhandelsmitarbeiter kann seinen Erfolg durch folgende Faktoren beeinflussen:

*   **Erscheinungsbild:** Der Mitarbeiter ist so gekleidet, wie es zu dem Outlet, dem Sortiment und seinen Kunden passt.
    Beispiel: Flip-Flops sind allenfalls in einem Spezialgeschäft für Schwimmsport angebracht.
*   **Verhalten:** Auch das Verhalten des Mitarbeiters muss zu dem Outlet passen.
    Beispiel: In einem eleganten Damenausstatter öffnet der Verkäufer nach dem Kauf der Kundin die Ausgangstür.
*   **Körpersprache:** Der Verkäufer weiß, dass er dem Kunden mit einer offenen Körperhaltung entgegentreten sollte, dass Gestik und Mimik dem Kunden die positive Einstellung des Mitarbeiters vermitteln (➠ Kap. 3.2.2, S. 22).

- **Sprache:** Sprachlich passt sich der Mitarbeiter dem Kunden an. Er kann die sprachliche Erwartung des Kunden aus dessen Auftreten entnehmen (➡ Kap. 3.2.4, S. 23).
- **Fachwissen:** Der Mitarbeiter hat nicht nur Warenkenntnisse (➡ Kap. 2, S. 18), sondern er ist auch in der Lage, dem Kunden den Nutzen, den er von der Ware haben wird, plausibel zu machen (zur Argumentation ➡ Kap. 3.4.2, S. 27).

(!) Merke: Setzt der Verkäufer sein Erscheinungsbild, sein Verhalten, seine Körpersprache und Sprache und sein Fachwissen für den Kunden ein, kann er individuelle Problemlösungen für und mit dem Kunden entwickeln.

3.2 Kommunikation mit dem Kunden

3.2.1 Grundlagen

Je nachdem in welcher Betriebsform (➡ Teil III, Kap. 1.1.3, S. 119) das Einzelhandelsgeschäft betrieben wird, hat der Kunde unterschiedliche Ansprüche an die Kommunikation mit dem Personal. In einer Gesellschaft, die immer älter wird, wird auch der soziale Kontakt mit dem Verkaufspersonal für die Kunden immer wichtiger. Deshalb muss der Verkäufer in der Lage sein, **situationsgerecht zu reagieren** auf:

- Kundenerwartungen
- Kundenwünsche
- Kundenverhalten

Auch in schwierigen Situationen bleibt der Mitarbeiter im Einzelhandel freundlich, zumindest aber höflich. Bei Bedarf bietet er dem Kunden einen Sitzplatz an, wenn es die Betriebs- und Verkaufsform erlaubt. Kinder als Begleiter werden ernst genommen und wenn möglich anderweitig beschäftigt. Unentschlossene Kunden kann der Verkäufer zu einer Entscheidung führen (➡ Kap. 3.4.4, S. 28), unter Umständen durch die Einbindung spezieller Serviceangebote seines Einzelhandelsunternehmens.

3.2.2 Nonverbale Kommunikation

Mehr als die Hälfte der Kommunikation geschieht nicht über die Sprache (verbale Kommunikation) sondern durch die Körpersprache **(nonverbale Kommunikation).** Die nonverbalen Mittel sind:

Kommuni-kation	Bedeutung	positive Wirkung	negative Wirkung
Gestik	Bewegung der Hände und Arme	Unterarme und Hände zwischen Taille und Schultern	Hände unterhalb der Gürtellinie
Mimik	Gesichtsausdruck	warmes, ernst gemeintes Lächeln	Stirnrunzeln, hängende Mundwinkel
Blick	Augenkontakt	direktes Anschauen	woanders hinschauen
Körper-haltung	Einsatz des gesamten Körpers einschließlich Gestik, Mimik, Blick	mit einem freundlichen Blick einen Schritt in Richtung Kunde gehen	hinter der Verkaufstheke stehen bleiben und weiterhin in die Schreibarbeit sehen

Problematisch wird die nonverbale Kommunikation, weil sie in der Regel **unwillkürlich** erfolgt. Wenn ein Verkäufer sich nicht gut fühlt, weil er z.B. Streit mit seinem Partner hat, wird er dieses Unwohlsein seinem Gegenüber auch über die nonverbalen Signale seiner Körpersprache vermitteln. Es gibt Fachleute, die meinen, dass es nicht bewusst geändert werden kann, dass ein solch negatives Gefühl die Körpersprache beeinflusst. Gleichwohl ist das Wissen darum wichtig. Denn schon in den ersten Sekunden, ja Sekundenbruchteilen, werden dem Kommunikationspartner die Informationen gegeben, die für einen Gesprächserfolg oder -misserfolg entscheidend sind.

3.2.3 Distanzzonen

Jeder Mensch hat ein grundlegendes Bedürfnis, seinen privaten Raum zu wahren, also je nach Situation seine Mitmenschen auf Distanz zu halten.

Psychologen haben festgestellt, dass es **drei Distanzzonen** gibt:

Distanzzone	Entfernung	Bedeutung
vertraulich	unter ca. 50 cm	In diese Zone sollte niemand ohne besondere Erlaubnis eindringen.
persönlich	von 50 cm bis ca. 150 cm	Diese Zone ist der optimale Gesprächsabstand.
öffentlich	von 150 cm bis ca. 300 cm	Treten Personen in diese Zone ein, werden sie wahrgenommen.

Eine Schmuckwarenverkäuferin muss bei Umlegen eines Colliers zwangsläufig in die vertrauliche Zone ihrer Kundin eintreten. Dies sollte nie ohne vorherige Bitte um Einverständnis erfolgen. Das gilt auch für die Beratung in der Umkleidekabine eines Textilgeschäfts.

 **Merke: Die nonverbale Kommunikation trägt mehr als 50 Prozent zum Erfolg oder Misserfolg eines Gespräches bei.**

3.2.4 Verbale Kommunikation

Stimme und Sprache sind die Instrumente, die Menschen für die verbale Kommunikation einsetzen. Folgende **Elemente verbaler Kommunikation** können eingesetzt werden:

Kommunikation	so eingesetzt ...	... hat sie diese Wirkung
Aussprache	klar, prononciert	Partner versteht, ohne nachfragen zu müssen.
Sprechtempo	mittleres Tempo mit gelegentlichen Pausen	Partner kann gut folgen, fühlt sich nicht überfordert.
Betonung	wichtige Bestandteile hervorheben	Die Aufmerksamkeit wird auf das Wesentliche gelenkt.
Lautstärke	der Situation angepasst	Der Partner kann auch bei Nebengeräuschen dem Gespräch folgen.

Satzbau	kurze, prägnante, voll- ständige Sätze bilden	Sie machen einen konzentrierten Ein- druck, der Partner kann besser folgen.
Wortschatz	abwechslungsreich und nicht zu viel Fachsprache	Der Partner wird nicht überfordert und fühlt sich angenommen.

 Merke: Die verbale Kommunikation ist umso erfolgreicher, je besser der Verkäufer die einzelnen Elemente auf den Partner einstellen kann.

3.3 Elemente der Verkaufskommunikation

Die Kenntnis der in Kapitel 3.2. genannten Grundlagen ist in jedem Kommunikationsprozess wichtig. Ein Verkaufsgespräch wird erfolgreicher, wenn folgende Kommunikationsmittel eingesetzt werden.

3.3.1 Aktives Zuhören

Zuhören können ist gerade für einen Verkäufer wichtig. Aus dem verbalen und nonverbalen Verhalten seines Kunden kann der Verkäufer wichtige Informationen gewinnen. Deswegen sollte er seinem Kunden aktiv zuhören. Das bedeutet: Der Verkäufer gibt dem Kunden, während dieser spricht, eine Rückmeldung (Feedback) darüber, ob er ihn versteht oder nicht. Dazu wird der Verkäufer

- ständig den Blickkontakt halten,
- Bestätigungslaute geben („so", „hm" usw.),
- gezielt nachfragen,
- das Gehörte zusammenfassen.

Durch diese Aktionen zeigt der Verkäufer, dass er sich in den Kunden hineinversetzt hat, empathisch ist und für den Kunden ein guter Berater sein will.

3.3.2 Positivformulierungen

Jeder Mensch erlebt lieber Positives als Negatives. Deshalb fühlt er sich in einer positiven Welt wohler als in einer negativen. Also versucht der Verkäufer in seinen Sätzen die positiven Dinge zu benennen.

 Beispiel:

Negativ:	*„Dieser Pullover sitzt nicht zu eng."*
Positiv:	*„Dieser Pullover hat genau die richtige Größe."*
Negativ:	*„Dieser Artikel ist nicht aus Plastik."*
Positiv:	*„Dieser Artikel ist aus umweltfreundlichem Material."*

3.3.3 „Sie-Stil"

Die Kundenorientierung des Verkäufers kann er in seinem Verkaufsgespräch dadurch zeigen, dass er in seinen Sätzen den Kunden in den Mittelpunkt des Satzes stellt und nicht z.B. das Produkt. Er wendet den „Sie-Stil" an.

 Beispiel:

kein Sie-Stil (ungeschickt)	Sie-Stil (wirkungsvoller)
„Damit kann man gut schneiden."	*„Damit können Sie gut schneiden."*
„Dieses XY kostet nur 15 Euro."	*„Mit diesem XY sparen Sie 5 Euro."*
„Der Pullover sieht schön aus."	*„Der Pullover steht Ihnen ausgezeichnet."*

3.3.4 Fragetechnik

Der Verkäufer soll das Verkaufsgespräch **führen.** Dazu nutzt er die nonverbale und die verbale Kommunikation, er hört **aktiv** zu und formuliert im **Sie-Stil.** „Wer fragt, der führt" heißt es, und um das Verkaufsgespräch wirklich zu führen, braucht der Verkäufer eine ausgefeilte Fragetechnik. Folgende **Fragearten** stehen ihm zur Verfügung:

Art der Frage	Bedeutung	Beispiel
offene Frage	Der Befragte muss ausführlich antworten und die Antwort selbst formulieren.	*„Für welchen Anlass suchen Sie einen Anzug?"*

geschlossene Fragen	Der Fragende stellt die Frage so, dass eine Ein-Wort-Antwort möglich wird.	*„Gefällt Ihnen ein grauer Anzug?"*
Suggestivfragen	Der Fragende lenkt die Antwort des Befragten durch seine Fragestellung.	*„Sie stimmen mir sicher zu, dass dieser Anzug besonders gut sitzt?"*
Alternativfragen	Der Fragende lässt dem Befragten die Wahl zwischen zwei Möglichkeiten.	*„Brauchen Sie die Säge zum Beschneiden der Bäume oder um damit etwas aus Holz zu basteln?"*
rhetorische Fragen	Fragen, die eigentlich keiner Antwort bedürfen. Oft sind es Aufforderungen in Frageform gekleidet.	*„Wollen Sie sich nicht setzen?"*

3.4 Der Ablauf des Verkaufsgesprächs

Vollständige Verkaufsgespräche werden heute selten geführt. Vor allem in der Betriebsform „Fachgeschäft" findet man noch das vollständige Verkaufsgespräch in der Verkaufsform „Bedienung".

3.4.1 Das vollständige Verkaufsgespräch

Ein vollständiges Verkaufsgespräch durchläuft folgende Stufen:

Stufe	Erfolgreich handeln
B egrüßen	Offene Körperhaltung, Blickkontakt, Tageszeit (Guten Morgen), wenn möglich mit ausgesprochenem Kundennamen
E rforschen	Mithilfe offener Fragen und aktivem Zuhören das Kaufmotiv finden. Der Verkäufer muss nicht feststellen, was der Kunde **will,** sondern was er **braucht.**
Z eigen	Vorlegen zum Kaufmotiv passender Ware in bester Qualität und möglichst im Verwendungszusammenhang.
A rgumentieren und Preise nennen	Zielgerichtete Formulierung der Argumente (➠ Kap. 3.4.2, S. 27), sachliche Preisnennung und sachgerechte Behandlung der Kundeneinwände (➠ Kap. 3.4.4, S. 28)

H erbeiführen des Kaufvertrags	Durch Einschränken der Auswahl, Alternativfragen, Zusammenfassung der Argumente, direkte Empfehlung, Wiederholung des Verkaufsgesprächs, indem dem Kunden Fragen gestellt werden, die er immer mit „Ja" beantworten kann. Dadurch erkennt er, dass der Artikel das Richtige ist. Gegebenenfalls eine direkte Empfehlung mit Kaufaufforderung.
L oben	Dem Kunden durch Zustimmung deutlich machen, dass die Kaufentscheidung richtig war.
Z uempfehlungen	Dem Kunden zum Hauptkauf passende Produkte anbieten (➡ Kap. 3.4.5, S. 29).

3.4.2 Verkaufsargumente

Verkaufsargumente sind dann besonders erfolgreich, wenn Sie den Kunden überzeugen. Argumente sollten deshalb so formuliert sein:

- **persönlich**
- **positiv**
- **anschaulich**
- **glaubwürdig**
- **fachkundig, aber verständlich**

Argumente müssen aber auch zielgerichtet aufgebaut sein:

- **Warenmerkmal** nennen
- **Warenvorteil** beschreiben
- **Kundenutzen** ableiten

 **Beispiele:**

„Bei dieser Wetterjacke ist die Naht zusätzlich versiegelt.
Dadurch kann kein noch so starker Regen eindringen.
Sie bleiben auch beim stärksten Regenwetter in dieser Jacke sicher trocken."

„Dieser Parmesankäse ist frisch gerieben.
Deshalb verleiht er Ihrer Lasagne einen guten Geschmack.
Durch die Verwendung dieses geriebenen Parmesans schmeckt Ihnen Ihre Lasagne, als wären Sie im Urlaub in Italien."

Warenmerkmal	Warenvorteil	Kundennutzen
Nahtversiegelung	bei Nässe undurchlässig	Kunde bleibt trocken
frisch gerieben	guter Geschmack	weckt Urlaubsgefühle

3.4.3 Preisnennung

Nicht unproblematisch ist die Preisnennung im Verkaufsgespräch, denn der Kunde muss bereit sein, für das vorgelegte Produkt den verlangten Preis zu zahlen.

Bewährt hat sich hier die **Sandwichmethode.** Dabei schafft der Verkäufer Akzeptanz für den Preis, indem er die Preisnennung zwischen zwei positive Wareneigenschaften oder -merkmale einbettet, um so die Kosten-Nutzen-Relation für den Kunden erkennbar zu machen.

 Beispiel:

> *„Dieser Rasenmäher aus Leichtmetall für 325 Euro ist besonders gut zu transportieren, denn Sie wollen ihn ja in Ihr Ferienhaus mitnehmen."*

Auch die **Verzögerungsmethode** kann hilfreich sein, den Kunden von der Preiswürdigkeit zu überzeugen.

 Beispiel:

> Kundenfrage: *„Was kostet die Bohrmaschine da drüben?"*
> Verkäuferantwort: *„Sie meinen die Bohrmaschine da drüben mit dem besonders leistungsfähigen Akku? Sie kostet 99 Euro. In dem Preis ist der praktische Transportkoffer enthalten."*

3.4.4 Kundeneinwände

Kundeneinwände helfen dem Verkäufer zu erkennen, welche Argumente er in den Vordergrund stellen muss, um den Kunden von dem Produkt zu überzeugen. Insofern sind **Einwände wich-**

tige Wegweiser im Kundengespräch. Die Einwände dürfen jedoch nicht unwidersprochen hingenommen werden, sondern sie müssen kundenorientiert behandelt und möglichst ausgeräumt werden. Dafür gibt es verschiedene Techniken.

Kundeneinwand: *„Dieser Hammer ist aber schwer.“*	
kundenorientierte Einwandbehandlung	**Beispiel**
Bei der **Ja-aber-Methode** stimmt der Verkäufer dem Kunden vermeintlich zu, entkräftet dann aber den Einwand.	*„Sie haben recht, er wiegt zwar ein Kilo. Deshalb können Sie damit auch Nägel mit nur wenigen Schlägen versenken.“*
Der Verkäufer kann auch die **Bumerangmethode** anwenden.	*„Gerade deswegen können Sie die Nägel besonders gut einschlagen.“*
Durch die **Gegenfragemethode** erhält der Verkäufer neue Informationen.	*„Wie schwer sollte denn nach Ihrer Meinung ein Hammer sein?“*
Die **Nachteil-Vorteil-Methode** kann ebenfalls bei der Behandlung von Kundeneinwänden helfen.	*„Tatsächlich wiegt dieser Hammer 1.000 Gramm. Dadurch haben Sie genügend Schwung beim Einschlagen der Nägel.“*

3.4.5 Zuempfehlung (Ergänzungsangebot)

Häufig bietet es sich an, dass der Verkäufer dem Kunden weitere Artikel anbietet, die den Gebrauch oder Einsatz des im Hauptkauf erworbenen Produktes
* erst möglich,
* effizienter oder
* haltbarer machen.

Wenn die Artikel den Gebrauch des Hauptkaufs erst möglich machen (Kaffeefilter, Filtertüten), handelt es sich um **notwendige Ergänzungsartikel** (auch **Zusatzartikel** genannt), die der Verkäufer nie vergessen darf.

Der Kunde freut sich aber auch, wenn er auf **sinnvolle Ergänzungsartikel** aufmerksam gemacht wird, wie z.B. das Stativ zur Fotokamera (wertet die Gebrauchsmöglichkeiten der Kamera auf) oder das passende Pflegemittel zum neuen Paar Schuhe (sorgt für längere Freude am Produkt).

Durch aktives Zuhören kann der Verkäufer aber auch **ganz andere Bedürfnisse des Kunden erkennen, die weitere Hauptkäufe möglich machen.** So z.B. wenn der Verkäufer beim Beratungsgespräch für neue Küchenmesser erfährt, dass der Kunde Weintrinker ist, und er ihm deshalb den neuen Weinflaschenverschluss anbieten kann. Der Verkäufer hat also einen **Ergänzungsartikel** entdeckt.

3.5 Reklamation, Umtausch, Beschwerde

Besonders schwierige Situationen entstehen bei der Kommunikation mit den Kunden immer dann, wenn der Kunde unzufrieden ist. Gut ist es, wenn er die Unzufriedenheit äußert, denn dann kann das Einzelhandelsunternehmen reagieren, den Kunden doch noch zufriedenstellen und dafür sorgen, dass in Zukunft bei anderen Kunden diese Unzufriedenheit nicht auftritt. Alle organisatorischen Maßnahmen, die dazu führen, dass Kundenbeschwerden unzufriedener Kunden zu einer größeren **Kundenzufriedenheit** führen, werden im **Beschwerdemanagement** des Einzelhandelsbetriebs zusammengefasst.

3.5.1 Reklamation

Eine Reklamation liegt immer dann vor, wenn der Kunde berechtigterweise kritisiert, dass der Einzelhändler seine Leistung nicht ordnungsgemäß erbracht hat. Folgende **Mangelarten** werden aufgrund der **Mangelgründe** unterschieden:

Mangelart nach Ursache	Beschreibung
Qualitätsmangel	Die verkaufte Ware ist bei Übergabe fehlerhaft.
Quantitätsmangel	Die Ware wird nicht in der vereinbarten Menge übergeben.
Falschlieferung	Es wird eine andere als die vereinbarte Ware übergeben.

Abweichung von der Werbung	Der Benzinverbrauch des Pkw ist höher als in der Werbung genannt.
Mangel in der Montageanleitung	Aufgrund eines Fehlers in der Montageanleitung baut der Kunde falsch zusammen.
Mangel bei der Montage	Die Mitarbeiter des Einzelhändlers bauen falsch auf.

Mängel können aber auch nach ihrer **Erkennbarkeit** unterschieden werden:

Mangelart nach Erkennbarkeit	Beschreibung
Offener Mangel	Der Mangel ist bei Warenprüfung sofort erkennbar.
Versteckter Mangel	Der Mangel zeigt sich erst bei der Verwendung.
Arglistig verschwiegener Mangel	Der Verkäufer, der von dem Mangel weiß, verschweigt ihn dem Kunden.

Ist der Mangel so groß, dass die bestimmungsgemäße Verwendung des Artikels nicht möglich ist, handelt es sich um einen **erheblichen Mangel.** Hat dagegen der Mangel keinen (großen) Einfluss auf die bestimmungsgemäße Verwendung, so spricht man von einem **geringfügigen Mangel.**

Nach dem bürgerlichen Gesetzbuch (BGB) hat ein Kunde folgende Rechte bei mangelhafter Lieferung:
- Vorrangig
  - **Nacherfüllung** (➜ Teil IV, Kap. 2.3.1, S. 197)
- Nachrangig
  - **Rücktritt vom Vertrag**
  - **Schadenersatz statt Leistung** oder
  - **Ersatz vergeblicher Aufwendungen**

Vorrangig, also als erste Möglichkeit, muss der Kunde die **Nacherfüllung** akzeptieren.

Unter Nacherfüllung versteht der Gesetzgeber

- **Neulieferung,** das Recht auf Lieferung neuer, mangelfreier Ware (vor allem bei erheblichen Mängeln), aber auch
- **Nachbesserung,** also die Beseitigungen des Mangels.

Führt die zweimalige Inanspruchnahme dieser Rechte nicht dazu, dass der Kunde zufriedengestellt wird, hat der Kunde **nachrangige Rechte.**

Die nachrangigen Rechte kann der Kunde auch in Anspruch nehmen, wenn der Einzelhändler sich weigert, die vorrangigen Rechte zu gewähren.

- **Rücktritt vom Vertrag** (nur bei erheblichen Mängeln)
- **Preisnachlass** (Minderung)
- **Schadenersatz statt Leistung** (in Verbindung mit dem Rücktritt)
- **Ersatz vergeblicher Aufwendungen** (bei Verschulden des Händlers)

Für die Inanspruchnahme der nachrangigen Rechte muss dem Händler eine **Nachfrist** gesetzt werden, die aber nicht nötig ist, wenn der Händler die Nacherfüllung verweigert oder wenn die Nacherfüllung unzumutbar ist (auch wegen unverhältnismäßig hoher Kosten).

3.5.2 Gewährleistungsfrist

Bei Verbrauchsgüterkäufen beträgt die Gewährleistungsfrist bei neu gekaufter Ware **zwei Jahre.** Bei gebrauchten Waren kann der Händler in seinen **Allgemeinen Geschäftsbedingungen (AGB)** (➠ Teil III, Kap. 2.2.7, S. 139) die Gewährleistung auf ein Jahr verkürzen. Hat der Verkäufer den Mangel arglistig verschwiegen, beträgt die Gewährleistungsfrist drei Jahre. (Sie beginnt dann erst am Ende des Jahres, in dem der Käufer von dem Mangel erfahren hat.)

Bei Inanspruchnahme der Gewährleistung muss der Kunde noch beachten, dass **nach sechs Monaten eine Beweislastumkehr** (➠ Teil II, Kap. 2.6, S. 83) eintritt. Das heißt, dass in den ersten sechs Monaten der Händler nachweisen muss, dass er die Ware mangelfrei übergeben hat, danach muss der Kunde nachweisen, dass die Ware bei Übergabe mangelhaft war.

❗ Merke: Die normale Gewährleistungsfrist beim Verbrauchsgüterkauf beträgt zwei Jahre. In den ersten sechs Monaten muss der Händler nachweisen, dass die Ware fehlerfrei war, danach muss der Kunde nachweisen, dass die Ware bei Übergabe schon fehlerhaft war.

3.5.3 Umtausch

Möchte der Kunde nach erfolgtem Kaufvertragsabschluss doch lieber eine andere Ware haben oder gar gegen Rückgabe der Ware sein Geld zurückhaben, so handelt es sich um einen Umtausch. Grundsätzlich haben Kunden **keinen Rechtsanspruch auf Umtausch,** es sei denn, dass ein Recht zum Umtausch beim Kaufvertragsabschluss vereinbart worden ist.

 Beispiel:

Aufdruck auf dem Kassenbon: *„Umtausch innerhalb von 10 Tagen nur gegen Vorlage dieses Kassenbons."*

Mit dieser Vereinbarung räumt der Einzelhändler dem Kunden das Recht ein, innerhalb von 10 Tagen die Ware gegen eine andere einzutauschen. Es handelt sich bei dieser Regelung oder ähnlichen Vereinbarungen um freiwillige Leistungen des Einzelhändlers.

❗ Merke: Ein Umtauschrecht gibt es nur, wenn es vereinbart worden ist. Auf die Rechte aus der mangelhaften Lieferung hat der Kunde dagegen einen gesetzlichen Anspruch.

3.5.4 Verhalten bei Reklamation, Umtausch, Beschwerde

Egal ob es sich um Beschwerde, Reklamation oder Umtausch handelt, immer wird der Kunde zunächst verärgert oder unsicher sein, und der Einzelhändler wird versuchen, den Kunden als Kunden zu behalten, ohne die Kostenrechnung zu sehr zu belasten. Deshalb gilt die Grundregel:

(!) Merke: Aufsehen vermeiden, die Abwicklung möglichst ohne Zuschauer durchführen.

Jeder Kundenkontakt ist die Chance, Stammkunden zu gewinnen. Deswegen gilt bei Beschwerden, Reklamation oder Umtausch:

- den **Kunden beruhigen**
- **keine Verärgerung bei sich selbst** aufkommen lassen
- **Verständnis zeigen**
- **Sachverhalt klären**
- **Lösungsvorschläge vorlegen** (unter Beachtung der Rechtslage)
- **gegebenenfalls um Entschuldigung bitten**
- **vereinbarte Lösung sofort umsetzen**

4 Servicebereich Kasse

4.1 Kassieren

Je nach Verkaufsform des Einzelhandelsbetriebes (➡ Teil III, Kap. 1.1.3, S. 119) begegnen sich Kunde und Einzelhändler erst an der Kasse. Somit spielt der kassierende Mitarbeiter eine wichtige Rolle. Neben freundlichem Verhalten ist auch das Bedienenkönnen der Kasse grundlegende Voraussetzung, um kundenorientiert zu arbeiten.

Jede Kasse muss vor Geschäftsöffnung vorbereitet werden.

Bereitstellen von
- Verpackungsmaterial
- Schreibmaterial
- Vordrucken, z.B. Quittungen, Gutscheine, Personalkaufbelege
- aktuellen Stückpreislisten, z.B. für Obst, Sonderangebote

- Tragetaschen
- Wechselgeld
- Ersatzkassenrollen

Herstellen von
- Ordnung und
- Sauberkeit

Hat der kassierende Mitarbeiter die Kasse gut vorbereitet, ist es im Folgenden auch einfacher, die von seinem Betrieb vorgegebenen Kassierregeln (Kassieranweisungen) zu beachten.

Kassierregeln umfassen Anweisungen, um
- **Kassierfehler** zu vermeiden,
- **Kassendifferenzen** zu verhindern,
- **Kundenreklamationen** und damit den Kundenverlust zu minimieren,
- den kassierenden Mitarbeiter vor **falschen Verdächtigungen** zu schützen.

Kassierregeln sind keine einheitlichen Vorgaben. Sie können von Betrieb zu Betrieb unterschiedlich sein, je nach betrieblichen Besonderheiten.

Beispiel für in Einzelhandelsbetrieben übliche Regeln für den Kassiervorgang:

- Kunden begrüßen
- alle Waren erfassen
- Gesamtbetrag des Einkaufs laut nennen
- Kundenkarte erfragen und erfassen
- erhaltenen Betrag laut nennen
- Geldscheine prüfen
- Wechselgeld bei der Herausgabe laut nennen
- Ware und Kassenbon aushändigen
- Kunden freundlich verabschieden

Außerdem gilt für die Mitarbeiter in vielen Betrieben, dass eigene Einkäufe nie selbst kassiert werden dürfen und dass Mitarbeiter kein eigenes Geld dabei haben sollen, wenn sie an der Kasse tätig sind.

Eine weitere den Mitarbeiter schützende Regel ist die **Arbeit gemäß dem Vier-Augen-Prinzip.** Demnach sind bestimmte Vorgänge, wie z.B. der Umtausch verbunden mit einer Barauszahlung oder die Kassenabrechnung, nur mit einer Gegenkontrolle durchzuführen.

Neben einer freundlichen Begrüßung und Verabschiedung (➠ Kap. 3.4.1, S. 26) des Kunden achtet ein guter Mitarbeiter auch darauf, dass er sich für den Einkauf des Kunden bedankt und falls vorhanden, die Serviceleistungen (➠ Kap. 5.3, S. 64) des Betriebes anbietet. Dies könnte z.B. die bargeldlose Bezahlung sein.

4.2 Zahlungsarten unterscheiden

4.2.1 Die Barzahlung

Gesetzliches Zahlungsmittel in Deutschland sind die Euro-Münzen und Euro-Scheine. Nur diese Münzen und Scheine müssen Einzelhandelsbetriebe akzeptieren. Dabei können Mitarbeiter die Annahme von über 50 Münzen verweigern.

Zahlt ein Kunde mit einem **großen Schein,** sollte der Mitarbeiter dessen **Sicherheitsmerkmale** überprüfen. Dazu gehören u.a.:

- das Hologramm
- das Wasserzeichen
- das Durchsichtsregister
- der Sicherheitsfaden
- der Farbwechsel

In Einzelhandelsbetrieben gelten als Zahlungsnachweis neben der **Quittung** der **Kassenbon** und der **Kassenzettel.**

Jeder Kunde hat laut Gesetz das Recht auf die Aushändigung einer Quittung.

(!) Merke: Eine Quittung ist ein vom Zahlungsempfänger ausgestellter Nachweis und bescheinigt den Empfang von Geld oder Sache.

Stellt der Mitarbeiter eine Quittung aus, so muss er darauf achten, dass die Quittung folgende Mindestangaben enthält:

- **gezahlter Betrag in Zahlen und Buchstaben** (liegt der Kaufpreis über 150,00 Euro , so muss gemäß Gesetz (UStG) der MwSt-Anteil gesondert ausgewiesen werden)
- **Name der zahlenden Person**
- **Grund der Zahlung**
- **Ort und Datum der Ausstellung**
- **Unterschrift des Zahlungsempfängers**
- **Empfangsbestätigung des Zahlungsempfängers**

Auch eine Rechnung, die grundsätzlich eine Forderung darstellt, kann als Quittung dienen. Voraussetzung ist die **handschriftliche Empfangsbestätigung** sowie Datum und Unterschrift des Zahlungsempfängers.

Die Barzahlung hat sowohl Vorteile als auch Nachteile.

Vorteile der Barzahlung	Nachteile der Barzahlung
• sofort Geld in der Kasse • keine Mahnungen notwendig	• Falschgeldrisiko • Diebstahl • Verlust

4.2.2 Die Kartenzahlung

Heutzutage wird in den meisten Einzelhandelsbetrieben auch die Bezahlung mit Karte (Plastikgeld) akzeptiert. Bei dieser **bargeldlosen Zahlungsart** benötigen sowohl der Kunde als auch der Einzelhandelsbetrieb eine **Kontoverbindung.**

Die Akzeptanz von Plastikgeld kann zu Spontankäufen der Kunden und damit zu einem erhöhten Umsatz führen. Demgegenüber dürfen jedoch die bei der Bezahlung anfallenden Kosten (nicht beim elektronischen Lastschriftverfahren), die vom Einzelhandelsbetrieb zu tragen sind, bzw. die Hardware-Kosten (Terminalmiete) nicht übersehen werden. Weitere Vorteile der bargeldlosen Zahlung aus Sicht des Einzelhandelsbetriebes sind u.a.:

- schnellere Kassenabfertigung
- geringeres Diebstahlrisiko
- weniger Zeitaufwand für die Kassenabrechnung
- keine Wechselgelddiskussionen
- kein Falschgeld

Debitkarten (EC-Karte)

Die Debitkarte, die auch **Girokarte** genannt wird, hieß bis zum Jahr 2007 EC-Karte. Debitkarten werden zumeist von Finanzinstituten oder in Kooperation mit dem Handel ausgegeben. Bekannte Debitkarten sind z.B. die Maestro-Karten oder V PAY-Karten, die international einsetzbar sind.

Der Einsatzbereich der Debitkarten umfasst:

- Abheben von Bargeld am Geldautomaten (europa- und weltweit)
- Bargeldlose Bezahlung z.B. an der Kasse

POS Zahlung bzw. Electronic Cash

Bei diesem Zahlungsverfahren zahlt der Kunde, indem er seine Debitkarte in das Kartenlesegerät steckt und seine **PIN** (persönliche IdentifikationsNummer) eingibt.

Die Eingabe der PIN hat zur Folge, dass eine Online-Verbindung zum Girokonto des Kunden hergestellt wird, durch die sofort geprüft wird, ob die PIN korrekt, die Karte gesperrt und das Konto des Kunden gedeckt ist.

Bereits kurz nach dem Bezahlvorgang wird das Konto des Kunden belastet. Der Kunde erhält einen Zahlungsbeleg.

(!) Merke: Aufgrund der Online-Überprüfung besteht eine Zahlungsgarantie seitens des kartenausgebenden Finanzinstituts.

Die Kosten der Anfrage setzen sich zusammen aus den Kosten der Online-Verbindung und einem bestimmten Prozentsatz der Umsatzhöhe (0,3 Prozent, mindestens 0,08 Euro; Stand Sept. 2012).

Das Electronic Cash Verfahren wird häufig von Einzelhandelsbetrieben mit Laufkundschaft und/oder bei höheren Einkaufsbeträgen eingesetzt.

Elektronisches Lastschriftverfahren (ELV)

Im Gegensatz zum POS-Verfahren wird beim ELV nicht die PIN des Kunden benötigt, sondern seine Unterschrift.

Nachdem der Kunde seine **Debitkarte** in das Kartenlesegerät gesteckt hat und die Kontoverbindung vom Magnetstreifen der Karte gelesen wurde, wird ein Lastschriftenbeleg gedruckt. Mit seiner Unterschrift auf diesem Beleg erteilt der Kunde dem Einzelhandelsbetrieb die Ermächtigung, den Rechnungsbetrag von seinem Konto mittels einer Lastschrift (⟹ Teil IV, Kap. 2.2.3, S. 190) einzuziehen.

Bei diesem Verfahren gibt es also keine Online-Überprüfung von Kundendaten.

🛈 **Merke: Das ELV bietet keine Zahlungsgarantie für den Einzelhandelsbetrieb.**

Umso wichtiger ist es, dass der kassierende Mitarbeiter die **Unterschrift des Kunden** auf dem Beleg mit der Unterschrift auf der Debitkarte vergleicht und wenn nötig seine Identität mithilfe eines Ausweises überprüft. Den unterschriebenen Beleg behält er. Der Kunde bekommt einen Zahlungsbeleg.

Dieses Zahlungsverfahren ist mit einem Zahlungsausfallrisiko für den Betrieb verbunden, jedoch fallen nur Terminalkosten an. Empfohlen wird dieses Verfahren für Stammkundschaft und/oder bei niedrigen Einkaufsbeträgen.

Selbstverständlich kann jeder Einzelhandelsbetrieb beide Zahlungsverfahren (POS und ELV) parallel nutzen, wenn die entsprechenden Systemvoraussetzungen erfüllt sind.

Bereits im Gespräch ist, dass das magnetstreifenbasierte Lastschrift-Verfahren nur noch bis zum Jahr 2018 angeboten werden soll. Anschließen soll das chipbasierte ELV.

Die neu herausgegebenen Debitkarten sind mit einem Chip ausgestattet, der alle notwendigen Informationen enthält, die für die Bezahlung und Bargeldabhebung notwendig sind. Die Datenspeicherung auf dem Chip soll sicherer sein als die Speicherung auf dem Magnetstreifen. Der Magnetstreifen wird nur noch bei Nutzung im außereuropäischen Ausland ausgelesen.

Geldkarte (elektronische Geldbörse)

Ist die Debitkarte mit einem Chip versehen, so kann die Karte als Geldkarte benutzt werden. Der Karteninhaber kann seine kontogebundene Geldkarte an speziellen Ladeterminals oder Geldautomaten bis zu 200,00 Euro aufladen. Mit einem speziellen Chipkartenleser ist das Aufladen auch online möglich.

Der Kunde zahlt, indem er die Debitkarte in das Kartenlesegerät steckt und den angezeigten Rechnungsbetrag bestätigt. Eine Unterschrift oder PIN-Eingabe sind nicht notwendig. Das Guthaben des Kunden wird sofort um den Rechnungsbetrag gemindert.

Das Terminal des Einzelhandelsbetriebes speichert alle mit Geldkarte getätigten Zahlungen eines Tages und sendet bei Kassenabschluss diese Daten an eine Verrechnungsstelle. Diese schreibt den Tagesumsatz abzüglich einer Gebühr von 0,3 Prozent vom Umsatz (jedoch mindestens 0,01 Euro, Stand Sept. 2012) dem Konto des Einzelhandelsbetriebes gut.

Neben dieser Gebühr sind auch hier die Terminalkosten zu berücksichtigen.

(!) Merke: Eine Zahlungsgarantie des Rechnungsbetrages ist durch die Verrechnungsstelle gegeben.

Angedacht war bei der Einführung der Geldkartenfunktion, dass die Kunden diese als Kleingeldersatz nutzen. Die Anzahl der Transaktionen ist jedoch rückläufig. Mögliche Gründe für die schlechte Akzeptanz seitens der Käufer können sein:

- Bei Verlust der Karte ist das geladene Guthaben verloren, da jeder mit der Geldkarte bezahlen kann.
- Mangelnde Transparenz über das noch vorhandene Guthaben, außer man hat einen Taschenkartenleser.
- Zahlung im Ausland ist nicht möglich.

Neben der kontogebundenen Geldkarte (= Debitkarte mit Chip) gibt es auch **kontoungebundene Karten,** die mit einem Chip versehen sind. Der Chip dieser sogenannten **WhiteCard** hat nur die Bezahlfunktion, wogegen der Chip der kontogebundenen Geldkarte Zusatzfunktionen, z.B. die Volljährigkeitsprüfung, haben kann.

Girogo

Seit Mitte des Jahres 2012 ist auch die **kontaktlose Bezahlung mit der Geldkarte** und als **mobile Payment mit dem Handy** möglich. Im Vorbeigehen am Zahlterminal kann der Kunde bis zu 20,00 Euro kontaktlos bezahlen. Unterschrift und PIN sind nicht nötig. Ziel ist es, den Bezahlvorgang zu beschleunigen, den Kassenbestand an Bargeld sowie die Kosten der Bargeldlogistik zu verringern.

Die anfallenden Kosten sind, je nach Umsatzhöhe, gestaffelt. Bei einem Umsatz von 20,00 Euro betragen die Kosten 0,03 Euro. Hinzu kommen die Terminalkosten (Stand Sept. 2012).

Diese Funk-Debitkarten werden zur Zeit in einigen Einzelhandelsbetrieben getestet. Die kontaktlose Bezahlung wird durch die neue Funktechnik Near Field Communication (Nahfeld-Kommunikation), die auf der Technik RFID (Radio FrequencyIdentification) basiert, ermöglicht.

Kreditkarten

Kreditkarten ermöglichen sowohl die bargeldlose Bezahlung als auch das Abheben von Bargeld an Geldautomaten. Bekannte Kreditkarten sind z.B. Visa, Mastercard, American Express.

Die Bezahlung mit der Kreditkarte an der Kasse erfolgt, indem die Karte in das Kartenlesegerät gesteckt und online geprüft wird, ob die Karte gesperrt ist. Anschließend wird von der Karte die Kontoverbindung des Kunden eingelesen. Nachdem der Kunde den gedruckten Zahlungsbeleg unterschrieben hat, sollte der kassierende Mitarbeiter die **Unterschrift** auf dem Beleg mit der Unterschrift auf der Kreditkarte vergleichen und die Kundenidentität mithilfe eines Ausweises überprüfen. Den unterschriebenen Beleg behält er. Der Kunde erhält einen **Zahlungsbeleg.**

Wenn keine Online-Verbindung vorhanden ist, kann mit einem mechanischen Gerät ein Beleg erstellt werden. Dabei werden die Angaben der Karte auf den Beleg gedruckt und der Rechnungsbetrag und das Tagesdatum vermerkt. Der Kunde unterschreibt dann diesen Beleg und erhält eine Durchschrift.

Das kreditkartenausgebende Institut überweist dem Einzelhandelsbetrieb den Rechnungsbetrag unter Abzug einer Gebühr und belastet üblicherweise monatlich das Konto des Käufers mit dem Rechnungsbetrag. Ob dieser eine Jahresgebühr für die Kreditkarte zu zahlen hat, hängt von der jeweiligen Kreditkartenorganisation ab.

(!) Merke: Eine Zahlungsgarantie des Rechnungsbetrages abzüglich der zu zahlenden Gebühr ist durch das kreditkartenausgebende Institut gegeben.

Für diese Zahlungssicherheit fordern Kreditkartenorganisationen eine **hohe Gebühr.** Diese beträgt zur Zeit mindestens zwei Prozent vom Umsatz. Hinzu kommt die Terminalgebühr.

Einzelhandelsbetriebe mit internationaler Kundschaft bieten die Bezahlung mit Kreditkarte, da die meisten Kreditkarten weltweit einsetzbar sind.

Zwar werden Kreditkarten nur an volljährige, kreditwürdige Personen ausgegeben, trotzdem steht der finanziellen Freiheit, die der Kunde mit einer Kreditkarte genießt, das Risiko gegenüber, seine Ausgaben nicht unter Kontrolle zu haben. Bis am Ende des Monats sein Konto mit den Kreditkartenkäufen belastet wird, genießt der Kunde gewissermaßen einen kostenlosen Kredit. Ist am Monatsende dann nicht mehr genügend Guthaben vorhanden, läuft er in die **Schuldenfalle.** Um dem vorzubeugen, kann der finanzielle Verfügungsrahmen durch ein Kreditkartenlimit eingegrenzt werden.

Zu den Vorteilen für den Kreditkarteninhaber gehören z.B.:
- Begrenzte Haftung bei unverschuldetem Verlust oder Diebstahl der Kreditkarte
- Weltweit mehrere Millionen Akzeptanzstellen

- Der Einkauf im Internet wird erleichtert.
- Mit der Kreditkarte sind häufig besondere Serviceleistungen verbunden.

Für das Abheben von Bargeld am Geldautomaten benötigt der Karteninhaber seine PIN. Einige kreditkartenausgebende Institute verlangen eine Geldabhebegebühr.

Eine besondere Art der Kreditkarte ist die **Kundenkreditkarte.** Händler geben Kundenkreditkarten in Kooperation mit einer Kreditkartenorganisation heraus.

Dem Einzelhändler dient die Kundenkreditkarte auch als **Kundenbindungsinstrument.** Kunden, die die Kundenkreditkarte einsetzen, nutzen die Vorteile einer Kreditkarte und einer Kundenkarte. Die Bezahlung mit dieser Karte erfolgt wie mit der normalen Kreditkarte. Der Ablauf der Abrechnung ist ebenfalls der gleiche.

Kundenkarte

Wie viele Untersuchungen zeigen, ist es etwa siebenmal teurer, einen Neukunden zu gewinnen, als einen Stammkunden zu behalten. Neukunden müssen erst vom Einzelhandelsbetrieb überzeugt werden, Stammkunden sind es schon. Im besten Fall empfehlen diese das Einzelhandelsgeschäft weiter und bringen Neukunden, welche dann zu Stammkunden werden. Kundenbindung führt also zu Kostenreduktion.

Ein mögliches **Kundenbindungsinstrument** ist die Kundenkarte. Diese wird vom Einzelhandelsgeschäft allen Kunden oder einem besonderen Kundenkreis ausgegeben.

Aus Sicht des **Einzelhandelsbetriebes** ergeben sich u.a. folgende

Vorteile der Kundenkarte	Nachteile der Kundenkarte
• Umsatzsteigerung • Kundenbindung • Informationssammlung über den Kunden • Abhebung von der Konkurrenz	• Sleepingcards (ungenutzte Karten) • Kosten der Karteneinführung • Zeitaufwand an der Kasse

• Direktmarketing möglich	• Zeitaufwand für die Bearbeitung der gesammelten Informationen
• Identifikation des Kunden mit dem Einzelhandelsbetrieb, dadurch positive Mund-zu-Mund-Propaganda	• Problem der Veralterung der Kundendaten

Aus **Kundenperspektive** bringen Kundenkarten u.a. folgende Vor- und Nachteile:

Kundenvorteile	Kundennachteile
• Rabatte	• Werbeflut
• Zusatzleistungen	• Kaufrausch, da Überschätzung des Rabattvorteils
• Newsletter	• eventuell kein Datenschutz (der gläserne Kunde)
• Prestige	
• Unternehmensdaten auf einen Blick	

Gutscheine

Ein Gutschein ist ein Dokument, das eine Ware oder Dienstleistung eines Unternehmens repräsentiert.

Damit ein Gutschein wirksam ist, muss er folgende Voraussetzungen erfüllen:

• Schriftform
• Name des Gutschein einlösenden Unternehmens

Ein bestehender Anspruch kann mit Ablauf einer bestimmten Frist nicht mehr durchgesetzt werden.

Das Ausstellungsdatum ist für die Gültigkeit kein Muss, jedoch sollte es zum Nachweis der **Verjährung** angegeben werden.

Den Namen des Beschenkten anzugeben ist auch keine Pflicht, da es sich bei Gutscheinen um **Inhaberpapiere** handelt. Das heißt, jeder der das Dokument in den Händen hält, kann auf Einlösung bestehen.

Ebenfalls entbehrlich ist die Unterschrift des ausstellenden Händlers.

Im Einzelhandel gebräuchlich sind der Geschenkgutschein und der Umtauschgutschein.

Beim **Geschenkgutschein** zahlt die schenkende Person einen bestimmten Betrag an den Einzelhändler und erhält dafür einen wertgleichen Gutschein, den der Beschenkte einlösen kann.

Sollte dem Beschenkten das Sortiment des Geschäftes nicht gefallen, so hat er dennoch kein Recht auf Auszahlung des Geldes.

Anders verhält es sich dagegen, wenn das Einzelhandelsgeschäft die im Gutschein vermerkte Ware nicht mehr im Sortiment führt. In diesem Fall hat der Kunde das Recht auf eine Barauszahlung.

Tauscht der Mitarbeiter des Einzelhandelsgeschäftes die Ware aus Kulanz (➡ Kap. 3.5.3, S. 33) um, so kann er den Kaufpreis bar auszahlen oder einen **Umtauschgutschein** ausstellen.

Wenn die vom Kunden gewünschte Ware weniger kostet als der ausgewiesene Wert des Gutscheins, wünschen Kunden häufig eine Teileinlösung. Die Pflicht zur Barauszahlung des Restbetrages besteht nicht. Handelsüblich ist die Ausstellung eines neuen Gutscheins mit dem Restwert.

Die **Einlösepflicht** bei unbefristeten Gutscheinen beträgt drei Jahre, beginnend mit dem Ende des Jahres, in dem der Gutschein ausgestellt wurde. Hier spricht man von der regelmäßigen Verjährungsfrist.

Möchte der Einzelhändler den Gutschein befristen, so sollte er darauf achten, dass die Einlösefrist nicht zu knapp bemessen ist. Der Kunde darf durch die Frist auf keinen Fall unangemessen benachteiligt werden. Welche Fristen zulässig sind, ist im Gesetz nicht geregelt und hängt vom jeweiligen Einzelfall ab. Die Gerichte urteilen hier von Fall zu Fall unterschiedlich.

4.2.3 Preisnachlässe

Unternehmen nutzen im Rahmen der Kommunikationspolitik, genauer gesagt bei der Verkaufsförderung (➡ Teil IV, Kap. 4.4.1, S. 233), und im Rahmen der Kontrahierungspolitik u.a. Preisnachlässe, um den Absatz ihrer Waren zu fördern.

> ⓘ **Merke: Die Kontrahierungspolitik ist im Marketing-Mix ein Marketinginstrument, das alle Entscheidungen, die auf die Preisgestaltung einwirken, umfasst. Die Kontrahierungspolitik umfasst die Preis- und die Konditionenpolitik.**

Grundsätzlich darf jeder Einzelhändler Preisnachlässe gewähren. Bei der Gestaltung des Preises, sprich Festlegung und Auszeichnung des Preises, sind jedoch die **Preisangabeverordnung** (**PangV** ➠ Kap. 5.4.2, S. 68), das **Gesetz gegen unlauteren Wettbewerb** (**UWG** ➠ Kap. 5.1.6, S. 57), sowie das **Gesetz gegen Wettbewerbsbeschränkung** (**GWB** ➠ Teil III, Kap. 1.2.3, S. 124) zu beachten.

Preisnachlässe sind bei Büchern, Zeitschriften, Zeitungen und Tabakwaren verboten.

Zu den Preisnachlässen gehören:
- **Rabatte**
- **Bonus**
- **Skonto**

Rabattarten		Beispiele
Barrabatte	**Mengenrabatt**	Der Kunde bekommt beim Kauf größerer Warenmengen einen Preisnachlass.
	Treuerabatt	Stammkunden erhalten einen Preisnachlass.
	Sonderrabatt	Zu besonderen Anlässen (z.B. Jubiläum) oder für bestimmte Kundengruppen (z.B. Schüler) wird ein Preisnachlass gewährt.
	Personalrabatt	Mitarbeiter des Einzelhandelsbetriebes und evtl. ihre Angehörigen erhalten einen Preisnachlass.
Naturalrabatte	**Draufgabe**	Der Kunde kauft z.B. zwei Artikel, einen dritten Artikel bekommt er kostenlos dazu.
	Dreingabe	Der Kunde möchte z.B. zehn Artikel kaufen. Er muss neun Artikel bezahlen, den Zehnten bekommt er umsonst.

Gewährt der Einzelhändler einen Preisnachlass, der dadurch begründet ist, dass der Kunde z.B. zum Jahresende eine bestimmte Umsatzhöhe erreicht oder sogar überschritten hat, so spricht man von einem **Bonus.** Ob ein Kunde einen Bonus erhält, ist also erst nachträglich ersichtlich.

Wenn ein Kunde **Skonto** in Anspruch nehmen möchte, muss er vor Ablauf der gesetzten Zahlungsfrist die Rechnung begleichen.

Die Zahlungsbedingung könnte beispielsweise lauten: *„Zahlungsziel 30 Tage oder 10 Tage unter Abzug von 2 Prozent Skonto."*

In der Regel ist es sinnvoll, Skonto in Anspruch zu nehmen, auch wenn man zur Zeit nicht liquide ist und einen Kredit aufnehmen muss (➟ Teil IV, Kap. 1.6, S. 183).

Preisnachlässe können folgende Wirkungen haben:
- **höhere Umsätze** durch Mehrabsatz der vergünstigten Ware
- **Cross-Selling** (Kunden tätigen Zusatzkäufe)
- **Kundengewinnung**
- **Vermeidung von Kundenverlust**
- **Platzschaffung in den Regalen**
- **Aufbau eines Billiganbieter-Image,** falls das vom Unternehmen so gewünscht wird

Vor Gewährung von Preisnachlässen sollte sich der Einzelhändler auch über **mögliche negative Wirkungen** Gedanken machen.
- Der Preisnachlass könnte bedingen, dass die Konkurrenz die Preise ebenfalls senkt, evtl. noch weiter als man selbst.
- Kunden die den herkömmlichen Preis für die Ware bezahlt haben, könnten nun verärgert sein.
- Billiganbieter-Image des Unternehmens, obwohl dies nicht gewollt ist.
- Billigwaren-Image, was für Kunden häufig gleichbedeutend ist mit schlechter Qualität.
- Geringere Gewinnspanne je Ware.
- Zusätzlich anfallende Kosten z. B. Preisumzeichnung.

Coupons

Couponing stellt eine besondere Art von Gutscheinen dar. Sie existieren in unterschiedlichen Typen und Formen und gewähren dem Kunden einen besonderen Vorteil bei Vorlage des Coupons. Der häufigste Typ ist der Cash Coupon.

Coupons sind zeitlich und räumlich begrenzt. Beispiel: *„Gültig im Zeitraum vom 24.05 bis 31.05 in den Städten Köln, Düsseldorf."*

Folgende Coupons werden unterschieden:

Art des Coupons	Beschreibung
Cash Coupon	Einmaliger Preisnachlass bei Kauf einer Ware.
Bundling Coupon	Der Kunde bekommt zu der gekauften Ware eine Zugabe, d.h. eine weitere Ware derselben Art oder anderer Art umsonst.
Sampling Coupon	Der Kunde erhält eine Warenprobe oder eine Testpackung umsonst.
Treuecoupon	Langjährige Kunden erhalten mit diesen Coupons eine Preisermäßigung oder einen Wertscheck in virtueller Währung (z.B. Bonuspunkte). Diesen können sie bei ihrem nächsten Einkauf einlösen. Dieser Coupon Typ dient insbesondere der Kundenbindung und ist häufig mit dem Besitz einer Kundenkarte verbunden.

Coupons werden vom Hersteller oder Händler ausgegeben. Sie können z.B. auf Waren gedruckt sein, in Zeitungen zum Ausschneiden oder als Postwurfsendung gefunden werden. Treuecoupons erhält der Kunde per Post oder E-Mail.

Immer häufiger findet man Coupons auf speziellen Internetseiten, die dann zum Teil auch online eingelöst werden können. Couponing ist inzwischen ein gerne genutztes Marketinginstrument.

5 Marketinggrundlagen

5.1 Werbemaßnahmen

Der Absatzmarkt, wo **Angebot und Nachfrage** zusammentreffen und sich so der **Marktpreis** bildet, wird seit Mitte der 1960er-Jahre als **Käufermarkt** bezeichnet. Das bedeutet, dass der Nachfrager (Kunde) eine stärkere Position hat als der Anbieter (Einzelhandelsbetrieb).

Im Gegensatz zum Käufermarkt ist im Verkäufermarkt, den es in Deutschland bis Mitte der 1960er-Jahre gab, der Verkäufer der mächtigere Partner.

Verkäufermarkt bis Mitte der 1960er-Jahre	Käufermarkt ab Mitte der 1960er-Jahre
kaum Konkurrenz, Angebot ist kleiner als die Nachfrage	hohe Konkurrenz, Angebot ist größer als die Nachfrage
Kundenorientierung nicht wichtig	Kundenorientierung sehr wichtig
Werbung nicht erforderlich	Werbung unverzichtbar

5.1.1 Aufgaben und Ziele der Werbung

(!) Merke: Marketing bedeutet, dass das Unternehmen all seine Entscheidungen und Aktivitäten an den Kunden ausrichtet.

Die Kundenbedürfnisse und Kundenwünsche sind für die Unternehmen wegweisend. Ziele des Marketings sind u.a.:
- **Absatz-, Umsatz- und Gewinnsteigerung**
- **Kundengewinnung und Kundenbindung**
- **Imageverbesserung**
- **Weckung neuer Kundenbedürfnisse**
- **Erhöhung des Marktanteils**

Zwischen diesen Zielen besteht eine große Abhängigkeit. Beispielsweise können durch Imageverbesserung Kunden gewonnen werden, und dadurch kann sich der Umsatz erhöhen.

Weil sich Kundenwünsche häufig ändern, muss das Unternehmen der Marketingarbeit fortlaufend nachgehen. Um die Kundenwünsche in Erfahrung zu bringen, muss das Unternehmen systematisch den Markt untersuchen, d.h. **Bedarfsforschung** durchführen. Bedarfsforschung ist Teil der **Marktforschung** (➡ Teil IV, Kap. 4.4.4, S. 235), welche die Marketingarbeit begleitet.

Das gesetzte Marketingziel lässt sich durch Einsatz und Kombination unterschiedlicher Marketinginstrumente (➡ Teil IV, Kap. 4.4, S. 232) erreichen.

Eines dieser Instrumente ist die **Kommunikationspolitik.** Die Kommunikationspolitik betrifft sämtliche Maßnahmen, mit deren Hilfe das Unternehmen z.B. mit Kunden, Lieferanten oder Mitarbeitern in Kommunikation tritt.

Somit umfasst die **Kommunikationspolitik:**
- **Werbung**
- **Verkaufsförderung – Sales Promotion** (➡ Teil IV, Kap. 4.4.1, S. 233)
- **Öffentlichkeitsarbeit – Public Relations** (➡ Teil IV, Kap. 4.4.2, S. 234)
- **Sponsoring** (➡ Teil IV, Kap. 4.4.2, S. 234)
- **persönlicher Verkauf,** Verkaufsgespräch (➡ Kap. 3.4, S. 26)

5.1.2 Arten der Werbung

 **Merke: Werbung ist nicht dasselbe wie Marketing. Werbung ist nur ein Teil der Marketingarbeit.**

Die Werbung soll den Kunden über das Unternehmen, dessen Sortiment oder über einen Artikel informieren und zum Kauf bewegen.

Je nach **Werbeziel (Werbeaufgabe)** unterscheidet man:

Werbeziel	Erklärung
Erinnerungswerbung	Der Kunde soll an das Unternehmen, dessen Sortiment oder an einen Artikel erinnert werden. Der Umsatzrückgang soll vermieden werden.
Expansionswerbung	Der Umsatz und der Marktanteil sollen erhöht werden.
Einführungswerbung	Das Einzelhandelsgeschäft informiert die Kunden über einen neuen Artikel oder eine neue Dienstleistung.

Je nach **Werbeobjekt** (Sortiment oder Artikel) unterscheidet man:

- **Sortimentswerbung**
- **Produktwerbung**

Eine Werbemaßnahme kann das Unternehmen entweder alleine **(Alleinwerbung)** oder in Zusammenarbeit mit anderen Unternehmen durchführen **(Kollektivwerbung).**

Werbearten nach Anzahl der werbenden Unternehmen	Erklärung
Alleinwerbung	Einzelhandelsgeschäft wirbt alleine, unter Nennung der Firma, für ein mögliches Werbeobjekt.
Sammelwerbung	Mehrere Unternehmen gleicher oder unterschiedlicher Branchen werben gemeinsam. Die Unternehmen werden namentlich genannt.
Verbundwerbung	Unternehmen, deren Sortiment oder das einzelne Angebot sich ergänzen, werben gemeinsam unter Namensnennung.
Gemeinschaftswerbung	Unternehmen einer Branche werben gemeinsam. Dabei werden die Namen der Unternehmen nicht genannt. Die Werbeobjekte sind hier das Sortiment oder ein Artikel.

Nach Anzahl der umworbenen Personen sind folgende Werbearten zu unterscheiden:

Werbearten nach Anzahl der umworbenen Personen	Erklärung
Einzelwerbung (Direktwerbung)	Ein einzelner Kunde wird umworben.
Massenwerbung	Die Werbung richtet sich an die Masse, d.h., eine Zielgruppe wird umworben.

5.1.3 Werbegrundsätze

Für jede Werbung stehen dem Einzelhandelsunternehmen nur begrenzt finanzielle Mittel zur Verfügung **(Werbebudget).** Damit die Erfolgswahrscheinlichkeit der Werbung höher wird, ist es bei der Planung und Durchführung der Werbung wichtig, dass die Werbegrundsätze beachtet werden. Diese Verhaltensregeln der Werbewirtschaft sollen sowohl das werbende Unternehmen vor Unkosten, als auch alle anderen Marktteilnehmer schützen.

Wirtschaftlichkeit

Die Werbung ist dann wirtschaftlich, wenn das Verhältnis von Werbeerfolg und Werbekosten angemessen ist. An diesem Punkt setzt die **Werbeerfolgskontrolle** (➟ Kap. 5.1.5, S. 55) an.

Wirksamkeit

Die Werbung muss so konzipiert sein, dass die Zielgruppe erreicht wird. Unterstützung bietet hier die **AIDA-Formel.**

A – **Attention**   (Aufmerksamkeit der Kunden erregen)
I   – **Interest**   (Interesse der Kunden wecken)
D – **Desire**   (Kaufwunsch auslösen)
A – **Action**   (Kaufhandlung hervorrufen)

Klarheit und Wahrheit

Die Werbung soll Aufschluss über das Werbeobjekt geben, sodass der Kunde leicht versteht, wer wirbt und wofür geworben wird. Dabei sollen die Informationen auf Tatsachen beruhen.

Das **Gesetz gegen den unlauteren Wettbewerb (UWG** ➠ Kap. 5.1.6, S. 57) muss beachtet werden.

Soziale Verantwortung

Die Werbung muss ethische und moralische Werte berücksichtigen. Die guten Sitten und das ästhetische Empfinden der Verbraucher dürfen nicht außer Acht gelassen werden. Das UWG ist zu beachten.

Empfinden Marktteilnehmer eine Werbemaßnahme z.B. als irreführend oder verletzend, so können sie sich an den **deutschen Werberat** wenden. Der Werberat ist ein freiwilliger Kontrollausschuss von Experten aus unterschiedlichen Wirtschaftsbereichen, der über Beschwerden entscheidet. Der Werberat kann das werbende Unternehmen zur Änderung oder Einstellung der Werbung auffordern. Außer einer öffentlichen Aufforderung hat der Werberat keine weitere Möglichkeit, einzugreifen. Dazu kommt es jedoch eher selten, da bereits eine nicht öffentliche Aufforderung ihre Wirkung zeigt.

Neben dem deutschen Werberat besteht aber auch die Möglichkeit, bei Verstoß gegen das UWG juristische Schritte einleiten zu lassen.

5.1.4 Werbeplanung

Neben der Festlegung des Werbeziels und des Werbeobjektes müssen bei einer gründlichen Werbeplanung weitere Aspekte berücksichtigt werden.

Zu klärende Aspekte des Werbeplans	Erklärung/Beispiel
Werbeziel	Erinnerungs-, Expansions-, Einführungswerbung
Werbeobjekt	Sortiments- und Produktwerbung
Werbebotschaft	Was soll durch die Werbung vermittelt werden?
Werbebudget	Wie viel Geld darf die Werbung kosten?

Streukreis	Welche Zielgruppe wird umworben?
Streugebiet	In welchem Gebiet soll Werbung veröffentlicht werden?
Werbeträger und Werbemittel	Welche Medien und welche Darstellungsformen werden genutzt? (beispielsweise TV und TV-Spot)
Streuzeit	Wann und wie lange soll geworben werden?
Werbeerfolgskontrolle	Wurden die gesetzten Werbeziele erreicht? Welcher Werbeerfolg wurde erzielt?

Diese Bestandteile des Werbeplans sind nicht in zeitlicher Reihenfolge nacheinander getrennt zu bearbeiten. Vielmehr müssen einige Aspekte parallel und aufeinander abgestimmt ausgeformt werden. Rückkopplungen, z.B. wenn erkannt wird, dass die gewählten Werbeträger und Werbemittel nicht finanzierbar sind, können zur Neufestlegung des Streugebietes oder zur Veränderung des Werbeziels führen.

Die **Höhe des Werbebudgets** wird von mehreren Faktoren beeinflusst. Dazu gehören:
- **Unternehmensgröße**
- **finanzielle Lage des Unternehmens**
- **gewählter Streukreis** (Welche Verbrauchergruppe?)
- **gewähltes Streugebiet**
- **gewählte Streuzeit**
- **gewählte Werbeträger und Werbemittel**
- **Werbeaktivität der Konkurrenzunternehmen**

Jedes Unternehmen muss für sich den richtigen Weg für die Festlegung des Werbebudgets finden. Es kann sich z.B. nach den Erfahrungswerten der vorangegangenen Jahre richten.

Ebenso muss überlegt werden, ob der Werbeetat prozyklisch oder antizyklisch orientiert festgelegt wird.

- Die **prozyklische Orientierung** bedeutet, dass bei einem hohen Umsatz auch ein hohes Werbebudget zur Verfügung gestellt wird, bzw. bei einem niedrigen Umsatz ein niedriges Werbebudget.
- Die **antizyklische Orientierung** würde bei einem hohen Umsatz zu einem niedrigen Werbebudget bzw. bei einem niedrigen Umsatz zu einem hohen Werbebudget führen. Will das Unternehmen den Umsatz ankurbeln, so böte sich zur Festlegung des Werbebudgets also die antizyklische Orientierung an.

Den Königsweg zur Festlegung des Werbebudgets gibt es nicht.

5.1.5 Werbeerfolgskontrolle

Nicht weniger schwierig ist nach der Werbedurchführung die Werbeerfolgskontrolle. Wurde das gesetzte Werbeziel erreicht, bedeutet das nicht notwendig, dass dies allein auf die Werbung zurückzuführen ist. So kann z.B. das Verhalten der Konkurrenz, das Wetter oder die Lage auf dem Arbeitsmarkt zur Erreichung des Werbeziels geführt haben und nicht ausschließlich die geschaltete Werbung selbst.

 Merke: Externe Einflüsse beeinflussen den Werbeerfolg.

Weitere Schwierigkeiten sind bei der Werbeerfolgsmessung zu beachten:
- Die zeitliche Verzögerung der absatzfördernden Wirkung.
- Die Abgrenzung der Werbekosten von anderen Kosten des Unternehmens.
- Die Werbemaßnahme kann z.B. zu einer Umsatzsteigerung bei anderen als den beworbenen Waren geführt haben.

Grundsätzlich gibt es zwei Möglichkeiten, den Werbeerfolg zu messen. Diese sind die **ökonomische** und die **außerökonomische Werbeerfolgskontrolle.** Letztere misst die Veränderung des Bekanntheitsgrades oder des Images des Unternehmens.

Messverfahren	Formel/Erklärung
Ökonomische Werbeerfolgskontrolle	
Werberendite	$$\frac{\text{Umsatzzuwachs}}{\text{Kosten der Werbemaßnahme}}$$ Ist diese Kennzahl größer als 1, dann war die Werbemaßnahme erfolgreich.
Marktanteil	$$\frac{\text{Absatz} \times 100}{\text{Gesamtabsatz des Marktes}}$$ Die Kennzahl kann vor und nach der Werbung ermittelt und dann verglichen werden. Der Marktanteil kann auch auf den Umsatz bezogen werden.
Kundenfrequenzanalyse	Mithilfe des Warenwirtschaftssystems kann man erkennen, ob sich die Anzahl der Kunden nach der Werbung erhöht hat.
Kundenbefragung	Durch eine Befragung erfährt der Einzelhändler den Grund für den Kauf einer bestimmten Ware.
Außerökonomische Werbeerfolgskontrolle	
Recall-Test (Erinnerungstest)	Testpersonen werden nach einer gewissen Zeit befragt, an welche Einzelheiten der Werbung sie sich noch erinnern können.
Recognition-Test (Wiedererkennungstest)	Testpersonen werden nach einer gewissen Zeit befragt, welche Werbung sie wiedererkennen, dabei werden unterschiedliche Werbemittel vorgelegt.

Kann der Einzelhändler keinen Werbeerfolg verzeichnen, so sollte dies als Chance gesehen werden, aus den gemachten Fehlern zu lernen. Auf Werbung ganz zu verzichten, wäre fatal. Im besten Fall wird das Werbeziel erreicht und ein Werbeerfolg festgestellt.

Die Werbung kann nicht nur für das Unternehmen, sondern auch für die Kunden positive Wirkungen haben (win-win Situation).

- **Information** über Neuheiten
- Der **Markt wird transparenter,** d.h. der Kunde kann z.B. leichter Preise vergleichen
- Werbung ist **unterhaltsam**
- Durch Werbung **sinken die Warenpreise,** da Massenproduktion ermöglicht wird

5.1.6 Wettbewerbsrecht – UWG

Um die Marktteilnehmer zu schützen, ist das **Gesetz gegen den unlauteren Wettbewerb (UWG)** erlassen worden.

Wenn sich die Unternehmen nicht an die Werbegrundsätze (⟶ Kap. 5.1.3, S. 52) und das UWG halten, kann es schnell zu negativen Wirkungen der Werbung kommen.

Bei Verstoß gegen das UWG entsteht für den Benachteiligten ein Unterlassungsanspruch gegen den Wettbewerbsverletzer. Diesem wird eine Abmahnung zur Unterschrift vorgelegt. Das benachteiligte Unternehmen kann auch auf Schadensersatz bestehen, falls das werbende Unternehmen vorsätzlich oder fahrlässig gehandelt hat. Ebenfalls möglich ist es, auf die Herausgabe des Gewinns zu bestehen (Gewinnabschöpfungsanspruch), den das werbende Unternehmen durch den unlauteren Wettbewerb erwirtschaftet hat.

Zu den juristischen (rechtlichen) Konsequenzen zählen Geld- oder Freiheitsstrafe. Bevor rechtliche Schritte eingeleitet werden, kann die Einigungsstelle der IHK aufgesucht werden.

Das Gesetz gegen den unlauteren Wettbewerb verbietet unter anderem folgende Handlungen:

- **Unzumutbare Belästigung:** Werbung per Telefon, Fax und E-Mail ist verboten, wenn keine Einwilligung vorliegt. Briefkastenwerbung ist prinzipiell erlaubt.
- **Irreführende Werbung:** Lockvogelwerbung und Mondpreise sind verboten.
  - Bei der **Lockvogelwerbung** werden Kunden durch Preisaktionen angelockt, wobei die angepriesene Ware in nicht ausreichender Menge vorrätig ist. Die Angabe „Solange der Vorrat reicht" berechtigt in der Regel nicht zur Unter-

schreitung einer ausreichenden Warenmenge für zwei Tage.

– **Mondpreise** liegen vor, wenn der Einzelhändler mit einer Preisherabsetzung wirbt und davor den ursprünglichen Preis der Ware für eine sehr kurze Zeit angehoben hat.

- **Unlauterer Wettbewerb:** Psychologischer Kaufzwang, üble Nachrede sowie ruinöse Preise sind verboten. Vom psychologischen Kaufzwang wird gesprochen, wenn z.B. der Kunde an einem Preisausschreiben nur unter der Bedingung eines Warenerwerbs teilnehmen darf. Bietet der Einzelhändler Warenarten unterhalb seiner Selbstkosten (➥ Teil II, Kap. 6.1, S. 107) an, um die Konkurrenz zu ruinieren, so liegt ein ruinöser Preis vor.

- **Vergleichende Werbung:** Irreführende, herabsetzende Vergleiche sind unzulässig. Der Vergleich objektiver Wareneigenschaften ist dagegen erlaubt, z.B. der Preisvergleich von gleichen Artikeln.

- **Verrat von Betriebsgeheimnissen und Bestechung**

Neben dem UWG hat der Einzelhändler bei seiner Werbung zu beachten, dass die beworbenen Waren gemäß Preisangabenverordnung (➥ Kap. 5.4.2, S. 68) ausgezeichnet werden. Diese Verordnung dient insbesondere dem Verbraucherschutz.

5.2 Warenpräsentation

Im Rahmen der Warenpräsentation überlegt sich der Einzelhändler, wie er die Ware im Verkaufsraum ansprechend präsentieren kann, sodass alle Sinne der Kunden angesprochen werden und der Kundenbesuch in einem Kauf mündet. Unternehmensunabhängig sollten Sauberkeit und Ordnung als Selbstverständlichkeiten betrachtet werden.

Je nach Betriebsform (➥ Teil III, Kap. 1.1.3, S. 119)und damit zugleich Verkaufsform entstehen grundsätzliche Unterschiede bei der Warenpräsentation.

Betriebsform	Art der Warenpräsentation
Selbstbedienung	Der Kunde möchte die Ware schnell finden. Er erwartet eine übersichtliche und gut strukturierte Warenpräsentation.
Vorwahl	Die Warenpräsentation soll zu einer Wohlfühlatmosphäre beitragen. Kunden sollen im Geschäft verweilen, Waren an-/ausprobieren und diese dann möglichst kaufen. Durch die Warenpräsentation soll auch der Warenwert deutlich gemacht werden.
Vollbedienung	

Unterstützt wird die Warenpräsentation durch **Visual Merchandising** (visuelle Verkaufsförderung), also alle Maßnahmen, die darauf abzielen, die Sinne der Kunden zu beeinflussen.

Elemente des Visual Merchandising	Einsatzmöglichkeit
Lichtgestaltung	• Grundbeleuchtung erzeugen • Kundenblicke lenken • Waren hervorheben (Akzentbeleuchtung) • Stimmung erzeugen • leichtere Warenprüfung hinsichtlich Farbe, Qualität usw. ermöglichen
Farbgestaltung	• Verkaufsräume, Warengruppen unterteilen und dadurch Kunden lenken • ermöglicht die Wiedererkennung von Waren • Stimmung erzeugen (z.B. gelb wirkt warm, hell, heiter)
Dekoration	• Stimmung erzeugen • Ware im Verwendungsumfeld erleben (Fascinationpoints) Achtung: Die Ware darf durch die Dekoration nicht in den Hintergrund rücken. „The product ist the hero!"
Material	Hierbei geht es sowohl um die Materialauswahl für den Boden (z.B. Parkett, Linoleum) als auch für die Wände (z.B. Spiegel, Putz) • Kunden lenken • Stimmung erzeugen • Warenbereich und/oder Warenwert signalisieren

Musik	Die Musikrichtung und die Lautstärke beeinflussen die Einkaufsatmosphäre. Auch Naturklänge können in bestimmten Verkaufsraumbereichen zur Stimmungserzeugung eingesetzt werden. Über die hausinterne Radiosendung können Kunden Informationen, z.B. über Aktionen erhalten.
Duft	Der Einsatz von Düften erhöht die Impulskäufe. Kunden lassen sich durch Düfte lenken und anregen.
Temperatur	Damit sich der Kunde im Geschäft wohlfühlt, ist die Temperatur nicht nur auf die Außentemperatur abzustimmen, sondern auch darauf zu achten, dass Kunden eine kühlere Temperatur Frische signalisiert (z.B. in der Gemüseabteilung, an der Fleischtheke etc.).
Warenträger	Art, Länge und Anordnung der Warenträger beeinflussen nicht nur die Einkaufsatmosphäre, sondern lenken auch die Kunden durch den Verkaufsraum. Sie sollen dazu beitragen, dass der Kunde die Ware gut sehen und erreichen kann. Eine Vitrine z.B. erzeugt den Eindruck, dass die enthaltene Ware hochwertig ist.

Alle Elemente des Visual Merchandising sind sowohl auf die Branche als auch auf die Betriebsform abzustimmen.

5.2.1 Die Warenplatzierung im Verkaufsraum

Mit der Warenpräsentation eng verbunden ist die Warenplatzierung, also die Frage, an welcher Stelle im Verkaufsraum und im Regal der Einzelhändler die Ware platziert.

Dabei sind sowohl die Kundenwünsche zu berücksichtigen als auch das Einzelhandelsunternehmen mit seinem Ziel der Gewinnmaximierung.

Wissenschaftliche Untersuchungen ergaben, dass sich Kunden im Verkaufsraum gerne **gegen den Uhrzeigersinn** bewegen und der Blick häufig nach rechts gerichtet ist.

Das bedeutet für den Handel, dass Waren, die auf der rechten Seite in den Regalen platziert sind, viel mehr Aufmerksamkeit erhalten, als die Waren, die links platziert sind. Da sich Kunden gerne an den Wänden orientieren **(Randzone),** wird die **Mittelzone** des Geschäftes auch weniger frequentiert. Ebenso wurde herausgefunden, dass Kunden beim Eintritt in das Geschäft ihre Gehgeschwindigkeit nicht reduzieren, sodass die Waren am Eingangsbereich unbeachtet bleiben.

Diese Ergebnisse legen nahe, **verkaufsaktive und verkaufsschwache Bereiche** eines Verkaufsraumes zu bestimmen und Maßnahmen zu ergreifen, um die Waren zwar kundenfreundlich zu platzieren (übersichtlich und damit leicht auffindbar), aber auch den Umsatz nicht außer Acht zu lassen. Verkaufsschwache Zonen können aufgewertet und verkaufsstarke Zonen für Waren mit hoher Gewinnspanne genutzt werden.

Verkaufsraumzone	Wertigkeit	Maßnahmen des Handels
Eingangszone	verkaufs-schwach	Kunden sollen gestoppt werden, sodass sie langsam durch das Geschäft gehen. Dies kann mithilfe von Warenträgern, besonderen Warenpräsentationen **(Eyecatcher)** oder **Magnetartikeln** geschehen.
Randzone	verkaufs-stark	Auf die rechte Seite sollte der Einzelhändler Artikel mit hoher Gewinnspanne und/oder **Impulsartikel** platzieren, da diese Seite die Aufmerksamkeit der Kunden hat. Um die linke Seite aufzuwerten, sollten Magnetartikel platziert werden.
Mittelzone **Eckzone**	verkaufs-schwach	Um die Kunden in diese Zonen zu lenken, könnten hier Magnetartikel platziert werden.
Lagernahe Zone	verkaufs-schwach	Um lagernahe Zonen aufzuwerten, könnten hier beratungsintensive Waren angeboten werden. Ebenso sinnvoll ist die Platzierung von Tiefkühlwaren, um die Kühlkette nicht lange zu unterbrechen oder die Platzierung von Waren mit hoher Umschlagshäufigkeit.

Kassenzone ("Quengelzone")	verkaufs-stark	Der Kassiervorgang beansprucht etwas Zeit, so-dass die Kunden hier durch Impulsartikel zum Kauf angeregt werden. Auch diebstahlgefährdete Artikel sollten aufgrund der Personalpräsenz hier platziert werden.

> **!** **Merke:** Magnetartikel sind Artikel, die den Kunden anziehen. Das können Aktionsartikel sein oder Artikel, die bei dem Kunden auf dem Einkaufszettel stehen (alltägliche Artikel) bzw. solche, die der Kunde sucht (Suchartikel).

Vor der Bestückung der Warenträger muss sich der Einzelhändler gemäß den räumlichen Gegebenheiten überlegen, wo und wie diese im Verkaufsraum angeordnet sein sollen. Am Eingang platzierte Schütten können als **Stopper** wirken. Eine Längsplatzierung von langen Regalen kann den Kunden gut durch den Verkaufsraum lenken. Das Einräumen langer Regale ist für das Personal einfacher als die Befüllung kurzer Regale. Die Querplatzierung kurzer Regale (quer zur Laufrichtung) fördert eine vielseitige Warenpräsentation und den Impulskauf.

> **!** **Merke:** Impulsartikel sind Artikel, deren Kauf der Kunde nicht rational (verstandesmäßig) entscheidet. Diese Artikel werden gesehen und erwecken den Besitzwunsch.

5.2.2 Die Warenplatzierung im Regal

Wie der Verkaufsraum so hat auch das Regal unterschiedlich verkaufsstarke Zonen. Diese unterschiedlichen Wertigkeiten entstehen durch das Sichtfeld der Menschen und den Wunsch, die Ware schnell sehen sowie bequem erreichen zu können. Der Einzelhändler nutzt diese Erkenntnisse bei der Warenplatzierung:

Regalzone	Wertigkeit	Maßnahmen des Handels
Reckzone (über 165 cm)	verkaufs-schwach	Platzierung von Magnetartikeln, Artikeln mit niedriger Gewinnspanne, leichte Artikel, **Signalartikel**

Sichtzone (120 cm bis 165 cm)	sehr verkaufs- stark	Platzierung von Artikeln mit sehr hoher Gewinnspanne **(sehr gut kalkulierte Artikel),** Impulsartikel, Ergänzungsartikel, Neuheiten
Greifzone (80 cm bis 120 cm)	verkaufs- stark	Platzierung von Artikeln mit hoher Gewinnspanne **(gut kalkulierte Artikel),** Impulsartikel, Ergänzungsartikel, Neuheiten
Bückzone (unter 80 cm)	sehr verkaufs- schwach	Platzierung von sehr schlecht kalkulierten Artikeln, schweren Artikeln, Magnetartikeln, Signalartikeln

 Merke: Signalartikel sind Artikel, die bekannt sind und aufgrund ihrer Aufmachung schnell wiedererkannt werden.

- Artikel mit niedriger **Umschlagshäufigkeit (Langsamdreher** oder **Pennerartikel)** können leichter abgesetzt werden, wenn sie neben Artikeln mit hoher Umschlagshäufigkeit **(Schnelldreher, Rennerartikel)** platziert werden **(Zebraplatzierung).** Diese könnten z.B. in der Greifzone nebeneinander platziert werden.
- Unter **Verbundplatzierung** versteht man die Platzierung von Ergänzungsartikeln neben Hauptartikeln. Die so entstandenen Bedarfsbündel erhöhen einerseits den Umsatz des Unternehmens, andererseits spart der Kunde Zeit, da er Problemlösungen direkt an einer Stelle findet.
- Möchte der Einzelhändler den Absatz eines Artikels besonders forcieren, so kann er diesen zusätzlich zu seinem festen Platz im Regal oder in einem anderen Warenträger an einem weiteren Platz im Verkaufsraum platzieren. Durch die erhöhte Chance des Kundenkontakts mit der Ware steigt auch die Chance des Verkaufs. Diese Art der Sonderplatzierung wird **Zweitplatzierung** genannt.
- Eine weitere Platzierungsmöglichkeit ist die **Platzierung nach Warengruppen** (Warengattung). Warengruppen können nach unterschiedlichen Kriterien gebildet werden, z.B. nach Hersteller, Verwendungszweck, Farbe. Ihre Anordnung ist vertikal oder horizontal möglich.

>  **Beispiel:**
>
> - horizontal nebeneinander (horizontale Blöcke): weißer Zucker, brauner Zucker, Kandiszucker
> - vertikal übereinander (vertikale Blöcke): Weizen-, Roggen-, Dinkelmehl

5.3 Kundenservice

Die Entwicklung des **Käufermarktes** (➞ Kap. 5.1, S. 49) führt dazu, dass sich das Unternehmen von der Konkurrenz abheben muss, um wettbewerbsfähig zu bleiben. Dies kann durch das Angebot von Serviceleistungen geschehen. Durch Serviceleistungen sollen Kunden an das Unternehmen gebunden und Neukunden gewonnen werden. Dies wird nur dann möglich, wenn der Mitarbeiter im Verkaufsgespräch auf die Serviceleistungen hinweist und/oder das Serviceangebot für den Kunden erkennbar gemacht wird.

Je nach Betriebsform und Sortiment unterscheiden sich die angebotenen Serviceleistungen im Ausmaß und Typ. Jedes Unternehmen muss sich genau überlegen, ob die angebotenen Serviceleistungen für den Kunden kostenlos oder kostenpflichtig sein sollen. Serviceleistungen wie z.B. die Kartenzahlung sind für die Kunden mittlerweile zur Selbstverständlichkeit geworden. Hier vom Kunden eine Gebühr zu verlangen, würde diesen eher abschrecken, als ihn an das Unternehmen zu binden.

Eine Möglichkeit, Serviceleistungen einzuteilen, ist auf den Zeitraum bezogen, innerhalb dessen sie angeboten werden:

Angebot der Serviceleistung	Beispiele
vor dem Kauf	Parkplätze, Aufzüge
während des Kaufs	Beratung, Kartenzahlung, Kinderbetreuung, Sonderbestellung, Sitzgelegenheit
nach dem Kauf	Warenanlieferung, Installation, Geschenkverpackung, Garantie

Eine weitere Kategorisierung ist nach der Art der Serviceleistung möglich:

Art der Serviceleistung	Beispiele
Kundenbezogene Serviceleistung	Kinderbetreuung, Sitzgelegenheit
Warenbezogene Serviceleistung	Geschenkverpackung, Installation
Zahlungsbezogene Serviceleistung	Kartenzahlung, Ratenkauf
Informationsbezogene Serviceleistung	Beratung, Internetauftritt des Geschäftes

5.4 Preisbildung

5.4.1 Die Preisfestlegung

Die Preisbildung und die Preisgestaltung sind der **Preispolitik,** einem weiteren Instrument im Rahmen der Marketingarbeit, zuzuordnen. Bevor eine Ware mit dem Preis ausgezeichnet wird, sind viele Entscheidungen zu fällen. Die gewählte Betriebsform, die Verkaufsform und das Sortiment des Einzelhändlers beeinflussen seine Preisgestaltung.

 Beispiel:

Bei einem Discounter mit Selbstbedienung und No-Name-Artikeln findet der Kunde günstige Preise.

Discounter führen eine **Niedrigpreisstrategie.** Niedrige Preise sollen zu einem hohen Umsatz führen. Ein Fachgeschäft verfolgt üblicherweise die **Hochpreisstrategie.** Nicht der Preis der Ware steht für den Kunden im Mittelpunkt, sondern die Qualität und/oder Exklusivität der Angebote, die besondere Beratung oder der Kundenservice.

Verkaufsraumgestaltung und Warenpräsentation sind der jeweiligen Strategie anzupassen.

Mitmilfe des **Kalkulationsschemas** (➡ Teil II, Kap. 6.1, S. 106) kann der **Verkaufspreis** berechnet werden. Dessen Anwendung setzt voraus, dass sich der Einzelhändler zuvor Gedanken über die Einflussfaktoren des Preises gemacht hat. Folgende Faktoren sind zu berücksichtigen:

- **betriebsexterne Einflussfaktoren**
  - Preishöhe der Konkurrenz
  - Preiserwartung der Nachfrager
  - Preiserwartung des Herstellers
- **betriebsinterne Einflussfaktoren**
  - eigener Kostenblock
  - Gewinnerwartung

Auf die letzten zwei Faktoren (betriebsinterne Einflussfaktoren) kann der Einzelhändler unmittelbar Einfluss nehmen. Er kann seinen Gewinnzuschlag erhöhen oder senken, ohne das Ziel der Gewinnerzielung aus den Augen zu lassen. Seinen Kostenblock kann er z.B. durch Sparmaßnahmen im Energiebereich (Handlungskosten) oder durch Senkung der Bezugskosten reduzieren. Diese Faktoren sind jedoch nicht unabhängig von den ersten drei (betriebsexterne Einflussfaktoren) zu sehen. Ist der Nachfrager nicht bereit, einen bestimmten Preis zu zahlen, weil die Ware bei der Konkurrenz günstiger ist, ihm die Preishöhe unbegründet erscheint oder es seine Finanzkraft nicht zulässt, muss der Einzelhändler vielleicht seine Gewinnzuschlagshöhe überdenken. Im Verkaufsgespräch sollte er besonderes Augenmerk auf die Preisargumentation legen.

Bei einem knappen Warenangebot oder bei exklusiver Ware, bei der das Image eine große Rolle spielt, wird der Nachfrager eher bereit sein, einen höheren Preis zu akzeptieren. Gerade bei Waren, deren Kauf und Besitz mit Prestige verbunden ist, würde es keinem Hersteller gefallen, wenn der Einzelhändler diese zu einem niedrigen Preis verkaufen würde.

- Orientiert sich der Einzelhändler bei der Preisfindung hauptsächlich an den angefallenen Selbstkosten, so spricht man von der **kostenorientierten Preisbildung.** Um den Preis zu finden, wird gewöhnlich die **Vorwärtskalkulation** (➡ Teil II, Kap. 6.1, S. 106) angewendet.
- Bei der **konkurrenzorientierten Preisfindung** richtet sich der Einzelhändler nach den Preisen der Konkurrenz, bzw. nach dem Preis des Unternehmens mit der größten Marktmacht. In diesem Fall ist der erzielbare Verkaufspreis ja schon vorgegeben. Mithilfe der **Rückwärtskalkulation** (➡ Teil II, Kap. 6.4, S. 110) rechnet der Einzelhändler den maximalen Bezugspreis aus.
- Orientiert sich der Einzelhändler an der Preisvorstellung der Nachfrager, so liegt eine **nachfrageorientierte Preisfindung** vor. Hier spielen Preisdifferenzierungsmaßnahmen eine große Rolle, da man den Preis sucht, den die Kunden bereit sind zu zahlen.

Preisdifferenzierung	Erklärung
räumlich	Je nach Region oder Ort kann dieselbe Ware mehr oder weniger kosten.
zeitlich	Je nach Jahres- oder Tageszeit kostet dieselbe Ware mal mehr oder mal weniger.
personell	Je nach Kundenkreis variiert der Preis der Ware.
mengenmäßig	Der Preis der Ware ist abhängig von der gekauften Menge.

Um den Kunden das Gefühl zu vermitteln, dass der Einzelhändler den Preis knapp kalkuliert hat, wird die **psychologische Preisfestlegung** benutzt. Preise, die mit einer 9 enden, z.B. 0,99 Euro, werden vom Kunden als nicht ganz so hoch empfunden, wie z.B. stattdessen 1,00 Euro.

Im Einzelhandel kommt häufig die **Mischkalkulation** zum Einsatz. Waren, deren Preise unter den Selbstkosten liegen **(Preis-**

untergrenze) und somit zu keinem Gewinn führen **(Ausgleichsnehmer)**, werden durch Warenpreise anderer Artikel ausgeglichen **(Ausgleichsgeber)**, die zu einem hohen Gewinn führen. Der Grund für die Anwendung dieser Strategie kann ein niedriger Konkurrenzpreis bei den Verlustbringern (Ausgleichsnehmer) sein. Diesen Preis möchte der Einzelhändler aber auch anbieten, um den Kunden in das Geschäft zu locken.

Ein **Verkauf von Waren unter dem Bezugspreis** ist laut dem Gesetz gegen Wettbewerbsbeschränkungen (GWB) (➞ Teil III, Kap. 1.2.4, S. 121) nur gelegentlich erlaubt. Bei Lebensmitteln ist es gänzlich verboten, außer wenn der Verderb droht und die Unverkäuflichkeit der Ware verhindert werden soll.

5.4.2 Die Preisangabenverordnung

Nach der Auswahl der Preisstrategie und der Festlegung des Preises muss der Einzelhändler die Ware gemäß Preisangabenverordnung auszeichnen. Diese Verordnung verpflichtet zur **Auszeichnung der Preise** und schreibt vor, welche Angaben ein Preisschild enthalten muss:

Muss-Angaben	Erklärung
Bruttopreis	Preis inklusive (mit) Mehrwertsteuer (19 %, Stand März 2013) Bei Artikeln mit Pfand ist das Pfand gesondert auszuweisen.
Grundpreis	Bruttopreis je Verkaufseinheit (z.B. Preis je m, kg, l)
Verkaufseinheit	z.B. 3 m, 2 kg, 1,5 l
Warenbezeichnung	z.B. Tomaten
Gütebezeichnung	z.B. Handelsklasse 1

Diese Angaben sind für Waren zu machen, die im Verkaufsraum oder außerhalb, im Schaufenster und/oder in Schaukästen für den Kunden ausgestellt werden und für Waren, die der Kunde direkt entnehmen kann.

In der Preisangabenverordnung sind jedoch auch **Ausnahmen** genannt, auf die diese Verordnung nicht anzuwenden ist:
- Pflanzen, die direkt vom Freiland verkauft werden
- Kunstgegenstände, Antiquitäten und Sammlerstücke

Hat sich der Einzelhändler bei der Auszeichnung seiner Waren nach dieser Verordnung zu richten, so muss er auch die hier genannten Grundsätze **Preiswahrheit und -klarheit** beachten.

Daher muss immer der **Bruttopreis** angegeben werden. Eine bloße Angabe des **Nettopreises** mit dem Zusatz „plus Mehrwertsteuer" ist also nicht zulässig.

Auch müssen die Waren so ausgezeichnet werden, dass der Kunde die Ware und den dazugehörigen Preis eindeutig einander zuordnen kann. Ebenso sollen die Preise leicht zu finden und deutlich lesbar sein.

Die Preisauszeichnung muss nicht ausschließlich an der Ware erfolgen. Sie kann unter Beachtung dieser Grundsätze auch am Warenträger oder in ausgelegten Preislisten erfolgen. In modernen Handelsbetrieben finden **elektronische Preisschilder** immer mehr Einzug. Mit nur wenigen Handgriffen werden die Preise am Regal per Funk geändert und somit Fehler durch manuelle Preisauszeichnung verhindert.

Die Preisangabenverordnung schützt den Verbraucher und erleichtert den Preisvergleich. Verstoßen Unternehmen gegen diese Verordnung, so müssen sie mit einem Bußgeld rechnen.

Testen Sie Ihr Wissen und Ihr Verständnis!

Bearbeiten Sie die folgenden Aufgaben, machen Sie sich einige Notizen über Ihre Gedanken zur Lösung und vergleichen Sie Ihre Notizen mit den Lösungsvorschlägen auf Seite 249. Gegebenenfalls lesen Sie in dem entsprechenden Kapitel noch einmal nach.

Die richtigen Seiten finden Sie mithilfe des Stichwortverzeichnisses auf Seite 291!

Aufgaben:

? **1:** Warum ist Kommunikation eine wesentliche Voraussetzung für den Erfolg einer Einzelhandelsunternehmung?

? **2:** Untersuchen Sie, welche unterschiedlichen Auswirkungen Konflikte auf den Unternehmenserfolg haben und wie Mitarbeiter deshalb mit Konflikten umgehen sollten.

? **3:** Erläutern Sie die Bedeutung des Sortiments für den Einzelhandelsbetrieb und begründen Sie die unterschiedliche Sortimentsdimension bei den Betriebsformen Spezialgeschäft und Discounter.

? **4:** Beschreiben Sie die einzelnen Stufen eines vollständigen Verkaufsgespräches und beurteilen Sie, welche dieser Stufen die wichtigste ist.

? **5:** Beschreiben Sie die rechtlichen Unterschiede und kundenorientierten Verhaltensweisen bei einer Reklamation und einem Umtausch. Beurteilen Sie, ob Reklamation und Umtausch negative Auswirkungen auf den Unternehmenserfolg haben.

? **6:** Erläutern Sie in fünf Punkten, wie ein guter Einzelhändler vor Geschäftsöffnung die Kasse vorbereiten sollte.

? **7:** *„Kassierregeln sind für jedes Einzelhandelsunternehmen wichtig."* Begründen Sie diese Aussage.

? **8:** Der Kunde Nirma aus Dortmund möchte für den Kauf des Teppichs bei der Unternehmung Meier Teppiche e.K. eine

Quittung: Kaufdatum 30.12.20xx, Bruttobetrag 166,60 Euro, Kaufort Düsseldorf. Zählen Sie auf, aus welchen Bestandteilen diese Quittung bestehen muss und welche Angaben in diesem Fall gemacht werden müssen.

9: Sie arbeiten an der Kasse. Ein Kunde möchte mit seiner Debitkarte bezahlen, die nebenstehendes Symbol trägt. Beschreiben Sie den Ablauf des zu erwartenden Zahlungsvorgangs in fünf Schritten. Achten Sie auf eine logische Reihenfolge.

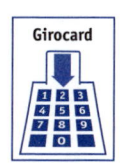

10: Ihr Chef überlegt, den Kunden die Bezahlung mit der Mastercard anzubieten. Nennen Sie je zwei Vor- und Nachteile aus Sicht des Einzelhandelsgeschäftes.

11: Ihr Kollege berichtet in der Pause über eine Kundin, der eine Vase zum ausgeschilderten Preis von 9,00 Euro verkauft wurde, obwohl nach dem Scannen der Ware ein Preis in Höhe von 19,00 Euro angezeigt wurde.

a) Erläutern Sie, ob Kunden das Recht auf den ausgeschilderten Preis haben.

b) Welchen Vorteil haben in diesem Zusammenhang elektronische Preisschilder?

c) Eine andere Kollegin, Frau M., hat in derselben Situation auf dem Preis von 19,00 Euro bestanden aber einen Preisnachlass gewährt. Erläutern Sie zwei Arten von Preisnachlässen, die in dieser Situation möglich wären.

12: Ein Einzelhandelsbetrieb bekommt in seiner Nachbarschaft Konkurrenz. Um seine Kunden an das Unternehmen und sein Sortiment zu erinnern, wird Werbung geschaltet.

a) Geben Sie an, um welche Art von Werbung es sich handelt.

   1. gemäß Werbeziel

   2. gemäß Werbeobjekt

   3. gemäß Anzahl der werbenden Unternehmen

   4. gemäß Anzahl der umworbenen Personen

b) Sie sollen einen Werbeplan erstellen. Nennen und erklären Sie vier Bestandteile eines Werbeplans.

c) Nach der Werbung wurde keine Umsatzsteigerung festgestellt. Der Filialleiter sagt: *„Die Werbung war erfolgreich."* Begründen Sie, unter welcher Voraussetzung seine Aussage zutrifft.

? **13:** Nun soll auch die Verkaufsförderung verstärkt zur Umsatzsteigerung beitragen.

a) Unterscheiden Sie Werbung und Verkaufsförderung anhand von zwei Merkmalen.

b) Geben Sie drei mögliche Maßnahmen an, um den Umsatz von Fruchtsäften zu steigern.

? **14:** Die Fruchtsäfte sind in der Mittelzone des Verkaufsraumes zu finden. Wie können Sie anhand von zwei Maßnahmen diese Zone aufwerten?

? **15:** Um den Umsatz der Fruchtsäfte weiter zu erhöhen, wird eine Preisdifferenzierung vorgeschlagen. Geben Sie drei mögliche Preisdifferenzierungsmaßnahmen konkret an.

II Warenwirtschaft und Rechnungswesen

1 Grundlagen der Warenwirtschaft

1.1 Ziele und Aufgaben

Das Geschäft eines Einzelhändlers besteht darin, Ware einzukaufen und diese Ware wieder zu verkaufen. Je besser ihm das gelingt, desto größer ist seine Chance, erfolgreich zu sein. Darum haben Einzelhändler immer schon den **Warenfluss in der Unternehmung** sehr genau beobachtet. Heute kommt kaum ein Einzelhandelsbetrieb ohne ein Warenwirtschaftssystem aus, das durch die elektronische Datenverarbeitung gestützt ist.

Da der **Absatz** der Engpass der Unternehmung ist (der Prozess in der Unternehmung, von dem im Wesentlichen der Erfolg abhängt), setzt das **Warenwirtschaftssystem (WWS)** mit seinem Programm in der Regel an der Kasse an. Durch die Abverkaufszahlen, die hier registriert werden, ist eine **Bestandsüberwachung** möglich. Der Bestand kann aber nicht nur überwacht, sondern auch optimiert werden. Das bedeutet, dass der Bestand durch das WWS so klein gehalten wird, dass die **Lieferbereitschaft** jederzeit gewährleistet ist, aber auch eine **Kostenminimierung** stattfindet.

Aufgabe des WWS ist es, die Abverkäufe und die Warenbewegungsdaten zu beobachten. Dazu gehört auch, die Erfassung der eingehenden Ware fortzuschreiben und aus diesen Daten aktuelle Statistiken zu erstellen, die dem Kaufmann als Entscheidungsgrundlage dienen können.

Darum wird im Warenwirtschaftssystem vom Abverkauf der Ware über die Lagerung bis zur Beschaffung der Warenfluss genau beobachtet und optimiert. Warenwirtschaftssysteme können aber auch Bestellvorgänge selbstständig auslösen oder dem Unternehmer zur Entscheidung anbieten.

🛈 **Merke: Der Einsatz eines Warenwirtschaftssystems erleichtert dem Einzelhändler unternehmerische Entscheidungen und trägt wesentlich zum Unternehmenserfolg bei.**

Warenwirtschaftssystem	
Aufgaben	Ziele
• Erfassung der Warenbewegungen • artikelgenaue Kassenabwicklung • bedarfsgerechte Bestellung • Darstellung der Warenbewegungen in Statistiken	• Kostenminimierung • sichern der Lieferbereitschaft • Information über die Warenbewegungen

1.2 Datenerfassung und Datenverarbeitung

Um den genannten Zielen und Aufgaben gerecht zu werden, bedarf das WWS zunächst einer zentralen digitalen Datenverarbeitungsanlage (Computer), auf der die Software, das Programm, installiert ist und arbeitet. Diese **Zentraleinheit** ist mit zahlreichen anderen Geräten (der Peripherie) vernetzt. Besteht eine ständige Verbindung, so handelt es sich um ein **Online-System.** Besteht keine ständige Verbindung, so spricht man von einem **Offline-System.** Dann müssen die Daten in einem besonderen Arbeitsgang auf die Zentraleinheit überspielt werden, z.B. mit einem Netzkabel oder über ein Wireless Local Area Network (WLAN) oder Bluetooth.

Folgende **Peripheriegeräte** sind im Einzelhandel u.a. im Einsatz:

Peripheriegerät	Aufgabe
Datenkassen	• Erfassung der Abverkäufe • Erstellung der Kassenbons
Tastaturen oder Touchscreens	Eingabe der Verarbeitungsbefehle
Scanner	Eingabe der Artikelnummer durch Strichcode oder OCR

Mobile Daten-Erfassungs-geräte (MDE)	Eingabe der Artikelnummern und Warenmengen im Regal und bei der Warenannahme
Elektronische Waagen	Abwiegen der Verkaufsmengen und Erstellen von kassenlesbaren Bons
Zahlungsterminals	Erfassen der Daten von EC-Karten, Kundenkarten, Kreditkarten oder Handys

1.3 Datensicherung und Datenschutz

Durch das WWS und andere eingesetzte Programme sammeln die Unternehmen eine Vielzahl von Daten. Diese Daten müssen gegen Verlust gesichert werden und vor Missbrauch geschützt werden. Obwohl Datensicherung und Datenschutz im eigenen Interesse der Unternehmungen liegt, hat der Gesetzgeber in der Bundesrepublik ein **Bundesdatenschutzgesetz (BDSG)** verabschiedet. Darin wird u.a. festgelegt, dass Unternehmungen, die personenbezogene Daten verarbeiten und mehr als neun Arbeitnehmer beschäftigen, einen **betrieblichen Datenschutzbeauftragten** ernennen, der fachkundig und zuverlässig sein muss.

 Beispiele für personenbezogene Daten:

- Name
- Anschrift
- Geburtsdatum
- Kontoverbindung
- Beruf
- Zahlungsverhalten usw.

Maßnahmen zur Datensicherung und zum Datenschutz sind z.B.:

Datensicherungsmaßnahme	Zweck
Verschlüsselungen	Schutz bei Datenübertragung im Internet und im WLAN
Software (Antivirenprogramme, Firewalls)	Schutz vor Schadsoftware

Passwortschutz	Einzelne Module des WWS können nur nach Eingabe eines bestimmten Passworts bedient werden.
Zugangsbeschränkungen	Sicherung datensensibler Räume oder Geräte durch Fingerabdruck- oder Irisscanner, auch Passwort-schlösser
Hardwarebeschränkungen	Geräte ohne USB Anschluss oder DVD-Brenner
Backup	Sicherung der Daten in möglichst kurzen Abständen, um bei Programmfehlern arbeitsfähig zu bleiben
Notstrom- oder USV-Geräte (unterbrechungsfreie Stromversorgung)	Schutz vor Datenverlust bei Stromausfall
Vorgaben durch Gesetz oder Arbeitsvertrag	Schutz vor Weitergabe von Betriebsgeheimnissen

(!) Merke: Datensicherung und Datenschutz wird für perso-nenbezogene Daten vom Gesetzgeber eingefordert, liegt aber auch im eigenen Interesse der Unternehmung!

2 Erfassung und Kontrolle der Warenströme

Um die Lagerwirtschaft eines Einzelhandelsbetriebs zu optimie-ren, ist es wichtig, den Warenein- und -ausgang detailliert zu er-fassen, um hieraus Rückschlüsse auf den optimalen Lagerbestand zu ziehen. Alle **Lagerkennziffern,** die im Folgenden beschrieben werden, beruhen darauf, dass die im* Warenwirtschaftssystem enthaltenen Informationen richtig sind.

Schon bei der **Warenannahme** (⇒ Kap. 2.4, S. 82) ist es wichtig zu prüfen, ob die Waren überhaupt an den richtigen Empfänger versandt wurden, ob die richtige Anzahl an Waren geliefert wurde und ob die Waren mangelfrei sind. **Qualitäts- und Quan-titätsmängel** sollten sofort beim Lieferanten gemeldet und die Mengen im Warenwirtschaftssystem korrigiert werden.

Auch beim **Warenausgang,** also beim Verkauf der Ware und bei der Warenerfassung an der Kasse sollte der Einzelhändler sorgfältig vorgehen. Eine **artikelgenaue Abrechnung** an der Kasse verhindert, dass verkaufte Waren falsch gebucht werden und optimiert zudem den Wareneinkauf.

2.1 Kontrolle der Bestände auf Menge und Qualität

Mithilfe von **Lagerbestandskennzahlen** können die Warenbestände im Lager auf ihre Menge hin kontrolliert werden. Zu den Lagerbestandsgrößen gehören der Mindestbestand, der Meldebestand und der Höchstbestand.

- Der **Mindestbestand,** auch eiserner Bestand genannt, ist die Menge an Waren, die immer auf Lager liegen sollte. Sollte es zu einer Lieferverzögerung oder einem ungeplant hohen Absatz des Produktes kommen, ist der Einzelhändler trotzdem weiter verkaufsbereit.
- Der **Höchstbestand** ist die Menge an Waren, die maximal von einem Produkt auf Lager liegen sollte. Die Höchstmenge ist begrenzt durch die **Lagergröße** und sollte so klein wie möglich gehalten werden, um die **Lagerkosten** zu minimieren.
- Der **Meldebestand** ist die Menge an Waren, bei der eine **Nachbestellung** unter Umständen direkt beim Lieferanten ausgelöst wird. Er sollte so hoch gewählt sein, dass der Lagerbestand nicht unter den Mindestbestand sinkt. Dabei ist die Lieferzeit des Lieferanten zu beachten.

Die folgende Grafik verdeutlicht den Zusammenhang. Sie zeigt einen Lagerbestand für ein beliebiges Produkt. Der Mindestbestand liegt in diesem Beispiel bei 30 Stück und der Meldebestand bei 50 Stück. Der Höchstbestand liegt bei 130 Stück. In 5 Tagen einer Woche verkauft der Einzelhändler 100 Stück des Produktes. Die Lieferzeit beträgt 1 Tag.

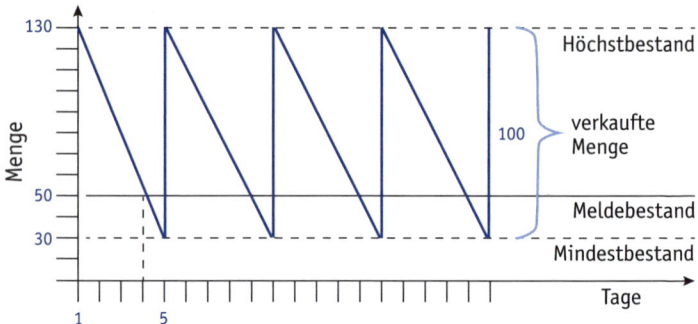

Zusammenhang zwischen Lager-, Mindest-, Höchst- und Meldebestand

Zusätzlich zu den Lagerbestandskennzahlen benötigt man noch die **Lagerbewegungskennziffern,** um die Veränderungen durch Lagerbewegungen zu erfassen. Hierzu gehören der **durchschnittliche Lagerbestand,** die **durchschnittliche Lagerdauer** und die **Umschlagshäufigkeit.**

Durchschnittlicher Lagerbestand

Um die Warenveränderungen kontrollieren zu können, muss regelmäßig der Warenbestand gezählt werden. Dies dient neben der **Bestandskontrolle (Soll-Ist-Vergleich)** auch der Berechnung des durchschnittlichen Lagerbestands.

Als Ausgangspunkt dient immer ein Anfangsbestand, der in der Regel bei der **Inventur** festgestellt wird. Mithilfe von **Endbeständen,** die z.B. am Ende einer Woche, eines Monats, eines Quartals oder sogar eines Jahres gewonnen werden, kann so ein Durchschnittswert berechnet werden. Dabei wird die Berechnung um so genauer, je mehr Endbestände eingerechnet werden.

Ermittlung von Endbeständen	
jährliche Rechnung	$\dfrac{\text{Anfangsbestand} + \text{Endbestand}}{2}$
quartalsmäßige Rechnung	$\dfrac{\text{Anfangsbestand} + 4 \text{ Quartalsendbestände}}{5}$

monatliche Rechnung	Anfangsbestand + 12 Monatsendbestände
	13
wöchentliche Rechnung	Anfangsbestand + 52 Wochenendbestände
	53

Umschlagshäufigkeit

Die Umschlagshäufigkeit gibt an, wie oft der durchschnittliche Lagerbestand im Jahr verkauft wurde.

Art der Berechnung	Beispiel
mengenmäßige Berechnung: $$\frac{\text{Menge der verkauften Ware}}{\text{durchschnittlicher Lagerbestand}}$$	Beträgt der durchschnittliche Lagerbestand 60 Stück und wurden insgesamt 1.200 Stück verkauft, so beträgt die Umschlagshäufigkeit: $$\frac{1.200}{60} = 20$$ Insgesamt wurde also der durchschnittliche Lagerbestand von 60 Stück in diesem Jahr zwanzigmal verkauft, das Lager musste also zwanzigmal wieder aufgefüllt werden.
wertmäßige Berechnung: $$\frac{\text{Jahresumsatz zu Einkaufspreisen}}{\text{durchschnittlicher Lagerbestand zu Einkaufspreisen}}$$	Beträgt der durchschnittliche Lagerbestand zu Einkaufspreisen (60 Stück x 1,99 € = 119,40 €) und der Jahresumsatz zu Einkaufspreisen (1.200 Stück x 1,99 € = 2.388,00 €), so beträgt die Umschlagshäufigkeit ebenfalls: $$\frac{2.388,00 \text{ €}}{119,40 \text{ €}} = 20,00 \text{ €}$$

Durchschnittliche Lagerdauer

Die durchschnittliche Lagerdauer gibt an, wie lange ein bestimmtes Produkt durchschnittlich auf Lager war. Sie berechnet sich mithilfe der Umschlaghäufigkeit.

$$\textbf{Durchschnittliche Lagerdauer} = \frac{360}{\text{Umschlagshäufigkeit}}$$

Nehmen wir als Umschlagshäufigkeit 20 (obiges Beispiel), so ergibt sich eine durchschnittliche Lagerdauer von

$$\frac{360 \text{ Tage}}{20 \text{ Tage}} = 18 \text{ Tage}$$

Die Ware liegt also durchschnittlich 18 Tage auf Lager.

Neben den reinen Mengenkontrollen müssen Einzelhändler auch **Qualitätskontrollen** durchführen. So müssen verdorbene Waren und Waren, bei denen das **Mindesthaltbarkeitsdatum (MHD)** abgelaufen ist, aussortiert werden. In manchen Branchen muss die Ware zudem auf technische und modische Aktualität kontrolliert werden.

2.2 Maßnahmen bei Bestandsabweichungen

Oft stimmen die **Soll-Bestände** nicht mit den **Ist-Beständen** überein. Für diese Bestandsabweichungen gibt es verschiedene Erklärungen. Zunächst ist es möglich, dass es sich um **Fehlbuchungen** handelt. Eine weitere mögliche Begründung ist **Bruch.** Ebenso ist es möglich, dass Mitarbeiter beim Verräumen der Waren diese beschädigt haben und die Ware aussortiert werden musste. Kunden können unachtsam mit der Ware umgegangen sein und diese beschädigt haben.

Viele Waren verderben im Laufe der Zeit. Sehr viele Nahrungsmittel haben nur kurze Mindesthaltbarkeitsdaten (MHD) und müssen regelmäßig aussortiert werden.

Zuletzt ist der **Diebstahl** ein wichtiger Grund für Bestandsabweichungen. Der kann sowohl von Kunden als auch von Mitarbeitern verübt sein.

Fallen im Rahmen von Inventuren **Inventurdifferenzen** auf, so müssen die Bestände im Warenwirtschaftssystem korrigiert werden. Zudem ist es wichtig, den Vorgesetzten bei Bestandsabweichungen zu informieren, um mögliche Maßnahmen zu ergreifen.

2.3 Inventuren durchführen und Differenzen vermeiden

Laut §240 HGB ist jeder Einzelhändler verpflichtet, einmal im Jahr eine Inventur durchführen und das Inventar zu erstellen..

- Die **Inventur** ist eine körperliche und buchungsmäßige Bestandsaufnahme aller Vermögenswerte und Schulden.
  - Unter einer **körperlichen Inventur** versteht man die Bestandsaufnahme durch Zählen, Messen, Wiegen oder in Ausnahmefällen auch Schätzen.
  - Die **buchungsmäßige Inventur** von nicht körperlichen Werten erfolgt durch die Überprüfung von Büchern, Belegen, Kontoinformationen etc.
- Das Ergebnis der Inventur ist das **Inventar,** die Auflistung aller Vermögens- und Schuldwerte.

Grundsätzlich ist die Inventur **immer am Ende eines Geschäftsjahres** durchzuführen, aber auch bei Gründung des Geschäfts und bei Auflösung und Veräußerung.

Für die Durchführung der Inventur stehen dem Kaufmann verschiedene **Vereinfachungen** zur Verfügung.

- Unter der **Stichtagsinventur** versteht man eine Inventur am letzten Tag eines Geschäftsjahres. Erfolgt diese 10 Tage vor, bzw. 10 Tage nach dem Stichtag, handelt es sich um eine **zeitnahe Inventur.**
- Bei der **verlegten Inventur** kann der Kaufmann die Inventur 3 Monate vor, bzw. 2 Monate nach dem Stichtag durchführen. Um den tatsächlichen Bestand zu ermitteln ist der Kaufmann allerdings verpflichtet, die ermittelten Werte zurückzurechnen bzw. fortzuschreiben.
- Eine **permanente Inventur** kann durchgeführt werden, wenn die Warenbestände fortlaufend in Lagerdateien erfasst werden. Dies hat den Vorteil, dass der Kaufmann die jährliche körperliche Bestandsaufnahme an einem beliebigen Tag durchführen kann.

Die Bestände müssen in **Inventurlisten** erfasst bzw. mithilfe von **MDE-Geräten** (➡ Teil II, Kap. 1.2, S. 75) aufgenommen werden.

Wie bereits beschrieben, sind Fehlbuchungen, Bruch, Verderb, Schwund und Diebstahl die wichtigsten Gründe für Inventurdifferenzen.

Um Fehlbuchungen zu vermeiden, sollte der Einzelhändler zunächst artikel- und sortenrein kassieren. Auch die genaue Kontrolle der Warenein- bzw. -ausgänge ist wichtig, um Fehlbuchungen zu vermeiden.

Insbesondere die Inventurdifferenzen durch Diebstahl kosten den Einzelhandel Millionen. Daher nutzt der Einzelhändler verschiedene Maßnahmen, um den Diebstahl einzudämmen.

Neben aufmerksamen Mitarbeitern und übersichtlich gestalteten Verkaufsräumen kann der Einzelhändler seine Ware durch elektronische Warensicherungssysteme schützen.

Eine kostspielige, aber effektive Diebstahlsicherung ist die Beschäftigung eines Ladendetektivs.

2.4 Wareneingänge annehmen

Einzelhändler erhalten meist täglich neue Waren von verschiedenen Lieferanten. Da der Einzelhändler gesetzlich dazu verpflichtet ist, **offene Mängel** sofort zu melden, ist eine sorgfältige und sofortige **Wareneingangskontrolle** wichtig.

Zunächst sollte der Einzelhändler mithilfe der Adresse auf dem **Lieferschein** überprüfen, ob die Warenlieferung überhaupt für ihn bestimmt ist. Sollte dies so sein, so muss der Einzelhändler die Anzahl der Packstücke mit dem Lieferschein und seiner Bestellung vergleichen. Quantitative (mengenmäßige) Abweichungen sollten sofort auf dem Lieferschein vermerkt werden.

Nach der quantitativen Kontrolle muss der Einzelhändler anschließend den Zustand der äußeren Verpackung kontrollieren. Defekte Verpackungen oder offene Beschädigungen müssen ebenfalls auf dem Lieferschein vermerkt werden. Die beschädigte Verpackung wird geöffnet, um zu kontrollieren, ob die Waren selber beschädigt sind.

Bei beschädigter oder defekter Ware sollte der Einzelhändler die **Annahme verweigern.** Die nicht beschädigten Waren einer Lieferung können natürlich trotzdem angenommen werden.

Erst nachdem der Anlieferer die fehlenden oder beschädigten Waren auf dem Lieferschein bestätigt hat, kann er wieder fahren.

2.5 Wareneingänge erfassen und kontrollieren

Nachdem die Waren ausgepackt und kontrolliert wurden und der Bestellschein mit dem Lieferschein abgeglichen wurde, müssen die Waren im Warenwirtschaftssystem eingebucht werden. Dies geschieht heute in der Regel mit EDV-Unterstützung.

Sofern die Waren eine Beschädigung aufweisen, nicht in vereinbarter Stückzahl geliefert wurden oder falsche Artikel geliefert wurden, muss eine **Mängelrüge** verfasst werden.

2.6 Rechtliche Vorschriften bei der Warenannahme beachten

Grundsätzlich hat jeder Käufer einer Ware das Recht, diese mangelfrei zu erhalten. Das **Gewährleistungsrecht** sagt, dass zum Zeitpunkt der Übergabe (z.B. beim Kauf einer CD im Fachgeschäft) diese mangelfrei sein muss.

Beim **Verbrauchsgüterkauf** (einer der Vertragspartner ist Kaufmann, der andere Privatmann) hat der Käufer das Recht, offene und verdeckte Mängel innerhalb der **Verjährungsfrist von zwei Jahren** dem Verkäufer anzuzeigen und seine Gewährleistungsrechte in Anspruch zu nehmen.

Grundsätzlich liegt die **Beweislast beim Käufer** einer Ware. Dieser muss also nachweisen, dass bereits bei Übergabe ein Schaden vorhanden war.

Innerhalb der ersten sechs Monate nach Übergabe wird allerdings zugunsten des Käufers vermutet, dass der Schaden bereits bei Übergabe vorhanden war **(Beweislastumkehr).** In den ersten sechs Monaten nach Übergabe muss also der Verkäufer nachweisen, dass der Schaden bei Übergabe noch nicht vorhanden war.

Beim **zweiseitigen Handelskauf** (beide Vertragspartner sind Kaufleute) müssen **offene Mängel sofort in Form einer Mängelrüge angezeigt** werden. Daher ist die oben beschriebene Wareneingangskontrolle sehr wichtig. Unterlässt der Einzelhändler diese Kontrolle und stellt zu einem späteren Zeitpunkt einen Mangel fest, kann er keine Gewährleistungsansprüche mehr geltend machen. **Versteckte Mängel** müssen unverzüglich nach Entdeckung, aber spätestens innerhalb einer Verjährungsfrist von zwei Jahren ab Übergabe angezeigt werden.

Beim zweiseitigen Handelskauf kann die Gewährleistungsfrist auf ein Jahr reduziert und bei gebrauchten Gegenständen sogar ganz ausgeschlossen werden.

Arglistig verschwiegene Mängel unterliegen sowohl im Verbrauchsgüter- als auch beim zweiseitigen Handelskauf einer regelmäßigen Verjährungsfrist von drei Jahren ab Kenntnisnahme.

Waren können verschiedenartige Mängel aufweisen:
- **Quantitätsmangel** (Fehlmenge): Es wurde nicht die vereinbarte Menge geliefert.
  Beispiel: Statt der vereinbarten 50 Dosen Bohnen wurden nur 40 geliefert.
- **Qualitätsmangel:** Die Ware entspricht nicht der vereinbarten Qualität oder wurde beim Transport beschädigt.
  Beispiel: Ein Toaster ist äußerlich verkratzt. Sofern nicht anders vereinbart, muss der Lieferant nur die in dieser Branche übliche Qualität liefern.
- **Falschlieferung:** Eine Warenlieferung, die so nicht bestellt war.
  Beispiel: Ein Baumarkt hatte Kunststoffrohre bestellt und erhält Kupferrohre.

Weitere Sachmängel sind:
- **Mangelhafte Montageanleitung:** Vielen Waren liegt eine Montageanleitung bei. Für den Fall, dass diese Montageanleitung falsch oder in einer Fremdsprache verfasst wurde und aufgrund der falschen Montage die Ware beschädigt wird, liegt ebenfalls ein Sachmangel vor.

Beispiel: Weil in der Montageanleitung eine Schraube nicht eingetragen war, fällt ein Regal von der Wand und wird beschädigt.

- **Montagemangel** (unsachmäßige Montage): Ein Schaden, der durch eine fehlerhafte Montage durch den Verkäufer oder durch einen vom Verkäufer beauftragten Monteur verursacht wurde.

  Beispiel: Weil der Monteur beim Aufbau eines Bettes eine Stütze nicht richtig befestigt, bricht das Bett zusammen.

- **Fehlerhafte Angaben in der Werbung:** Auch hier liegt ein Sachmangel vor. So kann ein Käufer davon ausgehen, dass Angaben in Prospekten, Fernsehspots, in der Radiowerbung etc. der Wahrheit entsprechen. Reine Anpreisungen wie z.B. *„Der dickste Burger aller Zeiten"* sind hingegen kein Sachmangel.

Die Kosten des Rücktransportes zum Zweck der Nacherfüllung (➠ Teil IV, Kap. 2.3.1, S. 197), z.B. zur Reparatur, muss der Verkäufer tragen.

3 *Waren lagern und pflegen*

Nicht alle Waren lassen sich ohne Probleme einlagern. Viele Waren können während der Lagerung verderben oder auch unansehnlich werden. Bananen können aber z.B. während der Lagerung weiter reifen und braun (also kohlehydrathaltiger) und dann erst faul und unbrauchbar werden

Durch die richtige Lagerung, z.B. in einem Kühlhaus, kann der Reifeprozess verzögert werden, und die Waren können länger verkauft werden.

Eine **regelmäßige Kontrolle der Warenbestände** verhindert übermäßigen Verlust durch Verderb. Sollte dennoch Ware verderben, so muss diese Ware schnell aussortiert und entsorgt werden.

Auch nicht verderbliche Waren benötigen eine sachgerechte Lagerung. So ist es z.B. wichtig, Spraydosen nicht dem Sonnenlicht oder Erhitzung auszusetzen. Auch Bekleidung sollte nicht dem Sonnenlicht oder übermäßiger Feuchtigkeit ausgesetzt werden. Verunreinigte Waren müssen vor dem Verkauf professionell gereinigt und unter Umständen gebügelt werden, um sie wieder verkaufsfertig zu machen.

Schäden (z.B. Kratzer oder aufgerissene Verpackungen), die an nicht sachgerecht gelagerten Waren entstehen, müssen oft abgeschrieben oder im Preis reduziert werden, was hohe Kosten für den Händler verursacht.

Ware, die längere Zeit im Lager liegt, sollte zudem regelmäßig abgestaubt bzw. gereinigt werden.

Produkte, bei denen Gefahren für die Gesundheit oder aber die Umwelt bestehen, müssen einheitlich gekennzeichnet sein **(Gefahrstoffkennzeichnung).**

Gefahrstoffkennzeichen

Die Arbeit im Lager unterstützen verschiedene **technische Hilfsmittel zur Warenbewegung**:

* Der **Hubwagen** ist ein **Flurfördergerät** und dient dem Transport von Paletten, Gitterboxen oder ähnlichem auf ebenem Untergrund. Flurförderfahrzeuge gibt es sowohl mit als auch ohne elektrischen Antrieb. Größere Modelle haben sogar einen Sitzplatz für den Bediener.

  Der Einsatz von Hubwagen ist nur nach eingehender Einweisung erlaubt. Der Benutzer des Hubwagens ist zudem dazu verpflichtet, die Betriebsanleitung zu beachten.

  Die Gefahren der Nutzung von Hubwagen sind vielfältig. Neben angefahrenen bzw. überfahrenen Füßen und gequetschten Fingern kann auch die Ware ein Gefahrenpotenzial darstellen. Bei nicht sachgerechter Beladung besteht z.B.

die Gefahr, dass Ware herunterfällt oder sogar der ganze Hubwagen umstürzt.

- Ein **Gabelstapler** ist ein **motorgetriebenes Flurförderfahrzeug** für den innerbetrieblichen Warentransport. Im Vergleich zum Hubwagen ist der Gabelstapler in der Lage, Ware mittels einer Hubvorrichtung vertikal zu bewegen. So lassen sich ganze Paletten heben und in hohen Regalen verstauen. Der Gabelstpler eignet sich aufgrund seiner Höhe in der Regel nicht für den Einsatz in Verkaufsräumen.

  Das Führen eines Gabelstaplers ist nach den Berufsgenossenschaftlichen Vorschriften geregelt. Danach muss ein Benutzer einen sog. **Staplerschein,** eine Art Führerschein, besitzen.

  Die Gefahren bei der Nutzung von Staplern erstrecken sich von Unfällen, in denen eine Person von einem Stapler angefahren wird über Kippunfälle durch überhöhte Geschwindigkeit bis hin zu Unfällen durch herunterfallende Ladungen.

  Ein Gabelstapler unterliegt einer jährlichen Überprüfung durch die Berufsgenossenschaft.

4 Kassenabrechnung

In jedem Einzelhandelsunternehmen kommen neben der **täglichen Erfassung der Bareinnahmen aus dem Warenverkauf (Tageslosung)** auch **ungeplante Kassenkontrollen (Kassensturz)** vor.

Bei elektronischen Kassen kann bei Wechsel des Kassierers oder am Ende des Tages häufig mit nur einem Knopfdruck ein **Kassenbericht** erstellt werden. Neben der Tageslosung weist dieser auch andere Zahlen aus, mit deren Hilfe für das Unternehmen wichtige Kennzahlen ermittelt werden können. Dazu gehören z.B. die durchschnittliche Kassierzeit des Kassierers pro Kunde, die Anzahl der **Fehleingaben (Storno)** des Kassierers, der durchschnittliche Umsatz je Kunde usw.

Die Tageslosung wird wie folgt ermittelt:

Bargeldbestand bei Geschäftsschluss

– Wechselgeld

– Bareinlagen, die nicht aus dem Warenverkauf an Kunden
   stammen (z.B. Privateinlagen des Geschäftsführers)

+ Bargeldentnahmen im Laufe des Tages (z.B. Privatentnahmen des Geschäftsführers, Kassenabschöpfung, Bezahlung
   von Wareneinkäufen bar)

= **Tageslosung**

Kassenabschöpfung: Ein Teil des Bargeldes wird aus Sicher-
heitsgründen der Kasse entnommen und in den Safe gelegt bzw.
zur Bank gebracht. Die Quittung über die Höhe der Kassenabschöpfung ist bei der Berechnung der Tageslosung zu berücksichtigen.

**(!) Merke: Tageslosung und Tagesumsatz sind nicht identisch.
Der Tagesumsatz umfasst neben den Bareinnahmen aus dem
Warenverkauf auch die unbaren Einnahmen per Kartenzah-
lung. Beide lassen sich dem Kassenbericht entnehmen.**

Sowohl die Tageslosung als auch die anderen aus dem Kassenbericht gewinnbaren Kennzahlen sind nur dann gehaltvoll, wenn
sie im Zeitablauf so z.B. mit den Zahlen aus dem letzten Monat
des gleichen Wochentages verglichen werden.

Der **Kassensturz,** also eine ungeplante Kassenkontrolle, kann
u.a. folgende Gründe haben:

• Kunde behauptet, zu wenig Wechselgeld erhalten zu haben
• Verdacht auf Geldentwendung aus der Kasse
• Unachtsamkeit beim Kassieren

Bei dem Kassensturz vergleicht der kassierende Mitarbeiter den
Kassen-Ist-Bestand mit dem **Kassen-Soll-Bestand** (steht im
Kassenbericht). Stellt er eine **Kassendifferenz** fest, so sollte man
diesem genauer auf den Grund gehen. Diese Differenz muss näm-
lich nicht während des Kassierens entstanden sein. Sie kann auch

durch Falschzählung des schon zu Beginn vorhandenen Wechselgeldes oder durch Falschzählung des Ist-Bestandes bei dem Kassensturz entstanden sein.

Selbstverständlich sollte jeder Kassensturz wie auch die Tageslosung nach dem **Vier-Augen-Prinzip,** also von zwei Personen, durchgeführt werden.

Der reklamierende Kunde, der evtl. mehr Wechselgeld bekommen möchte, sollte auf keinen Fall lange auf eine Lösung warten müssen. Häufig ist eine kulante Vorgehensweise für den Augenblick zu empfehlen. Dies sollte aber nicht zur Regel werden.

Wichtig ist, dass man den Grund der Kassendifferenz findet und Regelungen trifft, damit diese zukünftig verringert wird. Zu diesen Regelungen gehören z.B.:

- Beachtung der Kassierregeln (➡ Teil I, Kap. 4.1, S. 35)
- Konzentration während des Kassierens
- Schutz der Kasse mit einem Passwort
- Vier-Augen-Prinzip bei Kassenkontrollen

Sowohl positive (Kassenüberschuss) als auch negative Kassendifferenzen (Kassenfehlbetrag) sind für das Einzelhandelsunternehmen schädlich. Neben Umsatzverlust sind Kundenverlust und Imageschaden mögliche Folgen.

- **Kassenüberschuss:** Der Ist-Geldbestand ist höher als der Soll-Geldbestand.
- **Kassenfehlbetrag:** Der Ist-Geldbestand ist niedriger als der Soll-Geldbestand.

5 Grundlagen des Rechnungswesens

5.1 Rechenvorgänge in der Praxis

5.1.1 Dreisatzrechnung

Beim Dreisatz wird aus drei gegebenen Größen eine vierte unbekannte Größe ermittelt.

Einfacher Dreisatz mit geradem Verhältnis

Durch Veränderung einer Größe verändert sich die andere Größe in gleicher Weise. Das heißt:

- Je mehr von einer Ware gekauft wird, desto mehr muss für diese Ware bezahlt werden oder
- je weniger von einer Ware benötigt wird, desto weniger Geld muss bezahlt werden.

 Merke: Je mehr, desto mehr. Je weniger, desto weniger!

 Beispiel:

Ein Einzelhändler kauft 5 Pullover für 38,00 Euro.
Wie viel muss der Einzelhändler für 8 Pullover bezahlen?

Angabe:	5 Pullover	kosten	38,00 Euro
Frage:	8 Pullover	kosten	x Euro?

Lösung: $x = \dfrac{8 \times 38}{5} = 60,80$ Euro

8 Pullover kosten 60,80 Euro.

Einfacher Dreisatz mit ungeradem Verhältnis

Durch Veränderung einer Größe verändert sich die andere Größe in umgekehrter Weise. Das heißt:

- Je mehr Mitarbeiter Warenregale bestücken, desto weniger Zeit wird benötigt oder
- je weniger Mitarbeiter Regale bestücken, desto mehr Zeit wird benötigt.

 Merke: Je mehr, desto weniger. Je weniger, desto mehr!

 Beispiel:

6 Mitarbeiter benötigen 10 Stunden, um die Warenregale zu bestücken. Wie lange benötigen 12 Mitarbeiter?

| Angabe: | 6 Mitarbeiter | benötigen | 10 Stunden |
| Frage: | 12 Mitarbeiter | benötigen | x Stunden? |

Lösung: $x = \dfrac{6 \times 10}{12} = 5$ Stunden

12 Mitarbeiter benötigen 5 Stunden.

5.1.2 Prozentrechnung

Bei der Prozentrechnung wird die Zahl 100 als Vergleichs- oder Bezugsgröße verwendet. Dabei spielen drei Größen eine Rolle. Der **Prozentwert,** der **Prozentsatz** oder der **Grundwert.**

Berechnung des Prozentwertes

$$\textbf{Prozentwert} = \frac{\text{Grundwert} \times \text{Prozentsatz}}{100}$$

Beispiel:

Ein Lieferant liefert uns Ware im Wert von 5.300,00 Euro (Grundwert) und gewährt uns einen Rabatt von 10 Prozent (Prozentsatz).

Wie viel Euro Rabatt wird gewährt?

| Angabe: | 100 Prozent | entsprechen | 5.300,00 Euro |
| Frage: | 10 Prozent | entsprechen | x Euro? |

Lösung: $x = \dfrac{5.300,00 \times 10}{100} = 530,00$ Euro

Der Rabatt beträgt 530,00 Euro.

Berechnung des Prozentsatzes

$$\textbf{Prozentsatz} = \frac{\text{Prozentwert} \times 100}{\text{Grundwert}}$$

Beispiel:

Ein Lieferant liefert uns Ware im Wert von 6.000,00 Euro
(Grundwert) und gewährt uns einen Rabatt von 150,00 Euro
(Prozentwert).

Wie viel Euro Rabatt wird gewährt?

Angabe:	6.000,00 Euro	entsprechen	100 Prozent
Frage:	150,00 Euro	entsprechen	x Prozent?

Lösung: $x = \dfrac{150,00 \times 100}{6000,00} = 2,5$ Prozent

Der Lieferant gewährt uns 2,5 Prozent Rabatt.

Berechnung des Grundwertes

$$\text{Grundwert} = \frac{\text{Prozentwert} \times 100}{\text{Prozentsatz}}$$

 Beispiel:

Ein Lieferant muss 800,00 Euro monatlich **(Prozentwert)** für
die Miete von Lagerräumen aufbringen. Das entspricht 10
Prozent **(Prozentsatz)** seines Umsatzes. Wie hoch ist der
Nettoumsatz des Lieferanten?

Wie viel Nettoumsatz hat der Lieferant?

Angabe:	10 Prozent	entsprechen	800,00 Euro
Frage:	100 Prozent	entsprechen	x Euro?

Lösung: $x = \dfrac{800,00 \times 100}{10} = 8.000,00$ Euro

Der Nettoumsatz des Lieferanten beträgt monatlich
8.000,00 Euro.

Berechnung mit vermehrtem Grundwert

Es gibt Situationen in der Prozentrechnung, bei denen man nicht vom reinen Grundwert (100 Prozent) ausgehen kann. **Ausgangspunkt** ist ein Wert, der einen bestimmten Prozentsatz **über** (auf) oder **unter** 100 Prozent hat.

Der **vermehrte** Grundwert liegt stets **über** 100 Prozent. Aus dem vermehrten Grundwert lässt sich der reine Grundwert ermitteln.

$$\text{Reiner Grundwert} = \frac{\text{vermehrter Grundwert x 100}}{100 + \text{Prozentsatz}}$$

 Beispiel:

Ein Einzelhandelskaufmann verkauft einen Artikel brutto (einschließlich Umsatzsteuer von 19 Prozent) für 1.904,00 Euro. Wie hoch ist der Nettopreis des Artikels?

Angabe:	119 Prozent	entsprechen	1.904,00 Euro
Frage:	100 Prozent	entsprechen	x Euro?

Lösung: $\quad x = \dfrac{1.904,00 \text{ x } 100}{119} = 1.600,00 \text{ Euro}$

Der Nettopreis des Artikels beträgt 1.600,00 Euro.

Berechnung mit vermindertem Grundwert

Der verminderte Grundwert liegt stets **unter** 100 Prozent. Aus dem verminderten Grundwert lässt sich der reine Grundwert ermitteln.

$$\text{Reiner Grundwert} = \frac{\text{verminderter Grundwert x 100}}{100 - \text{Prozentsatz}}$$

 Beispiel:

Ein Einzelhändler zahlt seinem Lieferanten für eine Verbindlichkeit nach Abzug von 10 Prozent Rabatt den Betrag von 10.800,00 Euro. Wie hoch war der ursprüngliche Preis?

| Angabe: | 90 Prozent | entsprechen | 10.800,00 Euro |
| Frage: | 100 Prozent | entsprechen | x   Euro? |

Lösung: $x = \dfrac{10.800,00 \text{ x } 100}{90} = 12.000,00 \text{ Euro}$

Die ursprüngliche Verbindlichkeit betrug 12.000,00 Euro.

5.1.3 Durchschnittsrechnen

Soll aus mehreren Werten ein Mittelwert gefunden werden, wendet man die Durchschnittsrechnung an.

Einfacher Durchschnitt

Hier wird der Mittelwert aus gleichwertigen Einheiten gebildet.

Einfacher Durchschnitt $= \dfrac{\text{Summe der einzelnen Werte}}{\text{Anzahl der Posten}}$

 Beispiel:

In einem Einzelhandelsgeschäft haben verschiedene Einzelhandelskauffrauen folgende Umsätze erzielt.

Einzelhandelskauffrau	Umsätze pro Tag
Martha	225,00 Euro
Berta	300,00 Euro
Cäcilie	295,00 Euro
Andrea	280,00 Euro

Ermitteln Sie, wie hoch der durchschnittliche Umsatz der 4 Einzelhandelskauffrauen ist.

Einfacher Durchschnitt $= \dfrac{225 + 300 + 295 + 280}{4} = 275,00 \text{ Euro}$

Der durchschnittliche Umsatz pro Einzelhandelskauffrau beläuft sich auf 275,00 Euro.

Gewogener Durchschnitt

Hier ist der Mittelwert aus wertmäßig unterschiedlichen Größen zu ermitteln (Gewichtung erfolgt durch Addition der Gesamteinzelwerte).

$$\text{Gewogener Durchschnitt} = \frac{\text{Summe der gewichteten Einzelwerte}}{\text{Summe der Gesamtmenge}}$$

 Beispiel:

Der Fuhrpark tankte bei einer Tankstelle innerhalb eines Jahres folgende Mengen zu folgenden Preisen.

Kraftstoff	Liter	Euro / Liter	Gesamtpreis / Euro
Super Plus	15.000	1,70	25.500
Super	13.000	1,65	21.450
Diesel	10.000	1,50	15.000
Summe	**38.000**		**61.950**

Wie hoch ist der durchschnittliche Kraftstoffpreis pro Liter?

$$\frac{(1,70 \times 15.000) + (1,65 \times 13.000) + (1,50 \times 10.000)}{15.000 + 13.000 + 10.000} = \frac{61.950}{38.000}$$

$$\text{Gewogener Durchschnitt} = \frac{61.950}{38.000} = 1,63 \text{ Euro}$$

Der Durchschnittspreis pro Liter ist gerundet: 1,63 Euro.

5.1.4 Verteilungsrechnen

In der Praxis kommt es vor, dass bestimmte Werte (z.B. Geldmengen) nach einem bestimmten Verhältnis aufgeteilt werden.

 Beispiel:

Drei Einzelhändler haben gemeinsam eine Lagerhalle von 1.000 Quadratmetern angemietet. A nutzt 300, B 500 und C 200 Quadratmeter. Die monatliche Miete beträgt für die gesamte Halle 800,00 Euro. Wie viel Miete muss jeder zahlen, wenn die Miete nach Quadratmeterzahl fällig ist?

Gesell-schafter	Quadrat-meter	Anteile	Wert/Anteil	Verteilungsanteile
A	300	3	80,00	240,00 (3 x 80,00)
B	500	5	80,00	400,00 (5 x 80,00)
C	200	2	80,00	160,00 (2 x 80,00)

10 Anteile $=$ 800,00 Euro
1 Anteil $=$ x Euro?

$$x = \frac{1 \times 800,00}{10} = 80,00 \text{ Euro für einen Anteil}$$

Einzelhändler A muss 240,00 Euro, B 400,00 Euro und C 160,00 Euro Anteil an der Gesamtmiete zahlen.

5.2 Zusammenhänge von Kosten, Umsatz und Ertrag

5.2.1 Bilanz

Kaufleute sind laut Gesetz (HGB) verpflichtet, ihre Schulden und ihr Vermögen zu erfassen (Bilanzkennzahlen ➡ Teil IV, Kap. 4.7, S. 243).

Durch die **Inventur** (➡ Kap. 2.3, S. 81) werden diese Vermögensgegenstände und Schulden erfasst.

Mithilfe der Inventur wird ein **Inventar** (➡ Kap. 2.3, S. 81) aufgestellt. Das Inventar ist ein **ausführliches Bestandsverzeichnis aller Vermögensteile und Schulden nach Art, Menge und Wert in Listenform.**

Es ergibt sich:

a) Summe Vermögen
– b) Summe Schulden

= c) Eigenkapital (Reinvermögen)

Die übersichtliche Darstellung eines Inventars nennt man **Bilanz.** Die Bilanz ist eine Gegenüberstellung der Herkunft des Geldes **(Kapital)** und der Verwendung des Geldes **(Vermögen).**

Eröffnungsbilanz					
Aktiva			**Passiva**		
I	**Anlagevermögen**		I	**Eigenkapital**	235.000
	Grundstück u. Gebäude	500.000			
	Fuhrpark	80.000			
II	**Umlaufvermögen**		II	**Fremdkapital**	
	Waren	120.000		Darlehen	400.000
	Kasse	15.000		Verbindlichkeit	80.000
	Summe	**715.000**		**Summe**	**715.000**

! **Wichtig: Beide Seiten der Bilanz (ital. Waage) sind immer gleich groß!**

- Die **Passivseite** beschreibt die Mittelherkunft, d.h., wo das Kapital herkommt.
- Die **Aktivseite** beschreibt die Mittelverwendung, d.h., wie Kapital bzw. Vermögen verwendet wird.

Tägliche Geschäftsfälle (z.B. Verkauf von Waren) des Einzelhandelsunternehmens führen zu Wertveränderungen in der Bilanz!

Hier einige Beispiele:

Aktivtausch

Verkauf von Waren im Wert von 1.000 Euro. Das heißt, die Waren vermindern sich um 1.000 Euro und die Kasse vermehrt sich um 1.000 Euro. Keine Auswirkung auf die Bilanzsumme.

Bilanz 1					
Aktiva			**Passiva**		
I	**Anlagevermögen**		**I**	**Eigenkapital**	**235.000**
1)	Grundstück u. Gebäude	500.000			
2)	Fuhrpark	80.000			
II	**Umlaufvermögen**		**II**	**Fremdkapital**	
1)	Waren	119.000	1)	Darlehen	400.000
2)	Kasse	16.000	2)	Verbindlichkeit	80.000
	Summe	**715.000**		**Summe**	**715.000**

Passivtausch

Eine kurzfristige Verbindlichkeit von 10.000 Euro wird in ein langfristiges Darlehen geändert. Das heißt, das Darlehen erhöht sich um 10.000 Euro und die Verbindlichkeiten verringern sich um 10.000 Euro. Keine Auswirkung auf die Bilanzsumme

Bilanz 2					
Aktiva			**Passiva**		
I	**Anlagevermögen**		**I**	**Eigenkapital**	**235.000**
1)	Grundstück u. Gebäude	500.000			
2)	Fuhrpark	80.000			
II	**Umlaufvermögen**		**II**	**Fremdkapital**	
1)	Waren	119.000	1)	Darlehen	410.000
2)	Kasse	16.000	2)	Verbindlichkeit	70.000
	Summe	**715.000**		**Summe**	**715.000**

Aktiv-Passiv-Mehrung:

Wir kaufen Waren auf Ziel im Wert von 5.000 Euro. Das heißt, der Warenwert auf der Aktivseite steigt um 5.000 Euro und die Verbindlichkeiten auf der Passivseiten steigen um 5.000 Euro. Die Bilanzsumme steigt auf beiden Seiten um 5.000 Euro.

Bilanz 3					
Aktiva			**Passiva**		
I	**Anlagevermögen**		**I**	**Eigenkapital**	235.000
1)	Grundstück u. Gebäude	500.000			
2)	Fuhrpark	80.000			
II	**Umlaufvermögen**		**II**	**Fremdkapital**	
1)	Waren	124.000	1)	Darlehen	410.000
2)	Kasse	16.000	2)	Verbindlichkeit	75.000
	Summe	720.000		**Summe**	720.000

Aktiv-Passiv-Minderung

Barzahlung einer Verbindlichkeit im Wert von 3.000 Euro. Das heißt, wir bezahlen unserem Lieferanten eine Rechnung durch Barzahlung von 3.000 Euro. Somit mindert sich unser Kassenbestand um 3.000 Euro und unsere Verbindlichkeiten mindern sich ebenfalls um 3.000 Euro. Hier verringern sich beide Seiten der Bilanz um 3.000 Euro.

Bilanz 4					
Aktiva			**Passiva**		
I	**Anlagevermögen**		**I**	**Eigenkapital**	235.000
1)	Grundstück u. Gebäude	500.000			
2)	Fuhrpark	80.000			

II	Umlaufvermögen		II	Fremdkapital	
1)	Waren	124.000	1)	Darlehen	410.000
2)	Kasse	13.000	2)	Verbindlichkeit	72.000
	Summe	**717.000**		**Summe**	**717.000**

Diese Werteveränderungen in der Bilanz werden durch sogenannte **Geschäftsfälle** erfasst und in einzelnen **Bestandskonten** dokumentiert.

Neben diesen Bestandskonten werden sogenannte **Erfolgs-
konten** benötigt, um alle Unternehmensaufwendungen und alle
Unternehmenserträge zu erfassen.

5.2.2 Gewinn- und Verlustrechnung (GuV)

Der wirtschaftliche Erfolg eines Unternehmens kann mit der
Gewinn- und Verlustrechnung (GuV) ermittelt werden.
* Dort werden die **Unternehmensaufwendungen** (z.B. Löhne
  und Gehälter, Wareneinkauf oder Zinsaufwendungen),
* den **Unternehmenserträgen** (z.B. Umsatzerlöse, Zinserträge,
  Mieteinnahmen) gegenübergestellt.
* Die Differenz bestimmt dann den **Erfolg** (Gewinn oder Ver-
  lust) eines Unternehmens innerhalb eines Geschäftsjahres.

Das GuV Konto stellt auf der **Sollseite** (linke Seite) alle anfallenden Aufwendungen dar, während auf der **Habenseite** (rechte
Seite) alle Erträge festgehalten werden.

Ein Konto wird meist als sogenanntes **T-Konto** dargestellt.
Unter einem waagerechten Strich können beide Kontenseiten
(Soll- und Habenseite) gegenübergestellt werden.

Sind die Erträge, wie im unten stehenden Beispiel, größer als die
Aufwendungen, ergibt sich ein **Gewinn,** der „sich rechnerisch"
auf der Sollseite „ergibt" und dort gebucht wird.

Sollten die Aufwendungen aber höher sein als die Erlöse, ergibt sich ein **Verlust (negativer Erfolg),** der auf der Habenseite
gebucht wird.

Gewinn- und Verlustkonto			
Soll		**Haben**	
Aufwendungen für Waren	100.000	Umsatzerlöse für Waren	300.000
Gehälter	40.000		
Mietaufwendungen	15.000	Mieterträge	8.000
Zinsaufwendungen	5.000	Zinserträge	2.000
Gewinn/EK	**150.000**		
Summe	310.000	Summe	310.000

Erwirtschaftet der Einzelhandelsunternehmer einen Gewinn, kann dieser vom Unternehmer einbehalten und dem Eigenkapital zugerechnet werden. Erwirtschaftet er allerdings einen Verlust, so muss dieser ebenfalls von ihm getragen werden.

Eine weitere Möglichkeit, den Gewinn/Verlust einer Unternehmung zu ermitteln ist über den **Eigenkapitalvergleich am Anfang und Ende des Geschäftsjahres.** (Dabei dürfen keine Privateinlagen und Privatentnahmen erfolgen.)

Beispiel:

Eröffnungsbilanz Jahr 1					
Aktiva			**Passiva**		
I	**Anlagevermögen**		**I**	**Eigenkapital**	**235.000**
1)	Grundstück u. Gebäude	500.000			
2)	Fuhrpark	80.000			
II	**Umlaufvermögen**		**II**	**Fremdkapital**	
1)	Waren	124.000	1)	Darlehen	410.000

2)	Bank	10.000	2)	Verbindlichkeit	72.000
3)	Kasse	3.000			
	Summe	**717.000**		**Summe**	**717.000**

Abschlussbilanz Jahr 1					
Aktiva			**Passiva**		
I	**Anlagevermögen**		**I**	**Eigenkapital**	385.000
1)	Grundstück u. Gebäude	500.000			
2)	Fuhrpark	80.000			
II	**Umlaufvermögen**		**II**	**Fremdkapital**	
1)	Waren	54.000	1)	Darlehen	310.000
2)	Bank	108.000	2)	Verbindlichkeit	52.000
3)	Kasse	5.000			
	Summe	**747.000**		**Summe**	**747.000**

	Eigenkapital Geschäftsjahresanfang	235.000
−	Eigenkapital Geschäftsjahresschluss	385.000
=	**Gewinn des Geschäftsjahres**	150.000

5.2.3 Wareneinsatz

Zentrale Aufgabe des Einzelhändlers ist der Warenverkauf. Bewertet man den Nettoumsatz des Unternehmens zu **Bezugspreisen** und berücksichtigt die **Bestandsveränderungen** am Lager, so berechnet man den **Wareneinsatz** wie folgt:

Warenanfangsbestand zu Bezugspreisen (lt. Inventur)

+ Aufwendungen für Waren (Wareneinkauf zu Bezugspreisen)

− Warenendbestand zu Bezugspreisen (lt. Inventur)

= **Wareneinsatz** (verkaufte Waren zu Bezugspreisen)

Ein Einzelhandelsunternehmen erwirtschaftet seinen Gewinn in erster Linie durch den Verkauf von Waren.

Der **Rohgewinn** (Warenrohgewinn) ergibt sich aus der Differenz zwischen den Umsatzerlösen für Waren und dem Wareneinsatz bzw. den Aufwendungen für Waren.

Umsatzerlöse für Waren
– Wareneinsatz (Aufwendungen für Waren)
——————————————————————————————
= **(Waren-)Rohgewinn**

Der **Reingewinn** ergibt sich aus der Differenz aller Unternehmenserträge (Gesamterträge: z.B. Erlöse aus Warenverkauf, Zinserträge, Mieteinnahmen) und aller Unternehmensaufwendungen (Gesamtaufwand: z.B. Warenaufwendungen, Zinsaufwendungen, Mietaufwendungen).

Summe aller Erträge des Unternehmens
– Summe aller Aufwendungen des Unternehmens
——————————————————————————————
= **Reingewinn**

5.2.4 Erfolgsberechnungen

Betriebliches Zahlenmaterial muss verglichen und ausgewertet werden. Hierbei helfen besonders Kennziffern und Statistiken.

So zeigt z.B. die **Eigenkapitalrentabilität,** wie hoch sich das Eigenkapital (vom Kapitalgeber eingesetztes Kapital) innerhalb eines Geschäftsjahres verzinst.

Zur Berechnung der Eigenkapitalrentabilität berechnet man den **Jahresgewinn eines Einzelhandelsunternehmens als Prozentsatz des Eigenkapitals.**

durchschnittliches Eigenkapital = 100 %
Gewinn   = x %

$$\textbf{Durchschnittl. Eigenkapital} = \frac{\text{Anfangsbestand EK} + \text{Endbestand EK}}{2}$$

Rentabilität des Eigenkapitals
(Unternehmerrentabilität) $= \dfrac{\text{Gewinn x 100}}{\text{durchschnittl. Eigenkapital}}$

Die **Umsatzrentabilität** oder **Umsatzrendite** bezeichnet das **prozentuale Verhältnis von Gewinn zum Umsatz.** So kann die Umsatzrendite Hinweise auf die Marktstellung oder Markposition eines Einzelhandelsunternehmens liefern. Bei hoher Umsatzrentabilität ist ein Einzelhandelsunternehmen weniger anfällig bei Marktschwankungen.

Umsatz = 100 %
Gewinn = x %

Umsatzrentabilität $= \dfrac{\text{Gewinn x 100}}{\text{Umsatz zu Verkaufspreisen}}$

5.2.5 Statistische Darstellungen

In Statistiken werden betriebliche Daten gesammelt, analysiert, ausgewertet und möglicherweise präsentiert.

Grafische Darstellungen von Tabellen und Diagrammen sind ein ideales Mittel, sich einen guten visuellen Überblick über vorhandenes Zahlenmaterial zu verschaffen. Hier einige Beispiele:

Tabelle

Umsatz eines Einzelhändlers	
Januar	30.000
März	120.000
Mai	210.000
Juli	350.000
September	480.000
November	570.000

Liniendiagramm

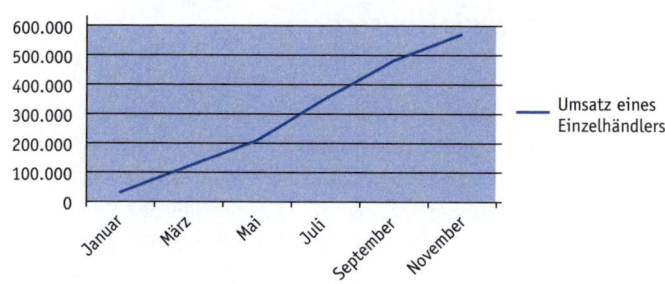

Umsatz eines Einzelhändlers

Säulendiagramm

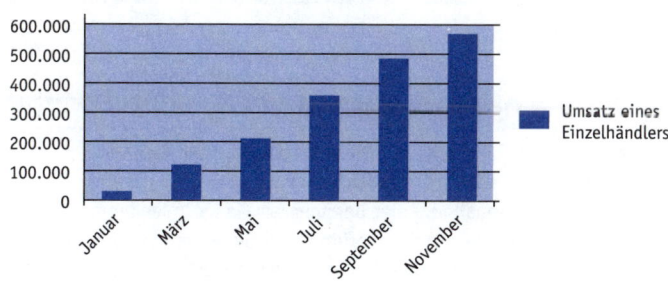

Umsatz eines Einzelhändlers

Kreisdiagramm

Umsatz eines Einzelhändlers

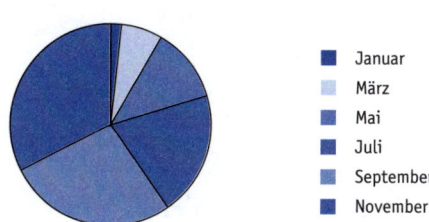

- Januar
- März
- Mai
- Juli
- September
- November

6 Handelskalkulation

6.1 Das Kalkulationsschema

Die Aufgabe des Einzelhandelsbetriebes ist es, Ware einzukaufen, sie zu lagern, ggf. zu veredeln und sie dann wieder zu verkaufen. Die Preise, die der Einzelhändler dafür von seinen Kunden verlangt, müssen so angesetzt sein, dass die Kunden sämtliche Kosten dieses Prozesses tragen und der Händler darüber hinaus auch noch einen Gewinn erwirtschaften kann, den er zur eigenen Verfügung hat. Um dieses Ziel dauerhaft zu erreichen, muss der Einzelhändler genau berechnen, zu welchem Preis er seine Waren verkaufen will und kann: **Er muss kalkulieren.**

Er wendet dabei folgendes Schema an:

Größe	Erläuterung	
Listeneinkaufspreis (LEP)	Er steht in der Preisliste des Lieferers und ist der Ausgangspunkt für die Kalkulation.	
– **Lieferantenrabatt**	Der Rabatt ist ein Preisnachlass auf den LEP und wird aus verschiedenen Gründen gewährt: z.B. für die Abnahme einer bestimmten Menge (Mengenrabatt), wegen der Einführung neuer Ware (Einführungsrabatt), zur Förderung des Abverkaufs (Abverkaufsrabatt) etc.	B e z u g s k a l k u l
= **Zieleinkaufspreis (ZEP)**	Diesen Preis zahlt der Einzelhändler, wenn er die Ware nicht sofort bezahlen muss, sondern ein Zahlungsziel ausnutzen kann (z.B. zahlbar in 30 Tagen).	
– **Lieferantenskonto**	Der Skonto ist ein Preisnachlass auf den ZEP für vorzeitige Zahlung, denn auch der Lieferer möchte sein Geld möglichst bald haben.	
= **Bareinkaufspreis (BarEP)**	Diesen Preis zahlt der Einzelhändler nur für die Ware, die aber immer noch beim Lieferer liegt.	

+	**Bezugskosten**	Das sind die Kosten, die der Einzelhändler für den Warenbezug zahlen muss (➡ Teil IV, Kap. 4.2, S. 206), denn lt. BGB sind diese Kosten vom Kunden zu tragen.
=	**Bezugspreis (BezP)** oder **Einstandspreis** (weil hier die eigene Kalkulation einsetzt)	Zu diesem Preis liegt die Ware beim Käufer in den eigenen Regalen. Ab hier bestimmt der Einzelhändler alleine, welche weiteren Kosten er dem Produkt zurechnen will.
+	**Handlungskosten**	Die Einzelhandlung verursacht Kosten, z.B. für Miete, Energie, Werbung, Personal, Telekommunikation etc.
=	**Selbstkostenpreis (SKP)**	Zu diesem Preis kann der Einzelhändler sowohl die Kosten für die Ware als auch die Kosten seiner Unternehmung decken.
+	**Gewinn**	Der Einzelhändler erwartet, dass er über seine Verkaufspreise auch seinen Unternehmerlohn und seine Zinsen für das eingesetzte Kapital verdient und außerdem ein Restgewinn bleibt, um für schlechte Zeiten ein finanzielles Polster anzulegen oder um ggf. seine Unternehmung zu verbessern.
=	**Nettoverkaufspreis (NVP)**	Zu diesem Preis könnte der Einzelhändler verkaufen, und er würde damit seine Unternehmensziele erreichen.
+	**Umsatzsteuer**	Da der Staat aber einen großen Teil seiner Ausgaben über die Mehrwertsteuer decken muss, ist der Unternehmer verpflichtet, seinen Kunden die Mehrwertsteuer zu berechnen (➡ Teil I, Kap. 5.4.2, S. 69).
=	**Bruttoverkaufspreis (BVP)** oder **Ladenpreis**	Diesen Preis muss der Kunde dem Kaufmann bezahlen, damit dieser seine Ziele erreicht.

(↘) Beispiel:

Der Einzelhändler bestellt 300 Stück zum Listenpreis von 12,50 Euro. Er erhält 5 Prozent Wiederverkäuferrabatt und ein Ziel von 30 Tagen. Zahlt er innerhalb von 10 Tagen, kann er 2 Prozent Skonto abziehen. Die Bezugskosten machen pauschal 20 Euro aus. Er kalkuliert Handlungskosten von 60 Prozent für diesen Artikel und er möchte 4 Prozent Gewinn erwirtschaften. Der Artikel wird zum normalen Umsatzsteuersatz von 19 Prozent verkauft.

	Bezeichnung	Preis in Euro
	Listeneinkaufspreis LEP (pro Stück)	12,50
	LEP, Gesamtlieferung (300 Stück)	3.750,00
−	Liefererrabatt 5 %	187,50
=	Zieleinkaufspreis ZEP	3.562,50
−	Liefererskonto 4 %	142,50
=	Bareinkaufspreis BarEP	3.420,00
+	Bezugskosten	20,00
=	Bezugspreis BezP (Einstandspreis)	3.440,00
+	Handlungskosten 60 %	2.064,00
=	Selbstkostenpreis SKP	5.504,00
+	Gewinn 4 %	220,16
=	Nettoverkaufspreis NVP	5.724,16
+	Umsatzsteuer 19 %	1.087,59
=	**Bruttoverkaufspreis BVP**	**6.811,75**

Es ist sinnvoll, bei Kalkulationen die Gesamtmenge zu kalkulieren, um genauer zu rechnen und erst zum Schluss den Einzelpreis zu bestimmen.

Selbstverständlich gelten auch hier die **Rundungsregeln** für die dritte Nachkommastelle. Bis 4 wird abgerundet, ab 5 wird aufgerundet, wenn nötig.

6.2 Kalkulationsvereinfachung: Kalkulationsfaktor

Waren der gleichen Warengruppe können unter Umständen gleiche Kostenteile zugerechnet werden, und auch die Gewinnspanne kann gleich sein. Dann muss nicht das gesamte Kalkulationsschema durchgerechnet werden, sondern aus einer durchgeführten Kalkulation wird der **Kalkulationsfaktor** berechnet:

Formel zur Berechnung des Kalkulationsfaktors:

$$\textbf{Kalkulationsfaktor} = \frac{\text{Bruttoverkaufspreis}}{\text{Bezugspreis}}$$

 Beispiel:

$$\frac{\text{Bruttoverkaufspreis } 6.811{,}75}{\text{Bezugspreis } 3.440{,}00} = 1{,}9802$$

Der Kalkulationsfaktor beträgt hier also 1,9802. Der Kalkulationsfaktor hat in der Regel 4 Nachkommastellen.

! **Merke: Der Kalkulationsfaktor ist ein Multiplikator, mit dem der Bezugspreis multipliziert wird, um den Bruttoverkaufspreis in einem einzigen Schritt errechnen zu können.**

In dem obigen Beispiel kann jetzt der Einzelbezugspreis von 11,47 Euro (3.440 : 300 = 11,47) mit 1,9802 multipliziert werden, um den Bruttoverkaufspreis von 22,71 Euro zu errechnen.

Formel zur Anwendung des Kalkulationsfaktors:

Bezugspreis x Kalkulationsfaktor = **Bruttoverkaufspreis**

6.3 Kalkulationsvereinfachung: Kalkulationszuschlag

Der Einzelhändler kann die **Differenz zwischen Bezugspreis und Bruttoverkaufspreis auch in Prozent** ausrechnen und dann bei zukünftigen Kalkulationen mit diesem **Kalkulations-zuschlag** rechnen.

Formel zur Berechnung des Kalkulationszuschlages:

$$\text{Kalkulationszuschlag} = \frac{100 \times (\text{BVP} - \text{BezP})}{\text{BezP}}$$

Beispiel:

BezP	=	100	%
Differenz zwischen BVP und BezP	=	x	%
3.440,00 Euro	=	100	%
3371,75 Euro (6.811,75 − 3.440,00)	=	x	%

$$\text{Kalkulationszuschlag} = \frac{100 \times 3.371,75}{3.440,00} = 98,016 \text{ \%}$$

Merke: Der Kalkulationszuschlag gibt die Differenz zwischen dem Bezugspreis und dem Bruttoverkaufspreis bezogen auf den Bezugspreis in Prozent an.

Formel zur Anwendung des Kalkulationszuschlages:

BezP + Kalkulationszuschlag in % = **Bruttoverkaufspreis**

6.4 Rückwärtskalkulation

Will der Einzelhändler überprüfen, wie sich ein bestimmter Marktpreis, den er beispielsweise ansetzen muss, um seine Konkurrenz zu unterbieten, im Verhältnis zu dem Bezugspreis eines Lieferers rechnet, so muss er vom Kalkulationsschema ausgehend den Bruttoverkaufspreis bis zum Listeneinkaufspreis zurückrechnen (Kalkulationsabschlag ➡ Teil IV, Kap. 5.2.10, S. 225).

Folgende Tabelle stellt die einzelnen Schritte der Vorwärts- und der Rückwärtskalkulation gegenüber:

Vorwärtskalkulation			Rückwärtskalkulation		
1. Schritt			**1. Rückwärtsschritt**		
	Listeneinkaufspreis LEP	100 %		Bruttoverkaufspreis BVP	119 %
–	Liefererrabatt	5 %	–	Umsatzsteuer	19 %
=	Zieleinkaufspreis ZEP	95 %	=	Nettoverkaufspreis NVP	100 %
2. Schritt			**2. Rückwärtsschritt**		
	Zieleinkaufspreis ZEP	100 %		Nettoverkaufspreis NVP	104 %
–	Liefererskonto	4 %	–	Gewinn	4 %
	Bareinkaufspreis BarEP	96 %	=	Selbstkostenpreis SKP	100 %
3. Schritt			**3. Rückwärtsschritt**		
	Bareinkaufspreis BarEP	100 %		Selbstkostenpreis SKP	160 %
+	Bezugskosten	z.B. 10 %	–	Handlungskosten	60%
=	Bezugspreis BezP	110 %	=	Bezugspreis BezP	100 %
4. Schritt			**4. Rückwärtsschritt**		
	Bezugspreis BezP	100 %		Bezugspreis BezP	110 %
+	Handlungskosten	60 %	–	Bezugskosten	z.B. 10 %
=	Selbstkostenpreis SKP	160 %	=	Bareinkaufspreis BarEP	100 %
5. Schritt			**5. Rückwärtsschritt**		
	Selbstkostenpreis SKP	100 %		Bareinkaufspreis BarEP	96 %
+	Gewinn	4 %	+	Lieferantenskonto	4 %
=	Nettoverkaufspreis NVP	104 %		Zieleinkaufspreis ZEP	100 %
6. Schritt			**6. Rückwärtsschritt**		
	Nettoverkaufspreis NVP	100 %		Zieleinkaufspreis ZEP	95 %
+	Umsatzsteuer	19 %	+	Rabatt	5 %
=	Bruttoverkaufspreis BVP	119 %		Listeneinkaufspreis LEP	100 %

Zu beachten ist bei der Rückwärtskalkulation, dass es sich bei den Schritten 1 bis 4 um Prozentrechnung mit dem verminderten Wert handelt und bei den Positionen 5 und 6 um die Prozentrechnung mit dem vermehrten Wert.

Beispiel:

1. Rückwärtsschritt

| 119 % | = | 6.811,75 Euro |
| 100 % | = | x Euro? |

$$x = \frac{6.811,75 \times 100}{119} = 5.724,16 \text{ Euro}$$

2. Rückwärtsschritt

| 104 % | = | 5.724,16 Euro |
| 100 % | = | x Euro? |

$$x = \frac{5.724,16 \times 100}{104} = 5.504,00 \text{ Euro}$$

3. Rückwärtsschritt

| 160 % | = | 5.504,00 Euro |
| 100 % | = | x Euro? |

$$x = \frac{5.504,00 \times 100}{160} = 3.440,00 \text{ Euro}$$

4. Rückwärtschritt
Im Beispiel: 3.440,00 Euro − 20,00 Euro = 3.420,00 Euro

5. Rückwärtsschritt

| 96 % | = | 3.420,00 Euro |
| 100 % | = | x Euro? |

$$x = \frac{3.420,00 \times 100}{96} = 3.562,50 \text{ Euro}$$

6. Rückwärtsschritt

| 95 % | = | 3.562,50 Euro |
| 100 % | = | x Euro? |

$$x = \frac{3.562,50 \times 100}{95} = 3.750,00 \text{ Euro}$$

Testen Sie Ihr Wissen und Ihr Verständnis!

Bearbeiten Sie die folgenden Aufgaben, machen Sie sich einige Notizen über Ihre Gedanken zur Lösung und vergleichen Sie Ihre Notizen mit den Lösungsvorschlägen auf Seite 256. Gegebenenfalls lesen Sie in dem entsprechenden Kapitel noch einmal nach.

Die richtigen Seiten finden Sie mithilfe des Stichwortverzeichnisses auf Seite 291!

Aufgaben:

? **1:** Erklären Sie die Lagerbestandskennzahlen „Mindestbestand", „Meldebestand" und „Höchstbestand".

? **2:** Beschriften Sie die folgende Abbildung mit den in Aufgabe 1 genannten Begriffen.

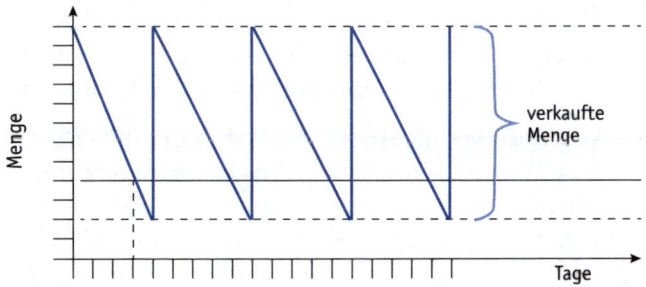

? **3:** Was versteht man unter dem durchschnittlichen Lagerbestand?

? **4:** Berechnen Sie die durchschnittliche Lagermenge mithilfe der angegebenen Daten so genau wie möglich!
Daten:

- Anfangsbestand 125;
- Monatliche Endbestände: Januar: 100; Februar: 105; März: 120; April: 90; Mai: 95; Juni: 96; Juli: 91; August: 95; September: 150; Oktober: 175; November: 150; Dezember: 125

(?) 5: Was versteht man unter der Umschlagshäufigkeit und wie wird sie berechnet?

(?) 6: Berechnen Sie den durchschnittlichen Lagerbestand. Gehen Sie davon aus, dass insgesamt 1560 Stück verkauft wurden.

(?) 7: Was versteht man unter der durchschnittlichen Lagerdauer? Berechnen Sie diese für den Beobachtungszeitraum.

(?) 8: Nennen Sie 4 mögliche Gründe für eine Bestandsabweichung (Differenz zwischen Soll- und Istbestand).

(?) 9: Was versteht man unter einer Inventur?

(?) 10: Nennen Sie 3 Vereinfachungen für eine Inventur!

(?) 11: Was bedeutet es, wenn der Kaufmann Inventurdifferenzen feststellt?

(?) 12: Nennen Sie 3 Möglichkeiten, Inventurdifferenzen zu reduzieren!

(?) 13: Warum ist eine Wareneingangskontrolle wichtig?

(?) 14: Welche Schritte sind bei der Wareneingangskontrolle zu beachten?

(?) 15: Was versteht man unter einem Verbrauchsgüterkauf und welche Gewährleistungsrechte sind gesetzlich festgelegt?

(?) 16: Was versteht man unter einem zweiseitigen Handelskauf und welche Gewährleistungsrechte kommen hier zur Anwendung?

(?) 17: Was bedeutet der Begriff „Beweislastumkehr"?

(?) 18: Was versteht man unter einem arglistig verschwiegenen Mangel und welche Gewährleistungsfristen gelten hier?

(?) 19: Nennen Sie 6 Mängelarten und geben Sie je ein Beispiel!

? 20: Wie müssen Produkte, bei denen Gefahren für die Gesundheit oder die Umwelt bestehen, gekennzeichnet sein?

? 21: Welche Gefahren bestehen beim Einsatz eines Hubwagens?

? 22: Ermitteln Sie aus den vorliegenden Angaben eines Kassenberichtes die Tageslosung in Euro:
a) Bargeldbestand bei Geschäftsöffnung   300,00 Euro
b) Ausgaben für Wareneinkäufe   1.000,00 Euro
c) Bargeldbestand bei Geschäftsschluss   6.667,00 Euro

? 23: In welchen Fällen entstehen Kassendifferenzen?
a) Sie scannen 4 Flaschen Wasser ein, die fünfte Flasche vergessen Sie zu kassieren.
b) Der Kunde bezahlt 4 Wasserflaschen mit einem Zehn-Euro-Schein. Die Flasche kostet 1,50 Euro. Sie geben ihm 3,00 Euro Wechselgeld.
c) Ein Kunde bekommt an der Kasse 3 Prozent Rabatt auf seine Einkäufe.
d) Sie machen einen Kassensturz und errechnen dafür den Bargeldbestand. Von der Summe ziehen Sie die Mehrwertsteuer ab und vergleichen diese mit dem Soll-Geldbestand.

? 24: Nennen Sie drei Gründe für einen Kassensturz.

? 25: Berechnen Sie den Soll-Geldbestand.

Kassenbericht

Bruttoumsatz	4.800,20 Euro
Wechselgeldbestand	250,00 Euro
Kartenzahlungen	1.360,00 Euro
Soll-Geldbestand	?

? 26: Erklären Sie den Unterschied zwischen Tageslosung und Tagesumsatz.

(?) 27: Erläutern Sie
a) zwei Ursachen und
b) die schädliche Wirkung
einer positiven Kassendifferenz.

(?) 28: Beim Dreisatz wird mit dem geraden Verhältnis oder dem ungeraden Verhältnis gerechnet. Erläutern Sie den Unterschied und geben Sie jeweils ein praktisches Beispiel.

(?) 29: Bei welchen Berechnungen braucht der Kaufmann die Prozentrechnung?

(?) 30: Erklären Sie, gegebenenfalls mithilfe eines Beispiels, wofür man die Durchschnittsrechnung im kaufmännischen Bereich benutzt.

(?) 31: Unterscheiden Sie den einfachen Durchschnitt vom gewogenen Durchschnitt.

(?) 32: Im Einzelhandelsunternehmen kommt es vor, dass Geldbeträge nach einem bestimmten Verhältnis verteilt werden müssen. Suchen Sie zwei passende Beispiele!

(?) 33: Nennen Sie zwei Möglichkeiten, den Gewinn oder den Verlust eines Unternehmens zu ermitteln.

(?) 34: Welche Aufgaben haben Bezugs- und Verkaufskalkulation in einem Einzelhandelsbetrieb? Welche einzelnen Stufen unterscheidet man?

(?) 35: Warum kalkulieren die Einzelhändler auch mit Kalkulationszuschlag und Kalkulationsfaktor?

(?) 36: Welche Aufgaben hat die Rückwärtskalkulation?

III Wirtschafts- und Sozialkunde

1 Grundlagen des Wirtschaftens

1.1 Notwendigkeit des Wirtschaftens

1.1.1 Die Notwendigkeit wirtschaftlichen Handelns

Die Mittel und Möglichkeiten der Menschen, **Bedürfnisse** zu befriedigen, sind in der Regel begrenzt. Den unendlich vielen Bedürfnissen (Wünschen) eines Menschen steht nur sein begrenztes Einkommen und damit seine begrenzte Kaufkraft gegenüber.

Um sinnvoll und wirkungsvoll handeln zu können, muss der Mensch wirtschaftlich (ökonomisch) handeln. Verbraucher und Unternehmen müssen ihre Mittel planvoll einsetzen, um ein bestimmtes, von ihnen verantwortungsvoll gesetztes Ziel zu erreichen.

So wird aus Bedürfnissen (Wünschen), **Bedarf** (Wünsche, mit Kaufkraft versehen) und dann **Nachfrage** (wirksam werdender Bedarf). Alle **Wirtschaftssubjekte** arbeiten so nach dem ökonomischen Prinzip.

Das **„Ökonomische Prinzip"** unterscheidet zwei Ausrichtungen:

Minimalprinzip:	Maximalprinzip:
Mit möglichst geringem Mitteleinsatz ein vorgegebenes Ziel erreichen. **Ziel:** ein Kasten Cola **Mittel:** So günstig wie möglich einkaufen.	Mit vorgegebenen Mitteln den möglichst größten Erfolg erzielen. **Ziel:** So viele Colakästen wie möglich kaufen. **Mittel:** ein bestimmter Geldbetrag steht zur Verfügung (z.B. 10 Euro)

1.1.2 Stellung und Aufgabe des Einzelhandels in der Wirtschaft

Grundsätzlich übernimmt der Einzelhandel in der volkswirtschaftlichen Gesamtversorgung die **Verteilung von Gütern** (z.B. Waren) an den Endverbraucher und gehört somit zu der dritten Wirtschaftsstufe.

Wirtschaftsstufe	Beschreibung
Urproduktion (primärer Bereich)	Bergbau, Landwirtschaft, Fischerei, Forstwirtschaft
Weiterverarbeitung (sekundärer Bereich)	Produzierendes Gewerbe. Aus den Rohstoffen werden Produkte gefertigt (Industrie, Handwerk)
Güterverteilung und andere Dienstleistungen (tertiärer Bereich)	Unternehmen des Einzelhandels, Versicherungen, Transport, Banken, Beratungsunternehmen

Als **Warenvermittler zwischen Produzent oder Großhandel und dem Endverbraucher** kommen dem Einzelhandel in der Volkswirtschaft vielfältige Aufgaben bzw. Funktionen zu.

Aufgaben und Funktionen des Einzelhandels	
Raumüberbrückung	Der Einzelhändler bringt Waren aus aller Welt zum Endverbraucher und erspart ihm so weite Wege.
Zeitüberbrückung	Die Güter müssen nach der Produktion nicht sofort verbraucht werden und stehen dem Verbraucher fast ganzjährig zur Verfügung.
Lagerhaltung	Durch die Lagerhaltung können Schwankungen der Kundennachfrage ausgeglichen werden (➡ Teil IV, Kap. 3.4, S. 211).
Sortimentsbildung	Der Einzelhandel stellt aus dem umfangreichen Angebot der Hersteller die Produkte zusammen, die seine Kunden wünschen (➡ Teil I, Kap. 2, S. 17).

Mengen-ausgleich	Der Einzelhändler kauft große Mengen ein und verkauft bedarfsgerechte Mengen an den Verbraucher.
Markter-schließung	Der Einzelhandel nimmt Trends in sein Sortiment auf, weckt Kundenwünsche und übermittelt dem Hersteller seine Marktkenntnisse.
Absatz-förderung	Durch Warenplatzierung (Warenpräsentation ➡ Teil I, Kap. 5.2, S. 58) und verkaufsfördernde Maßnahmen (Sales Promotion ➡ Teil IV, Kap. 4.4.1, S. 233) wird der Absatz gefördert.
Markt-beobachtung	Der Einzelhandel gibt Kundenwünsche und Kundenverhalten an die Produzenten weiter.
Service	Der Einzelhandel berät Kunden, transportiert Ware und repariert möglicherweise.

1.1.3 Betriebsformen und Leistungen des Einzelhandels

Aufgaben

Wer gewerbsmäßig Waren einkauft, um sie an jedermann verändert oder unverändert zu verkaufen, der betreibt ein Einzelhandelsgeschäft. Also sind die Aufgaben eines Einzelhandelsunternehmens:

- Absatzplanung
- Beschaffung der Produktionsfaktoren Boden, Arbeit und Kapital entsprechend der Planung
- ganz besonders die Warenbeschaffung
- Warenpräsentation und -bereitstellung für die Kunden
- Absatz oder Verkauf der Ware

Diese Aufgaben kann der Einzelhändler in unterschiedlichen Betrieben übernehmen:

Formen von Einzelhandelsbetrieben	
Stationär	Der Verkauf findet in dem immer gleichen Ladenraum statt.

| Ambulant | Der Einzelhändler bedient seine Kunden an wechselnden Standorten, z.B. mit einem Verkaufswagen. |
| Versandmäßig | Der Kunde kann bequem von zu Hause aus per Katalog oder Internet die Ware auswählen und bestellen. |

Je nach Größe, Sortiment, Preisgestaltung und Ladenausstattung können im stationären Einzelhandel u.a. folgende Betriebsformen unterschieden werden:

Betriebsformen des stationären Einzelhandels

Form	Größe	Sortiment	Preisgestaltung	Ladenausstattung
Warenhaus	groß	breit	mittel bis hoch	eher gediegen
Kaufhaus	groß	schmal	mittel bis hoch	eher gediegen
Verbrauchermarkt	mittel bis groß	Lebensmittel und Non Food	niedrig bis mittel	zweckmäßig
Fachgeschäft	klein bis mittel	schmal, aber tief	mittel bis hoch	zweckmäßig bis gediegen
Spezialgeschäft	klein	ganz schmal	eher hoch	zweckmäßig, branchenbezogen
Fachmarkt	mittel bis groß	schmaler, aber tief	niedrig bis mittel	zweckmäßig bis gediegen
Discounter	mittel	breit, aber flach	niedrig	puristisch bis zweckmäßig

In den größeren Betriebsformen findet der Kunde oftmals auf der Verkaufsfläche für bestimmte **Herstellermarken** ausgewiesene Bereiche, die auch vom Hersteller selbst betrieben und verantwortet werden. Dabei handelt es sich um ein **Shop-in-the-shop-Konzept.**

Befinden sich mehrere selbstständige Einzelhandelsunternehmen gleich welcher Betriebsform unter einem Dach, so spricht man von einem **Einkaufszentrum.**

Da sich der Einzelhandel ständig an seine Kunden anpassen muss, wenn er erfolgreich sein will, entstehen auch immer wieder neue Betriebsformen.

Leistungen

Das Einzelhandelsunternehmen ist ein Vermittler zwischen dem Hersteller und dem Endverbraucher (➡ Kap. 1.1.2, S. 118). Der Unternehmer verschafft sich ein Bild von dem Marktgeschehen und entscheidet sich, welche Lücke im Markt er nutzen will, um erfolgreich zu sein. Denn seit vielen Jahrzehnten ist der Markt für den Einzelhandel ein **Käufermarkt** (➡ Teil I, Kap. 5.1, S. 49).

Der Einzelhändler nimmt eine **Markterschließung** auf der Absatzseite vor. Genauso muss er aber eine **Beschaffungsmarkterschließung** vorantreiben, um die für sein Unternehmenskonzept **richtigen Lieferanten** zu finden. Mit diesen Lieferanten bewerkstelligt der Einzelhändler seine Sortimentsbildung (➡ Teil I, Kap. 2, S. 17; Kap. 3.1, S. 205). Die angelieferte Ware wird sorgfältig gepflegt und am Verkaufs- oder Reservelager (➡ Teil II, Kap. 3, S. 85) vorrätig gehalten, um sie dann an den Endverbraucher zu verkaufen. Dabei bietet der Einzelhändler je nach Betriebsform dem Verbraucher Beratung und Service (➡ Teil I, Kap. 5.3, S. 64) an. Um diese Leistungen erfolgreich zu erledigen, braucht jeder Einzelhandelsbetrieb eine ausgefeilte **Logistik** (Organisation des Warenflusses) und **Betriebsorganisation** (➡ Kap. 3.1.1, S. 142; Teil IV, Kap. 1.8, S. 186).

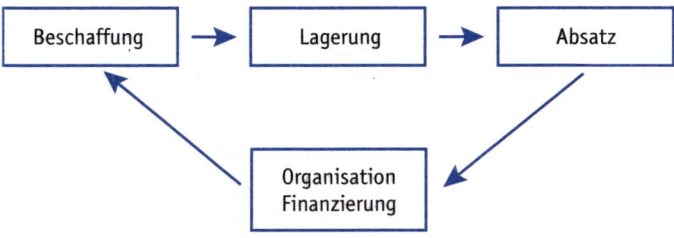

Organisation des Warenflusses und Betriebsorganisation

1.2 Wirtschaftliche Zielsetzungen

1.2.1 Ziele erwerbswirtschaftlicher Unternehmen

Es gibt folgende Arten von Unternehmen:

- **Gemeinwirtschaftliche Unternehmen** (z.B. städtische Betriebe) verfolgen als primäres (oberstes) Ziel, **kostendeckend** zu arbeiten und sie schaffen **Arbeitsplätze**.
- **Erwerbswirtschaftliche Unternehmen** (z.B. Einzelhandelsunternehmen) verfolgen als primäres Ziel die **Gewinnmaximierung.**

Neben diesen primären Zielen gibt es natürlich noch eine Reihe weiterer Ziele, die das Einzelhandelsunternehmen beachtet, um dem Kundenwunsch zu entsprechen, Kundenzufriedenheit zu gewährleisten und so dem langfristigen, primären Ziel der Gewinnmaximierung zu entsprechen. Kundenzufriedenheit gewährleistet, dass dem langfristigen primären Ziel der Gewinnmaximierung entsprochen wird

In einem Dreisprung müssen **ökologische, soziale und ökonomische Ziele** berücksichtigt werden, um den gesellschaftlichen Ansprüchen und Gesetzen gerecht zu werden.

Ziele des Einzelhandelsunternehmens im gesellschaftlichen Umfeld	
Ökologische Ziele	beispielsweise Recycling (Wiederverwertung der Verpackung), umweltschonende Verpackung, umweltverträgliche Produkte, Verringerung des Emissionsausstoßes, Schonung von Ressourcen (Rohstoffen) (➡ Kap. 5, S. 166)
Soziale Ziele	beispielsweise Mitarbeiterzufriedenheit, Arbeitsplatzsicherung, gerechtes Einkommen, sozialer Frieden, Mitarbeitermotivation, Mitarbeiterförderung, freiwillige soziale Leistungen (➡ Kap. 3.4, S. 154)
Ökonomische Ziele	beispielsweise Umsatzsteigerung, Erhöhung des Marktanteils, Erkundung neuer Märkte, Absatzsteigerung, Gewinnstreben, Kosten senken

Hinsichtlich dieser unterschiedlichen Ziele und der Mittel und Wege, diese zu erreichen, können sich **Konflikte** ergeben, die das Einzelhandelsunternehmen lösen muss. So kann es zu Konflikten zwischen dem ökonomischen Ziel der Kostensenkung und dem sozialen Ziel der gerechten Mitarbeiterentlohnung kommen. Diese Konflikte müssen im Sinne der Unternehmungen und der Gesellschaft gelöst werden.

1.2.2 Formen der Zusammenarbeit

Um ihre wirtschaftliche Situation zu verbessern und konkurrenzfähiger zu bleiben, können Unternehmen auf unterschiedlichste Weise zusammenarbeiten.

Folgende Arten der Zusammenarbeit werden unterschieden:

Kooperation

Die Kooperation ist eine durch Verträge abgesicherte **lose Art der Zusammenarbeit** zwischen Einzelhandelsunternehmen, bei denen die rechtliche Selbstständigkeit vollständig und die wirtschaftliche Selbstständigkeit weitgehend erhalten bleibt.

Ziel ist, das allgemeine Unternehmensrisiko zu senken, Absatzmärkte zu sichern und Kosten einzusparen.

Es werden verschiedene Formen der Kooperation unterschieden.

Formen der Kooperation	
horizontal	Unternehmen einer Wirtschaftsstufe (➡ Kap. 1.1.2, S. 118) arbeiten zusammen: unter anderem Einkaufsgemeinschaften (z.B. gemeinsamer und somit günstiger Einkauf von Ware), Werbegemeinschaften (z.B. Weinhändler mit der Werbung: „Wein aus Baden-Württemberg") oder Shop-in-Shop-Systeme.
vertikal	Unternehmen unterschiedlicher Wirtschaftsstufen arbeiten zusammen: unter anderem Franchising (Lieferant und Einzelhändler), Rack Jobber (Regalhändler; ➡ Teil IV, Kap. 3.5, S. 213).

Konzentration

Die Konzentration ist ein **fester Zusammenschluss von Unternehmen,** bei der diese ihre rechtliche und/oder wirtschaftliche Selbstständigkeit aufgeben. Unternehmenszusammenschlüsse erfolgen durch **Konzernbildung** (z.B. REWE-Konzern, VW-Konzern) oder **Fusion** (Verschmelzungen, Übernahmen) z.B. Deutsche Bank und Postbank, EDEKA und PLUS).

Je nach Art der Zusammenarbeit/des Zusammenschlusses der Unternehmen, kann das Auswirkungen auf den Wettbewerb zwischen den Unternehmen haben, bzw. diesen sogar einschränken oder ausschließen. Dies ist nicht im Sinne des Verbrauchers und der gesamten Volkswirtschaft. Deshalb hält der Gesetzgeber ein waches Auge auf den Wettbewerb.

1.2.3 Gesetz gegen Wettbewerbsbeschränkung (GWB)

Wettbewerb ist die wichtigste Voraussetzung für das Funktionieren des freien/sozialen Marktes. Erlangen Unternehmen eine marktbeherrschende Stellung oder sprechen sich Unternehmen untereinander ab **(Kartelle),** sodass der Wettbewerb eingeschränkt oder verhindert wird, kann sich eine Benachteiligung des Konsumenten (Endverbraucher) ergeben. Dann greift der Gesetzgeber ein. In § 1 des GWB verbietet der Gesetzgeber deshalb alle Vereinbarungen zwischen Unternehmungen, die zu abgestimmtem Verhalten führen und dadurch den Wettbewerb einschränken bzw. verhindern.

Ausdrücklich erlaubt sind dagegen Absprachen und Verhaltensweisen zwischen den Unternehmen, die für den Verbraucher (§§ 2 und 3 GWB) von Vorteil sind **(Verbraucherschutz).**

Kaufen z.B. fünf kleine Einzelhändler gemeinsam große Mengen an Waren günstig ein, um dem Endverbraucher günstige Preise einzuräumen, wäre dies im Sinne des Gesetzes erlaubt.

1.3 Einfacher Wirtschaftskreislauf

Der Zusammenhang und die wechselseitigen Beziehungen zwischen **Unternehmen** und **privaten Haushalten** lassen sich am besten grafisch darstellen.

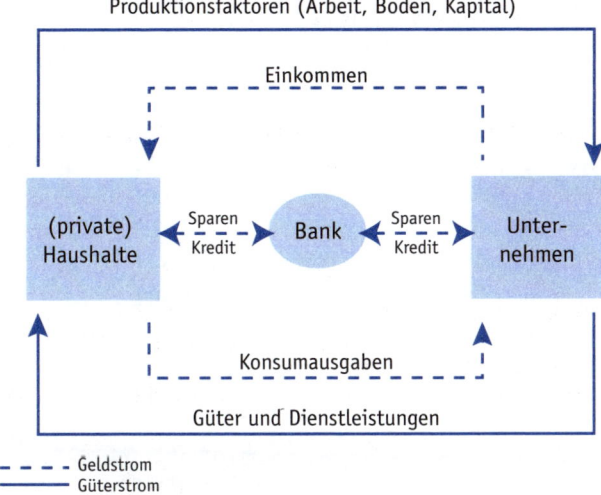

Beziehung zwischen Privathaushalten und Unternehmen

Die Haushalte bieten den Unternehmen, Arbeitskraft, Kapital und Grundstücke zur Nutzung an und erhalten dafür Einkommen in Form von Gehalt, Zinsen und Pacht. Dieses Geld wird für Konsumausgaben an die Unternehmen ausgegeben. Die Haushalte erhalten für ihr Geld Güter und Dienstleistungen.

Den Banken kommt dabei eine Sonderstellung zu. Haushalte bringen ihr Erspartes zur Bank und können andererseits von den Banken Kredite bekommen, ebenso die Unternehmen.

1.4 Funktion des Marktes

Auf einem tatsächlichen oder gedachten Markt treffen sich Angebot und Nachfrage. Hier bildet sich der Preis.

Preisbildung

Zusammenhang zwischen Angebot und Preis

Jeder **Anbieter** (Hersteller) hat, bedingt durch bestimmte Kosten-strukturen im Unternehmen, eine bestimmte Vorstellung, zu welchem Preis (P1) er ein bestimmtes Produkt auf den Markt bringen möchte. Bei einem niedrigen Preis (P1) sind nicht viele Anbieter bereit und in der Lage, dieses Produkt anzubieten (M1), da die Aufwendungen im Unternehmen möglicherweise zu hoch sind und damit der Gewinn gering ist.

Steigt der Preis dagegen für ein bestimmtes Produkt auf P2, sind mehr Anbieter bereit und in der Lage, das Produkt auf den Markt zu bringen, und so steigt ensprechend die angebotene Menge auf M2.

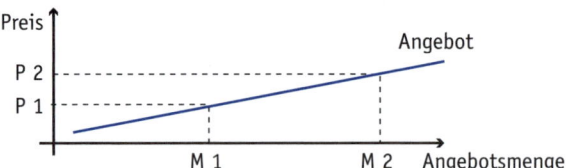

Zusammenhang zwischen Angebot und Preis

> **(!) Merke: Ist der Preis hoch, ist die angebotene Menge (Angebot) hoch. Ist der Preis niedrig, ist die angebotene Menge niedrig.**

Zusammenhang zwischen Nachfrage und Preis

Die **Nachfrager** (Verbraucher) haben natürlich ein anderes Interesse. Sie versuchen, ein Produkt so günstig wie möglich zu kaufen. Ist also der Preis für ein bestimmtes Produkt niedrig (P1), sind viele Nachfrager (M1) bereit und in der Lage, dieses Produkt zu kaufen (vielleicht auch in großen Mengen).

Ist dagegen der Preis für ein bestimmtes Produkt hoch (P2), kaufen es nur wenige Nachfrager, und die nachgefragte Menge ist nur gering (M2), weil es sich nur einige leisten können.

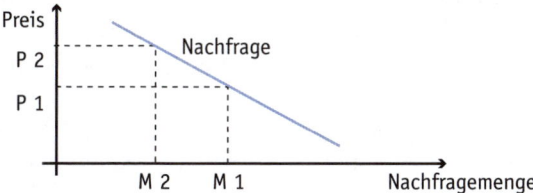

Zusammenhang zwischen Nachfrage und Preis

(!) **Merke: Ist der Preis hoch, ist die nachgefragte Menge niedrig. Ist der Preis niedrig, ist die nachgefragte Menge hoch.**

Marktpreisbildung

Die Marktpreisbildung ist davon abhängig, welche Vorstellungen

- die **Anbieter** (Verkäufer) haben, zu welchem Preis sie ihr Produkt verkaufen möchten und können,
- die **Nachfrager** (Kunden) haben, zu welchem Preis sie ein bestimmtes Produkt kaufen möchten und können.

Sind Angebot und Nachfrage gleich groß **(Gleichgewichtspunkt),** ergibt sich der **Marktpreis.** Das heißt, Anbieter und Nachfrager einigen sich auf einen Preis **(Gleichgewichtspreis).**

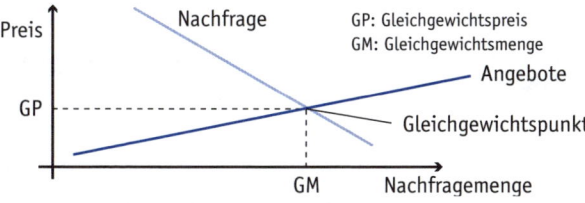

Marktpreisbildung

(!) **Merke: Beim Gleichgewichtspreis wird alles, was angeboten wird, auch nachgefragt. Es erfolgt somit ein Ausgleich zwischen Angebot und Nachfrage (Gleichgewichtsmenge).**

Um seinen Marktanteil zu erhöhen, könnte ein großer Einzelhandelsunternehmer seine Preise kurzfristig stark senken, um seine Mitbewerber aus dem Markt zu drängen. Ist ihm das gelungen, erhöht er die Preise wieder. Der Verbraucher müsste nun die hohen Preise bezahlen, da kein Wettbewerb mehr bestünde.

Hier besteht die Notwendigkeit besonderer Maßnahmen zum **Schutz der Verbraucher.** Der Staat und verschiedene Verbraucherschutzorganisationen bieten Schutz und Hilfe an (Verbraucherzentralen, Preisangabenverordnung, Kennzeichnungspflicht ➔ Teil I, Kap. 5.4.2, S. 68).

2 *Rechtliche Rahmenbedingungen des Wirtschaftens*

2.1 *Rechtsgrundlagen für das Zustandekommen von Rechtsgeschäften*

Das **Bürgerliche Gesetzbuch (BGB)** unterscheidet zwischen Rechtsobjekten und Rechtssubjekten.

* **Rechtsobjekte** sind Sachen (körperliche Gegenstände, z.B. Tisch, Auto, Hemd) und Rechte (nicht körperliche Gegenstände, z.B. Patente, Sorgerecht, Forderungen).
* **Rechtssubjekte** sind Personen, die mit Rechten und Pflichten ausgestattet sind. Wir unterscheiden natürliche Personen und juristische Personen.

Rechtssubjekte	
Natürliche Personen	alle Menschen
Juristische Personen	Zusammenschlüsse von Personen (z.B. Sportvereine, GmbH, AG) oder Vermögensmassen (z.B. Stiftungen), die rechtlich als Person betrachtet werden und somit eine **eigene Rechtspersönlichkeit** haben.

> Sie handeln mithilfe von natürlichen Personen wie diese (z.B. einkaufen, Grundstücke erwerben). Juristische Personen handeln durch Organe (z.B. Vorstand).

Das **Bürgerliche Gesetzbuch (BGB)** legt fest, unter welchen Bedingungen **Rechtssubjekte** handeln können, wenn sie rechtsfähig und geschäftsfähig sind.

Rechtsfähigkeit

Die Rechtsfähigkeit beginnt bei natürlichen Personen mit der Geburt und endet mit dem Tod.

Bei juristischen Personen beginnt sie mit der Registereintragung (z.B. Handelsregister) und endet mit der Löschung aus dem Register.

 Merke: Rechtsfähigkeit ist die Fähigkeit, Träger von Rechten und Pflichten zu sein (z.B. erben können, Schulpflicht).

Geschäftsfähigkeit

Voll geschäftsfähig sind alle Personen, die das achtzehnte Lebensjahr vollendet haben und im vollen Besitz ihrer geistigen Fähigkeiten sind.

 Merke: Geschäftsfähigkeit ist die Fähigkeit, Rechtsgeschäfte selbstständig und rechtswirksam abzuschließen.

Beschränkte Geschäftsfähigkeit

Minderjährige, die das siebte Lebensjahr vollendet haben, aber noch nicht volljährig sind, sind beschränkt geschäftsfähig, d.h., sie bedürfen der Zustimmung der gesetzlichen Vertreter (z.B. Eltern), um Rechtsgeschäfte abschließen zu können

Keine Zustimmung benötigen folgende Rechtsgeschäfte:
- Rechtsgeschäfte im Rahmen des Taschengeldes, wenn das Geld zur freien Verfügung steht (z.B. Kauf von Süßigkeiten).
- Rechtsgeschäfte, die ihnen einen rechtlichen Vorteil bringen (z.B. Schenkung).

- Rechtsgeschäfte im Rahmen eines Dienst- oder Arbeitsverhältnisses (z.B. Verkauf von Waren), wenn der gesetzliche Vertreter diesem Verhältnis zugestimmt hat.

(!) Merke: Rechtsgeschäfte von beschränkt Geschäftsfähigen bedürfen der Zustimmung (im Voraus oder nachträglich) des gesetzlichen Vertreters (z.B. der Eltern). Bis zur Zustimmung sind die Rechtsgeschäfte schwebend unwirksam.

Geschäftsunfähigkeit

Geschäftsunfähig sind Kinder unter 7 Jahre und dauernd geisteskranke Personen.

(!) Merke: Die Willenserklärung einer geschäftsunfähigen Person ist nichtig bzw. nicht wirksam, d.h. sie kann keine Rechtsgeschäfte (z.B. Kaufverträge) abschließen.

Das BGB legt nicht nur Handlungsbedingungen für Rechtssubjekte fest, sondern unterscheidet auch Eigentum und Besitz.

Eigentum

Eigentum ist die **rechtliche Herrschaft über eine Sache.** Der Eigentümer kann mit einer Sache, deren Eigentümer er ist, beliebig verfahren, z.B. ein Auto verkaufen.

Beim **Eigentumserwerb** unterscheiden wir den Erwerb an beweglichen und nicht beweglichen Sachen (z.B. Immobilien).

Beim **Kauf einer beweglichen Sache,** z.B. einer Hose, erfolgt die Eigentumsübertragung durch **Einigung und Übergabe.** Im Rahmen einer sog. **Willenserklärung** (➡ Kap. 2.2.3, S. 134) einigen sich Verkäufer und Käufer dahingehend, dass der Verkäufer die Ware und der Käufer das Geld übergibt.

Wenn Ware zum Kunden nach Hause geliefert wird, ist es also wichtig, dass der Verkäufer diese unter **Eigentumsvorbehalt** liefert (übergibt), die Ware also solange im Eigentum des Lieferanten bleibt, bis der Kunde den Kaufpreis bezahlt hat!

Beim **Immobilienkauf** erfolgt die Eigentumsübertragung durch **Einigung (Auflassung)** und Eintragung ins Grundbuch.

Besitz

Besitz ist die **tatsächliche Herrschaft über eine Sache.** Wer z.B. ein Auto leiht oder eine Wohnung mietet, ist Besitzer (nicht aber Eigentümer).

Gutgläubiger Erwerb

Verkauft eine Person eine Sache, deren Eigentümer sie nicht ist, wird der Käufer Eigentümer der Sache, wenn er die Sache im **guten Glauben** erwirbt, also den Verkäufer für den Eigentümer hält. Bei gestohlenen Sachen ist laut BGB kein gutgläubiger Erwerb möglich.

2.2 Wichtige Bestimmungen beim Zustandekommen von Rechtsgeschäften

2.2.1 Arten und Zustandekommen von Rechtsgeschäften

! Merke: Rechtsgeschäfte kommen durch Willenserklärungen zustande.

Wir unterscheiden Rechtsgeschäfte, die durch die Willenserklärung mindestens einer Person zustande kommen, sogenannte **einseitige Rechtsgeschäfte,** und Rechtsgeschäfte, die durch die Willenserklärung mindestens zweier Personen zustande kommen, sogenannte **zweiseitige** (oder mehrseitige) **Rechtsgeschäfte.**

Einseitige Rechtsgeschäfte	Zweiseitige Rechtsgeschäfte
empfangsbedürftig (wirksam bei Empfang), z.B. Kündigung, Anfechtung eines Vertrages	**einseitig verpflichtend** z.B. Schenkung
nicht empfangsbedürftig (wirksam bei Abgabe) z.B. Testament, Mahnung	**zweiseitig verpflichtend** z.B. Kaufvertrag, Mietvertrag, Pachtvertrag

Rechtsgeschäfte sind **grundsätzlich an keine Form gebunden** (formfrei). Das heißt, sie können **schriftlich, mündlich, durch schlüssiges Handeln** (z.B. Handzeichen bei Versteigerungen) oder in Ausnahmen durch Schweigen (bei regelmäßigen Geschäftsbeziehungen) erfolgen.

Wichtige Rechtsgeschäfte sollten und müssen allerdings schriftlich (z.B. Ausbildungsvertrag), durch eine öffentliche Beglaubigung (Echtheit der Unterschrift wird beglaubigt) oder notarielle Beurkundung (Echtheit der Unterschrift und der Inhalt wird beurkundet) erfolgen (z.B. der Grundstücks- und Hauskauf).

Wichtige Vertragsarten sind:

Vertragsart	Vertragsinhalt	Beispiele
Kaufvertrag	Übereignung von Sachen gegen Entgelt	Kauf eines Mantels im Geschäft
Werkvertrag	Verrichtung einer bestimmten Arbeit durch einen Dritten gegen Entgelt	Reparatur eines Kühlschrankes, Verlegung von Elektroleitungen
Leihvertrag	unentgeltliche Überlassung einer Sache	ein Auto von einem Freund leihen
Mietvertrag	entgeltliche Überlassung einer Sache	Mieten eines Autos
Pachtvertrag	entgeltliche Überlassung einer Sache zum Gebrauch und Fruchtgenuss (Ernte)	Pacht eines Bauernhofes
Darlehensvertrag	Überlassung von Geld gegen Zinsen	Bank verleiht Geld gegen Zinsen und Rückzahlung
Berufsausbildungsvertrag	Vermittlung einer beruflichen Handlungsfähigkeit durch den Ausbilder	Ausbildung im Einzelhandel

2.2.2 Nichtigkeit und Anfechtbarkeit von Rechtsgeschäften

Nichtigkeit von Rechtsgeschäften

Rechtsgeschäfte (z.B. Kaufvertrag) können nichtig oder anfechtbar sein.

Nichtige Rechtsgeschäfte (Willenserklärungen) sind von Anfang an ungültig (nichtig) und ziehen keine Rechtsfolgen nach sich. Es ist gar kein rechtsgültiger Vertrag zustande gekommen.

(!) Merke: Nichtige Rechtsgeschäfte sind von Anfang an ungültig.

Nichtige Rechtsgeschäfte	Beispiele
Geschäfte mit geschäftsunfähigen Personen	Ein fünfjähriger Junge kauft Süßigkeiten am Kiosk.
Geschäfte mit beschränkt Geschäftsfähigen ohne Zustimmung des gesetzlichen Vertreters	Eine sechzehnjährige Schülerin kauft einen Kleiderschrank gegen den Willen der Eltern.
Geschäfte mit Personen bei vorübergehender Störung der Geistestätigkeit	Autoverkauf an eine sehr betrunkene Person
bei Verstoß gegen die guten Sitten (z.B. Wucher, Ausnutzung einer Notlage)	überteuerte Miete bei Wohnraummangel
Scherzgeschäfte	Bei starkem Regen bietet eine Frau „ein Königreich für einen Schirm".
Scheingeschäfte	Ein Auto wird zum Schein günstiger als ausgezeichnet verkauft, um Umsatzsteuer zu sparen.
Verstoß gegen Gesetze	Alkoholverkauf an einen dreizehnjährigen Schüler
Verstoß gegen Formvorschriften	Kauf eines Hauses ohne Notarvertrag

Anfechtbarkeit von Rechtsgeschäften

Anfechtbare Rechtsgeschäfte (Willenserklärungen) haben bis zur Anfechtung Gültigkeit und können später, unter bestimmten Umständen, von Anfang an für ungültig erklärt werden.

> **(!) Merke: Anfechtbare Rechtsgeschäfte sind zunächst gültig und können durch Anfechtung nachträglich für ungültig erklärt werden.**

Anfechtbare Rechtsgeschäfte	Beispiele
Irrtum in der Erklärung	Ein Autoverkäufer will einen gebrauchten Golf für 10.000 Euro verkaufen, schreibt aber versehentlich 1.000 Euro in sein Angebot.
Irrtum in einer wesentlichen Eigenschaft einer Sache oder Person	Ein kurzsichtiger Juwelier vergreift sich und verkauft versehentliche eine Wachsperlenkette als echte Perlenkette.
Irrtum in der Übermittlung	Statt der 100 linierten Hefte werden aufgrund einer schlechten Telefonleitung 100 karierte Blöcke bestellt.
bei arglistiger Täuschung	Peter verkauft sein Unfallauto bewusst als „unfallfrei".
bei widerrechtlicher Drohung	Ein Kaufvertrag über ein Bügeleisen wurde unter Androhung von Gewalt abgeschlossen.

2.2.3 Zustandekommen des Kaufvertrages

Der **Kaufvertrag** ist für den Einzelhandel das mit Abstand wichtigste Rechtsgeschäft. Er kommt durch **zwei übereinstimmende Willenserklärungen** zustande.

- Die erste Willenserklärung ist immer der **Antrag.**
- Die zweite Willenserklärung ist immer die **Annahme.**

> **(!) Merke: Der Kaufvertrag kommt durch zwei übereinstimmende Willenserklärungen (Antrag + Annahme) zustande.**

Antrag und Annahme können unterschiedlicher Art sein und sind **immer verbindlich.**

Formen von Antrag und Annahme	
Antrag	**Annahme**
Angebot (Lieferer)	Bestellung (Kunde)
Bestellung (Kunde)	Lieferung/Bestätigung (Lieferer)
Lieferung (Lieferer) (Ausnahme)	Nutzung/Zahlung (Kunde)

Wir müssen Antrag und Annahme unbedingt von der Anfrage unterschieden. Die **Anfrage** ist die **rechtlich unverbindliche Anbahnung eines Kaufvertrages.** D.h., ein Kunde erfragt bei einem Lieferanten, welche Artikel er vertreibt oder welche Zahlungsbedingungen er hat.

(!) **Merke: Eine Anfrage ist unverbindlich und dient der Anbahnung eines Kaufvertrages!**

Kommt ein Kaufvertrag zwischen zwei Endverbrauchern (zwei Nichtkaufleute) zustande, sprechen wir von einem **bürgerlichen Kauf.** Kommt der Kaufvertrag zischen einem Händler (Kaufmann) und einen Endverbraucher (Nichtkaufmann) zustande, sprechen wir von einem **einseitigen Handelskauf.** Kommt er zwischen zwei Händlern (zwei Kaufleute) zustande, handelt es sich um einen **zweiseitigen Handelskauf.**

Aus dem Bürgerlichen Gesetzbuch (BGB § 433) ergeben sich für Käufer und Verkäufer bestimmte Rechte und Pflichten.

Durch Antrag und Annahme gehen die Vertragsparteien eine Pflicht ein **(Verpflichtungsgeschäft).** Diese Pflicht muss erfüllt werden **(Erfüllungsgeschäft).**

Pflichten des Käufers	Pflichten des Verkäufers
Annahme der Ware	mangelfreie und pünktliche Lieferung
Zahlung des Kaufpreises	Eigentumsübertragung
	Annahme des Kaufpreises

(!) Merke: Der Kaufvertrag besteht aus einem Verpflichtungsgeschäft und einem Erfüllungsgeschäft.

Diese oben genannten Pflichten müssen erfüllt bzw. ausgeführt werden, damit der Kaufvertrag vollendet und wirksam werden kann. (D.h., die Ware muss mangelfrei geliefert werden, es muss eine Eigentumsübertragung stattfinden, die Ware muss vom Kunden angenommen und bezahlt werden und der Verkäufer muss das Geld annehmen).

2.2.4 Störungen bei der Erfüllung des Kaufvertrages

Nicht immer gelingt dies. So kann es zu **Störungen bei der Erfüllung des Kaufvertrages** kommen. Ein Kunde bezahlt seine Rechnung nicht oder die bestellte Ware kommt beschädigt oder gar nicht an. Aus diesen Störungen ergeben sich für Verkäufer und Kunde bestimmte Rechte.

Dem Kunden wird durch die **gesetzliche Gewährleistung von 24 Monaten** das Recht eingeräumt, seine mit Mängeln behaftete Ware innerhalb dieser Frist von 24 Monaten zu reklamieren. Gewährleistung bedeutet, dass der Verkäufer die Ware in einem mangelfreien Zustand übergeben muss.

Während der ersten 6 Monate der Gewährleistung muss der Verkäufer beweisen, dass die Ware ohne Mängel verkauft wurde.

Nach 6 Monaten erfolgt eine **Beweislastumkehr.** Die restlichen 18 Monate muss der Käufer beweisen, dass die Ware beim Kauf mit Mängeln behaftet war. Der europäische Gerichtshof hat diese Beweislastumkehr angeregt, um den Verbraucher zu veranlassen, mangelhafte Ware schnell zu reklamieren.

Um den Kunden von der guten Qualität seiner Produkte zu überzeugen, gibt der **Hersteller** auf sein Produkt oftmals eine **freiwillige Garantie.** Diese besagt, dass die Ware über einen bestimmten Garantiezeitraum keine in der Garantie näher bestimmten Mängel aufweist (z.B. Autos nicht durchrosten).

Wird durch einen Mangel (Fehler) an einer Ware ein Mensch oder eine Sache geschädigt, so muss der Hersteller unabhängig vom Verschulden dafür haften **(Produkthaftungsgesetz).**

2.2.5 Bindung an das Angebot

Das Angebot ist die verbindliche Reaktion des Verkäufers auf die unverbindliche Anfrage eines Kunden.

- **Mündlichen Angeboten** muss sofort eine Annahme folgen.
- **Schriftliche Angebote** sind nur so lange bindend, wie unter normalen Umständen eine Antwort möglich ist (z.B. per Post ca. eine Woche). Kommt die Antwort (Annahme) verspätet, wäre dies ein neuer Antrag/ein neues Angebot des Käufers.
- Angebote können **gänzlich unverbindlich** gemacht werden (z.B. „Angebot freibleibend", „unverbindlich" o.Ä.) oder in Teilen (z.B. „So lange der Vorrat reicht", „Preise unverbindlich"). Ebenso können sie zeitlich befristet werden.
- Der **Widerruf** (Angebot zurücknehmen) eines Angebotes muss spätestens gleichzeitig mit dem Angebot beim Kunden eingehen.

Kataloge, Schaufenster, Ware in Selbstbedienungsregalen etc. sind rechtlich kein Angebot, sondern eine **Anpreisung!**

! **Merke: Angebote sind grundsätzlich verbindlich, können aber durch Freizeichnungsklauseln („Solange Vorrat reicht", „Preise freibleibend") unverbindlich gemacht werden!**

2.2.6 Inhalte des Angebotes

Um ein Angebot informativ zu gestalten, sollten möglichst einige (hier sechs) wesentliche Inhalte berücksichtigt werden.

Inhalte des Angebots	Erklärung
Art, Güte, Beschaffenheit	• **Art:** z.B. Artikelnummer, Name • **Güte:** z.B. Güteklassen, Handelsklassen • **Beschaffenheit:** z.B. wie bei einer Probe bzw. einem Muster
Menge	• **Gesetzlich:** Meter, Liter, Kilogramm • **Handelsüblich:** z.B. Stück, Kiste, Karton

Preis/ Preisnachlass	• Für Endkunden immer der **Bruttopreis**
	• **Preisnachlass:**
	  — **Skonto** ist ein Preisnachlass für vorzeitige Zahlung
	  — **Rabatt:** ein Preisnachlass aus verschiedenen Gründen: Mengenrabatt, Treuerabatt, Personalrabatt etc.
	  — **Bonus:** nachträgliche Vergütung bei bestimmten Umsatzhöhen

Lieferbedingungen	• **Verpackungskosten:** Gesetzlich trägt der Verkäufer die Kosten der **Verkaufsverpackung** und der Käufer die Kosten der **Transportverpackung** (hier ist eine individuelle Regelung möglich)
	• **Beförderungskosten:** gesetzliche Regelung, der Käufer trägt alle Kosten
	Individuelle Regelung:
	  — **frei Haus, frei Lager:** Verkäufer trägt alle Kosten des Transportes, Kunde keine
	  — **frachtfrei, frei dort:** Verkäufer zahlt Anfuhr zum Bahnhof, Verladekosten und Frachtkosten, Kunde zahlt Entladekosten und Zufuhr bis zum Kunden
	  — **frei Waggon:** Verkäufer zahlt Anfuhr zum Bahnhof und Verladekosten, Käufer zahlt die Frachtkosten, Entladekosten und Zufuhr zum Kunden
	  — **unfrei, ab hier:** Verkäufer zahlt Anfuhr, Käufer zahlt Verladekosten, Fracht, Entladekosten und Zufuhr zum Kunden
	  — **ab Werk, ab Lager:** Käufer zahlt alle Kosten der Beförderung, Verkäufer keine
	• **Lieferzeit:**
	  — gesetzlich sofort **(Sofortkauf),**
	  — späterer Zeitraum **(Terminkauf,** bis zu einem bestimmten Datum),
	  — genauer Zeitpunkt **(Fixkauf,** an einem bestimmten Datum) mit Zusatz „fix", „fest" o.Ä.

Zahlungs-bedingungen	• **Vor der Lieferung:** z.B. Anzahlung, Vorauszahlung • **Bei der Lieferung:** z.B. Barzahlung, Nachnahme • **Nach der Lieferung:** z.B. Ratenzahlung, Zahlungsziel

Erfüllungsort und Gerichts-stand	• **Gesetzlicher Erfüllungsort** (laut BGB am Wohnsitz des Schuldners):
	  – für die Ware ➡ Sitz Verkäufer
	  – für das Geld ➡ Sitz Käufer
	• **Vertraglicher Erfüllungsort** beim zweiseitigen Handelskauf ist individuell bestimmbar
	• **Gesetzlicher Gerichtsstand** (laut BGB bestimmt durch den Sitz des Schuldners):
	  – für die Ware ➡ Sitz Verkäufer
	  – für das Geld ➡ Sitz Käufer
	• **Vertraglicher Gerichtsstand** beim zweiseitigen Handelskauf ist individuell bestimmbar
	Amtsgericht, Streitwert bis 4.999,00 Euro
	Landgericht, Streitwert ab 5.000,00 Euro

 Merke: Die Gefahr (durch Untergang bzw. Zerstörung) für die Ware geht am Erfüllungsort für die Ware vom Verkäufer auf den Käufer über!

2.2.7 Allgemeine Geschäftsbedingungen (AGB)

Um den **Ablauf der vertraglichen Regelungen** für jeden Kunden zu **vereinheitlichen** und zu **vereinfachen,** bedient sich der Einzelhandelskaufmann der sogenannten Allgemeinen Geschäftsbedingungen (AGB). Dies sind **vorformulierte Vertragsbedingungen,** die der Anwender (Verkäufer) dem Vertragspartner (Kunde) beim Abschluss eines Vertrages stellt.

Mögliche Inhalte der AGB	
• Freiwillige Garantiebedingungen • Lieferbedingungen • Zahlungsbedingungen	• Eigentumsvorbehalt • Erfüllungsort/Gerichtsstand • Handhabung von Reklamationen

Damit der Anwender (Verkäufer) mit den AGB nicht allzu leichtfertig umgeht und den Endkunden dadurch benachteiligt, hat der Gesetzgeber im Bürgerlichen Gesetzbuch (BGB §§ 305 ff.) einige Paragraphen zur Regelung der AGB zum Schutz der Verbraucher formuliert.

Gesetzliche Regelungen zu den AGB

Voraussetzungen zur Gültigkeit
- ausdrücklicher Hinweis durch den Anwender
- Einsichtnahme des Kunden in zumutbarer Weise
- Zustimmung durch den Kunden

Wesentliche Bestimmungen
- Vorrang persönlicher Absprachen
- keine unangemessene Benachteiligung des Kunden
- Unklarheiten gehen zu Lasten des Anwenders

Unwirksamkeit bestimmter Klauseln
- Überraschungsklauseln (durch den Kauf bestimmte Verpflichtungen eingehen (z.B. durch Autokauf eine best. Benzinmarke tanken))
- kurzfristige Preiserhöhungen innerhalb von 4 Monaten
- Verkürzung der Gewährleistung (gesetzlich 24 Monate)
- Vertragsstrafen bei Nichtkaufleuten

(!) Merke: Grundsätzlich dürfen durch die Allgemeinen Geschäftsbedingungen die Verbraucher nicht benachteiligt werden und bestimmte Verbraucherrechte nicht eingeschränkt oder aufgehoben werden.

2.2.8 Arten von Kaufverträgen

Unterscheidung nach Art der Beschaffenheit und der Qualität	
Kauf auf Probe	Der Käufer kann bei Nichtgefallen die Ware innerhalb einer vereinbarten Frist zurückgeben.
Kauf zur Probe	Käufer kauft kleine Menge und testet die Ware, bestellt dann größere Mengen.

Kauf nach Probe (Muster)	Kauf nach Muster. Ware muss dem Muster entsprechen.
Gattungskauf	Ware ist eine vertretbare Sache (Massenprodukt).
Stückkauf (Einzelstück)	Spezieskauf. Kauf einer nicht vertretbaren Sache (Einzelstück).
Ramschkauf	Eine große Menge wird zu einem Pauschalpreis verkauft (z.B. Blumen), ohne dass die Qualität im Einzelnen festgelegt wird.

Unterscheidung nach der Lieferzeit	
Sofortkauf	Lieferung erfolgt sofort nach Vertragsabschluss.
Terminkauf	Lieferung erfolgt innerhalb einer bestimmten, festgelegten Frist.
Kauf auf Abruf	Lieferung bis zum ... erfolgt, wenn Käufer sie anfordert.
Fixkauf	Lieferung erfolgt zu einem genau festgelegten Zeitpunkt. Wort „fix", „fest", „genau" muss auftauchen.

Unterscheidung nach dem Zahlungszeitpunkt	
Zielkauf	Zahlung erfolgt bis zu einem festgelegten Termin.
Barkauf	Zahlung erfolgt bei Warenübergabe.
Ratenkauf	Zahlung erfolgt in regelmäßigen Raten zu einem späteren Zeitpunkt.
Kauf gegen Vorkasse	Zahlung erfolgt vor der Lieferung.

Unterscheidung nach der rechtlichen Stellung der Vertragspartner	
Bürgerlicher Kauf	Beide Vertragspartner sind Nichtkaufleute.
Einseitiger Handelskauf	Ein Vertragspartner ist Kaufmann.
Zweiseitiger Handelskauf	Beide Vertragspartner sind Kaufleute.

Unterscheidung nach dem Erfüllungsort	
Handkauf	Verpflichtungs- und Erfüllungsgeschäft fallen zeitlich zusammen.
Platzkauf	Käufer und Verkäufer haben ihren Wohn- bzw. Geschäftssitz am selben Ort.
Versendungskauf	Käufer und Verkäufer haben ihren Wohn- bzw. Geschäftssitz an unterschiedlichen Orten.

3 Menschliche Arbeit im Betrieb

3.1 Organisation des Ausbildungsbetriebs

3.1.1 Aufbau des Ausbildungsbetriebes, Aufgaben und Zuständigkeiten der einzelnen Funktionsbereiche und Arbeitsplätze

Die **Stelle (der Arbeitsplatz)** ist die kleinste Organisationseinheit in einem Unternehmen. Alle wesentlichen Merkmale einer Stelle, insbesondere die Rechte und Pflichten, die Aufgaben und die Kompetenzen, die eine Stelle beinhaltet, sind in der sog. **Stellenbeschreibung** genau festgehalten. Hier ist ebenfalls formuliert, welche andere Stelle im Unternehmen **Weisungsbefugnisse** hat und welche Stellen **untergeordnet** sind.

Verschiedene Stellen in einer Organisationseinheit (z.B. in einem Unternehmen oder einer Behörde) sind meist zu **Abteilungen** zusammengefasst, die wiederum mit **übergeordneten Leitungsstellen** verknüpft sind. In Sinne einer **Aufbauorganisation** (➡ Teil IV, Kap. 1.8, S. 186) unterscheidet man:

- **Einliniensystem**
- **Mehrliniensystem**
- **Stabliniensystem**

Einliniensystem

Im Einliniensystem ist jeder Stelle bzw. jeder Abteilung **genau eine Leitungsstelle** zugewiesen. Nur diese Leitungsstelle ist befugt, Anweisungen zu geben. Die verschiedenen Abteilungen können nur über ihre Leitungsstellen zusammenarbeiten – eine direkte Kommunikation zwischen den verschiedenen Abteilungen ist nicht möglich.

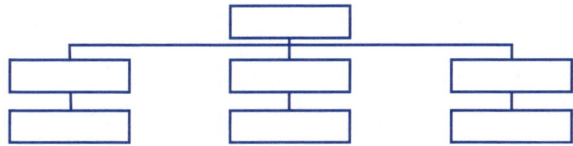

Einliniensystem

Die Vorteile des Einliniensystems:
- klare Zuordnung von Kompetenzen und Ansprechpartnern
- einfache Koordination und Kontrolle von Aufgaben

Die Nachteile des Einliniensystems:
- umständliche Kommunikationswege zwischen den Abteilungen
- Überforderung der Leitungsstelle
- Gefahr des Informationsverlustes durch lange Kommunikationswege

Mehrliniensystem

Im Mehrliniensystem sind jeder Stelle bzw. Abteilung **mehrere Leitungsstellen** zugeordnet. Dies erlaubt die direkte Kommunikation zwischen den Stellen bzw. Abteilungen und den jeweils fachkundigen Leitungsstellen.

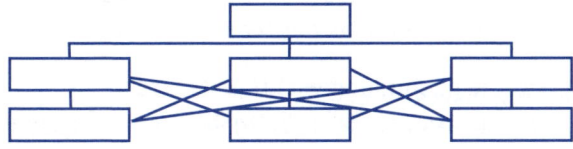

Mehrliniensystem

Die Vorteile des Mehrliniensystems:
- direkte und damit schnelle Kommunikation mit der fachkundigen Leitungsstelle
- erlaubt engere Abstimmung der beteiligten Stellen bzw. Abteilungen

Die Nachteile des Mehrliniensystems:
- Gefahr von Kompetenzkonflikten
- Probleme der Abgrenzung von Zuständigkeit

Stabliniensystem

Das Stabliniensystem ähnelt dem Liniensystem. Im Unterschied zum Einliniensystem sind den verschiedenen Abteilungen bzw. Leitungsstellen sog. **Stabstellen** zugeordnet, die durch spezialisiertes Fachwissen beraten. Stabstellen haben in der Regel keine Weisungsbefugnis.

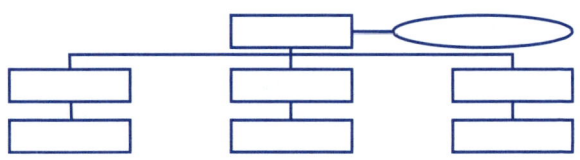

Stabliniensystem

Die Vorteile des Stabliniensystems:
- Entlastung der Leitungsstellen durch spezielles Fachwissen
- weiterhin klare Zuordnung von Entscheidungen

Die Nachteile des Stabliniensystems
- mögliche Kompetenzstreitigkeiten zwischen Stab und Linie
- unübersichtliche Entscheidungsprozesse

(!) **Merke: Die hier vorgestellten Organisationsformen sind in der Praxis oft in kombinierter Form vorhanden.**

3.1.2 Für die Ausbildung wichtige Behörden, Organisationen der Arbeitgeber und Arbeitnehmer

Der **Industrie- und Handelskammer (IHK)** wurde vom Staat die Aufgabe übertragen, die Durchführung der Ausbildung zu überwachen und Ausbildungsbetriebe und Auszubildende zu beraten. Bei Streitfällen und Problemen vermittelt sie zwischen den Parteien. Zudem ist die IHK für die Durchführung der Abschlussprüfungen zuständig.

Mit dem **Finanzamt** haben die meisten Auszubildenden zunächst wenig zu tun. Im ersten Ausbildungsjahr fallen bei den meisten Auszubildenden keine Steuern an, da erst ab einem Einkommen von 8.130 Euro im Jahr (einschließlich Weihnachts-, Urlaubsgeld usw.), das entspricht 677,50 Euro im Monat, Einkommensteuer fällig wird (Stand März 2013).

Liegt das Einkommen eines Auszubildenden über der Einkommensgrenze, zieht der Arbeitgeber die Lohnsteuer direkt vom Einkommen ab. Hierfür benötigt er vom Finanzamt die **Steueridentifikationsnummer,** eine elfstellige Nummer, die jedem Arbeitnehmer lebenslang zugewiesen wird. Unter dieser Nummer werden alle Einkünfte des Arbeitnehmers gespeichert.

Außerdem benötigt der Arbeitgeber noch die **Lohnsteuerkarte.** Anhand von **Steuerklassen** gibt die Lohnsteuerkarte, die seit 2011 nur noch in digitaler Form existiert, Auskunft darüber, wie viele Steuern der Arbeitnehmer zahlen muss (➡ Teil IV, Kap. 4.3.2, S. 228).

Die **Sozialversicherungsträger** sind die Einrichtungen, die für die Verwaltung und Erbringung von Versicherungsleistungen aus den **gesetzlichen Sozialversicherungen** zuständig sind.

Sozialversicherungsträger sind die Krankenkassen, die Deutsche Rentenversicherung, die Bundesagentur für Arbeit und die Berufsgenossenschaften. Im Einzelhandel handelt es sich um die **Berufsgenossenschaft Handel und Warendistribution (BGHW).**

Die Krankenkassen sind für Leistungen aus der Krankenversicherung und für Leistungen aus der Pflegeversicherung zuständig, die Deutsche Rentenversicherung kümmert sich um Leistungen aus der Rentenversicherung, die Bundesagentur für Arbeit ist zuständig für die Arbeitslosenversicherung und die Berufsgenossenschaften für die Unfallversicherung.

Die **Gewerkschaften** (für den Einzelhandel VERDI) sind die Interessenvertreter der Mitarbeiter. Sie setzen sich für höhere Löhne, den Urlaubsanspruch, die Arbeitszeit, bessere Arbeitsbedingungen und mehr Mitbestimmung der Arbeitnehmer in Betrieben ein. Sie schließen hierfür mit den Arbeitgeberverbänden **überbetriebliche Tarifverträge** (➟ Kap. 3.3.2, S. 151) ab, zum Teil mithilfe von **Streiks** (➟ Kap. 3.3.3, S. 151).

Die Mitgliedschaft in einer Gewerkschaft ist allen Arbeitnehmern freigestellt.

Die **Arbeitgeberverbände** (für den Einzelhandel der HDE) sind Zusammenschlüsse von Arbeitgebern mit dem Ziel der gemeinsamen Interessenvertretung gegenüber den Gewerkschaften und dem Staat. Die Hauptaufgabe der Arbeitgeberverbände sind die **Tarifverhandlungen** mit den Gewerkschaften.

🛈 **Merke: Der Bundesarbeitsminister kann unter Mitwirkung von Vertretern der Arbeitgeber und Arbeitnehmer einen Tarifvertrag für allgemeinverbindlich erklären. Damit ist der Tarifvertrag für alle Arbeitnehmer und Arbeitgeber des Geltungsbereiches gültig.**

3.2 Personalwesen

3.2.1 Regelungen der Arbeitszeit

Das **Betriebsverfassungsgesetz (BetrVG** ➟ Kap. 3.5, S. 158) ist die gesetzliche Grundlage für die Zusammenarbeit von Arbeitgebern und den von den Arbeitnehmern gewählten Arbeitnehmervertretern, den Betriebsräten.

Den **Betriebsräten** steht in Bezug auf die Arbeitszeit ein Mitbestimmungsrecht zu. So hat der Betriebsrat z.B. ein Mitbestimmungsrecht bei der Verteilung der Arbeitszeit auf die Wochentage, Beginn und Ende der täglichen Arbeitszeit und die Lage und Dauer der einzelnen Pausen. Diese Regelungen werden üblicherweise in den **Betriebsvereinbarungen** für den einzelnen Betrieb festgehalten. Bei den innerbetrieblichen Arbeitszeitregelungen müssen die gesetzlichen Regelungen (Arbeitszeitgesetz, Mutterschutzgesetz, Jugendarbeitsschutzgesetz) beachtet werden.

Im **Arbeitszeitrecht** werden unter anderem die Arbeitszeiten und die Pausenzeiten geregelt. In § 3 des **Arbeitszeitgesetzes (ArbZG)** ist geregelt, dass die tägliche Arbeitszeit 8 Stunden beträgt. In Ausnahmefällen darf die tägliche Arbeitszeit auf 10 Stunden ausgedehnt werden, wenn innerhalb der nächsten 6 Monate bzw. 24 Wochen eine durchschnittliche Arbeitszeit von 8 Stunden erreicht wird.

Ebenfalls in § 4 ArbZG sind die Pausenzeiten geregelt. Das Gesetz besagt, dass bei einer Arbeitszeit von mehr als 6 Stunden eine Ruhepause von einer halben Stunde gewährt werden muss.

Bei mehr als 9 Stunden hat der Arbeitgeber eine Pause von 45 Minuten zu gewähren.

Die Ruhepausen können in beiden Fällen in Abschnitte von 15 Minuten aufgeteilt werden.

3.2.2 Arbeitsplatzbeschreibung

Eine Arbeitsplatzbeschreibung dient dazu, einen konkreten Arbeitsplatz zu beschreiben und damit auch zu bewerten. Sie ergänzt somit das **Organigramm** (➠ Teil IV, Kap. 1.8, S. 187), das die Organisation des gesamten Unternehmens darstellt.

In der Arbeitsplatzbeschreibung werden die genauen Tätigkeiten dargestellt und die über- bzw. die untergeordneten Stellen zugewiesen. Aus ihr geht hervor, welche Hauptaufgabe ein Mitarbeiter wahrnimmt, welche Kompetenzen er hat und wem er über- bzw. untergeordnet ist.

Die Arbeitsplatzbeschreibung gibt dem Mitarbeiter so Sicherheit darüber, was das Unternehmen genau von ihm erwartet. Zudem erhält er Aufschluss darüber, in welche Tarifgruppe er eingeordnet ist, d.h., wie viel Geld er für seine Tätigkeiten bekommt und welche Aufgaben er noch zusätzlich übernehmen müsste, um ein höheres Gehalt zu erlangen.

Eine Arbeitsplatzbeschreibung dient den Unternehmen in erster Linie als Grundlage für die Erstellung einer **Stellenausschreibung** im Rahmen der Bewerberauswahl. Ausgehend von den in der Arbeitsplatzbeschreibung definierten Aufgaben und Tätigkeiten werden Kriterien für die Bewerberauswahl abgeleitet.

Mögliche Auswahlkriterien wären z.B.
- Schulabschluss
- Universitätsabschluss
- Berufserfahrung
- Arbeitszeugnisse
- Bewerbungsgespräch
- Assessmentcenter (Personalauswahlverfahren, bei dem die Bewerber stellenspezifische Aufgaben bewältigen müssen).

3.2.3 Gesetzliche und tarifliche Grundlagen für Ausbildungs- und Arbeitsverhältnisse

Die **Ausbildungsvergütung** und das anschließend gezahlte Bruttogehalt werden im Ausbildungs- bzw. Arbeitsvertrag festgehalten. Grundsätzlich besteht in Deutschland Vertragsfreiheit, d.h. der Inhalt von Verträgen, wie z.B. die Höhe des Gehaltes, ist frei verhandelbar.

Begrenzt wird die Vertragsfreiheit bei Ausbildungs- und Arbeitsverträgen durch die Tarifverträge und bei Ausbildungsverträgen zusätzlich durch das Berufsbildungsgesetz (BBiG).

Der **Manteltarifvertrag** enthält die allgemeinen Arbeitsbedingungen wie z.B. die Dauer der Arbeitszeit oder den Urlaubsanspruch. Der **Lohn- und Gehaltstarifvertrag** regelt die Höhe der Löhne und Gehälter (➠ Kap. 3.3.2, S. 151).

3.3 Arbeitsrecht

3.3.1 Individual- und Kollektivarbeitsrecht

Das **Individualrecht** regelt die Beziehung zwischen **Arbeitnehmern** und **Arbeitgebern.**

Das **Kollektivrecht** regelt die Beziehung zwischen **Arbeitgeberverbänden** und **Arbeitnehmerverbänden** (Gewerkschaften) und zwischen Arbeitgebern und Betriebsräten.

Bestandteil des Individualrechts ist das Arbeitsrecht, das alle Rechtsnormen beinhaltet, die die Vertragsbeziehungen zwischen Arbeitnehmern und Arbeitgebern regeln.

Der **Berufsausbildungsvertrag** als Sonderform des Arbeitsvertrages gehört zum Individualrecht und ist im **Berufsbildungsgesetz (BBiG)** geregelt. Ein Berufsausbildungsvertrag wird zwischen dem Ausbildenden und dem Auszubildenden geschlossen und muss (immer) schriftlich erfolgen, d.h. er unterliegt der Schriftform. Bei minderjährigen Auszubildenden bedarf der Vertragsabschluss der Unterschrift der Erziehungsberechtigten.

In §11 BBiG sind die Mindestanforderungen an einen Ausbildungsvertrag geregelt. Danach muss ein Berufsausbildungsvertrag mindestens die folgenden Inhalte aufweisen:

Gesetzlich geforderte Inhalte des Berufsausbildungsvertrages

- Art, sachliche und zeitliche Gliederung sowie Ziel der Berufsausbildung, insbesondere die Berufstätigkeit, für die ausgebildet werden soll
- Beginn und Dauer der Berufsausbildung (2 Jahre bei Verkäufern und 3 Jahre bei Einzelhandelskaufleuten)
- Ausbildungsmaßnahmen außerhalb der Ausbildungsstätte
- Dauer der regelmäßigen täglichen Ausbildungszeit
- Dauer der Probezeit (max. 4 Monate, innerhalb derer beide Vertragsparteien ohne Angabe von Gründen oder Einhaltung einer Kündigungsfrist kündigen dürfen)
- Zahlung und Höhe der Vergütung (geregelt in gesetzlichen oder tariflichen Bestimmungen)
- Dauer des Urlaubs (geregelt in gesetzlichen oder tariflichen Bestimmungen)
- Voraussetzungen, unter denen der Berufsausbildungsvertrag (nach Ablauf der Probezeit) gekündigt werden kann
- ein in allgemeiner Form gehaltener Hinweis auf die Tarifverträge, Betriebs- oder Dienstvereinbarungen, die auf das Berufsausbildungsverhältnis anzuwenden sind

Nicht alle Vereinbarungen eines Berufsausbildungsvertrags sind rechtlich möglich. Ungültige, d.h. nichtige Vereinbarungen, sind:

Nichtige Vereinbarungen des Berufsausbildungsvertrages

- die Verpflichtung Auszubildender, für die Berufsausbildung eine Entschädigung zu zahlen
- Vertragsstrafen, z.B. für eine Kündigung
- der Ausschluss oder die Beschränkung von Schadensersatzansprüchen
- die Festsetzung der Höhe eines Schadensersatzes in Pauschbeträgen

---

Der **Einzelarbeitsvertrag,** den die meisten Auszubildenden nach bestandener Prüfung unterzeichnen, fällt ebenfalls unter das Individualarbeitsrecht. Auch für den Abschluss eines Arbeitsvertrages sind zwei übereinstimmende Willenserklärungen nötig (➟ Kap. 2.2.3, S. 134).

Im Einzelarbeitsvertrag werden die Arbeitsbedingungen zwischen dem einzelnen Arbeitgeber und dem einzelnen Arbeitnehmer vereinbart.

Im Gegensatz zum Ausbildungsvertrag kann ein Arbeitsvertrag auch mündlich geschlossen werden. Der Arbeitgeber muss allerdings die wichtigsten Vereinbarungen innerhalb von 4 Wochen nach Arbeitsbeginn schriftlich niederlegen und dem Arbeitnehmer aushändigen (Nachweisgesetz § 2). Hierzu gehören:

Inhalte des Arbeitsvertrages

- Namen und Anschrift der Vertragsparteien
- Zeitpunkt des Beginns und ggf. Ende der Beschäftigung
- Arbeitsort
- Tätigkeitsbeschreibung
- Höhe des Arbeitsentgelts einschließlich von Zuschlägen
- vereinbarte Arbeitszeit
- Dauer des jährlichen Erholungsurlaubs
- Kündigungsfristen
- Hinweis auf für dieses Arbeitsverhältnis geltende Tarifverträge, Betriebs- oder Dienstvereinbarungen

---

Auch wenn ein Einzelarbeitsvertrag grundsätzlich der Vertragsfreiheit unterliegt, so darf er dennoch nicht gegen

- Arbeitsgesetze
- Tarifverträge
- Betriebsvereinbarungen

verstoßen.

3.3.2 Bedeutung und Inhalte von Tarifverträgen

Der **Tarifvertrag** ist Bestandteil des Kollektivarbeitsrechts. Er wird zwischen den Arbeitnehmerverbänden (den Gewerkschaften) und den Arbeitgeberverbänden geschlossen.

Der Staat darf sich in die Tarifverhandlungen zu keinem Zeitpunkt einmischen, z.B. um die Tarifauseinandersetzungen zu beschleunigen. Dies bezeichnet das Tarifvertragsgesetz als **Tarifautonomie.**

Eine entscheidende Bedeutung des Tarifvertrags liegt im **Ausgleich des Machtungleichgewichtes** zwischen Arbeitgebern und Arbeitnehmern. Im deutschen Tarifrecht haben beide Tarifvertragsparteien, also die **Gewerkschaften** und die **Arbeitgeberverbände,** den gleichen Schutz und die gleichen Rechte.

Es werden zwei Arten von Tarifverträgen unterschieden.

- Im **Manteltarifvertrag** finden sich die allgemeinen Arbeitsbedingungen wie z.B. Arbeitszeit oder Urlaubsdauer,
- im **Entgelttarifvertrag** sind die konkreten Untergrenzen für Gehälter und Löhne geregelt.

Tarifverträge werden meist nur für einen geografisch abgegrenzten Raum geschlossen (z.B. in einem bestimmten Bezirk) oder aber auch für ein ganzes Bundesland (zur Allgemeinverbindlichkeit ➠ Kap. 3.1.2, S. 146).

3.3.3 Streik und Aussperrung

Läuft ein gültiger Tarifvertrag für eine Berufsgruppe aus, formulieren die Arbeitnehmer- und Arbeitgeberverbände ihre Forderungen für einen neuen Tarifvertrag. Bereits während der Verhandlungen kann die Gewerkschaft **Warnstreiks** einsetzen, um den Druck auf die Arbeitgeber zu erhöhen.

Werden sich beide Seiten nicht einig, werden die Verhandlungen für gescheitert erklärt. Um einen drohenden Arbeitskampf zu verhindern, findet in der Regel ein **Schlichtungsverfahren** statt, welches von einem unparteiischen Schlichter geleitet wird.

Führt die Schlichtung nicht zu einer Einigung, bereiten die Gewerkschaften den **Arbeitskampf** vor. Sofern in einer Urabstimmung mindestens 75 Prozent der Gewerkschaftsmitglieder dem Arbeitskampf zustimmen, kommt es zu Streiks, d.h. einer kollektiven Arbeitsniederlegung.

Die Arbeitgeber können daraufhin mit **Aussperrung** reagieren, d.h., sie verhindern, dass die arbeitswilligen Arbeitnehmer ihre Arbeit aufnehmen können und verweigern das Arbeitsentgelt.

In diesem Falle erhalten die gewerkschaftlich organisierten Arbeitnehmer **Streikgeld** von ihrer Gewerkschaft. Nicht gewerkschaftlich organisierte Arbeitnehmer dürfen zwar streiken, erhalten aber kein Streikgeld und gehen leer aus.

3.3.4 Arbeitsschutzgesetze

In der Bundesrepublik Deutschland gibt es eine Reihe von Gesetzen, die dem Schutz der Arbeitnehmer dienen. Diese sind, wie auch die Tarifverträge, zum Ausgleich des Machtungleichgewichts zwischen Arbeitnehmern und Arbeitgebern geschaffen worden.

Jugendarbeitsschutzgesetz (JArbSchG)

Das Jugendarbeitsschutzgesetz dient dem Schutz von Personen in Beschäftigung, die fünfzehn Jahre alt sind und das achtzehnte Lebensjahr noch nicht vollendet haben. Es findet sowohl in der Beschäftigung von jugendlichen Arbeitnehmern als auch in der Berufsausbildung Anwendung.

Das JArbSchG regelt die Arbeitszeiten, die Pausenzeiten, die Samstags- und Sonntagsruhe, die Feiertagsruhe, den Urlaubsanspruch aber auch Beschäftigungsverbote und -beschränkungen von jugendlichen Arbeitnehmern.

Regelungen des Jugendarbeitsschutzgesetzes	
Arbeitszeiten	• 8 Stunden täglich, insgesamt 40 Stunden in der Woche • max. 8,5 Stunden täglich bei Ausgleich an anderen Tagen

Berufsschule	• Freistellung für den Unterricht
	• keine vorherige Beschäftigung bei Unterrichtsbeginn vor 9:00 Uhr
	• keine Beschäftigung bei mehr als 5 Stunden Unterricht an einem Tag in der Woche;
	  – hier Anrechnung des Schultages mit 8 Arbeitsstunden
	  – im Übrigen Anrechnung als Arbeitszeit inklusive Pausenzeiten

Ruhepausen	• 30 Minuten bei einer Arbeitszeit von 4,5 bis 6 Stunden • 45 Minuten bei einer Arbeitszeit von mehr als 6 Stunden • als Pause gilt eine Arbeitsunterbrechung von mindestens 15 Minuten
Samstagsruhe	keine Beschäftigung von Jugendlichen an Samstagen Ausnahme: offene Verkaufsstellen, Bäckerei etc.
Sonntagsruhe	keine Beschäftigung von Jugendlichen an Sonntagen Ausnahme: Gastgewerbe, Landwirtschaft etc.
Feiertagsruhe	Am 24. und 31. Dezember nach 14:00 Uhr und an gesetzlichen Feiertagen dürfen Jugendliche nicht beschäftigt werden
Urlaubsanspruch	• bei Jugendlichen, die zu Beginn des Kalenderjahres noch nicht 16 Jahre alt sind, mindestens 30 Tage • bei Jugendlichen, die zu Beginn des Kalenderjahres noch nicht 17 Jahre alt sind, mindestens 27 Tage • bei Jugendlichen, die zu Beginn des Kalenderjahres noch nicht 18 Jahre alt sind, mindestens 25 Tage
Beschäftigungs-verbote	keine Akkordarbeit, keine gefährlichen Tätigkeiten

Kündigungsschutzgesetz (KSchG)

Das Kündigungsschutzgesetz dient dem Schutz des Arbeitnehmers vor unrechtmäßiger Kündigung durch den Arbeitgeber. Das Gesetz findet nur in Betrieben mit mehr als 10 Mitarbeitern Anwendung und gilt nur für Mitarbeiter, die mindestens 6 Monate durchgängig in diesem Betrieb beschäftigt sind.

Das Kündigungsschutzgesetz sieht drei Kündigungsgründe vor (⟶ Teil IV, Kap. 4.3.1, S. 227):

- **personenbedingte** Kündigung (z.B. Krankheit)
- **verhaltensbedingte** Kündigung (z.B. Verspätungen)
- **betriebsbedingte** Kündigung (z.B. Konkurs)

Besonders geschützt sind laut Kündigungsschutzgesetz Personengruppen wie Schwangere, Schwerbehinderte, Auszubildende, Betriebsratsmitglieder und Mitglieder der Jugend- und Auszubildendenvertretung (JAV ⟶ Kap. 3.5, S. 160).

Mutterschutzgesetz (MuSchG)

Das Mutterschutzgesetz gilt für alle werdenden und stillenden Mütter. Der Arbeitsplatz einer werdenden oder stillenden Mutter muss so ausgerichtet werden, dass die Gesundheit der Mutter bzw. des Kindes nicht gefährdet werden können. Insbesondere dürfen werdende oder stillende Mütter keine schweren körperlichen Arbeiten durchführen, keine Überstunden machen und keine Nacht- und Sonntagsarbeit leisten. Sie dürfen 6 Wochen vor und 8 Wochen nach der Entbindung nicht beschäftigt werden. Während der Schwangerschaft und bis 4 Monate danach darf einer werdenden Mutter nicht gekündigt werden.

3.4 Soziale Sicherung der Arbeitnehmer

3.4.1 Die Sozialversicherung

Die soziale Sicherung in Deutschland wird durch 5 Säulen getragen.

- **Krankenversicherung**
- **Rentenversicherung**
- **Arbeitslosenversicherung**
- **Pflegeversicherung**
- **Unfallversicherung**

Die Beiträge zu den Sozialversicherungen werden, mit Ausnahme der Unfallversicherung, die der Arbeitgeber alleine trägt, grundsätzlich in der Regel **je zur Hälfte von den Arbeitgebern und Arbeitnehmern getragen.** Bei der Pflegeversicherung fällt für kinderlose Arbeitnehmer ohne Kinder ein zusätzlicher Beitrag von 0,25 Prozent an, bei der Krankenversicherung zahlen alle Arbeitnehmer zusätzlich einen Sonderbeitrag in Höhe von 0,9 Prozent (Stand März 2013).

Als Grundlage für die Berechnung der Sozialversicherungsbeiträge dient das **sozialversicherungspflichtige Bruttogehalt,** d.h. das Bruttogehalt zuzüglich der vermögenswirksamen oder weiteren Leistungen des Arbeitgebers bis zu einer Höchstgrenze, der sog. **Beitragsbemessungsgrenze.**

Mit Ausnahme der Krankenkasse besteht für die meisten Arbeitnehmer eine **Versicherungspflicht in den Sozialversicherungen.** Wählt der Arbeitnehmer keine Ersatzkasse, muss ihn der Arbeitgeber in der Allgemeinen Ortskrankenkasse (AOK) versichern. Arbeitnehmer, deren Einkommen über der sog. **Versicherungspflichtgrenze** liegt, können auf Wunsch in die **private Krankenversicherung** wechseln. Privat krankenversicherte Arbeitnehmer haben auch ihre Pflegeversicherung über die private Krankenkasse abgeschlossen.

Krankenversicherung	
Träger	AOK, Innungs-, Betriebs- und Ersatzkassen
Versicherungspflicht	alle Arbeitnehmer bis zur Versicherungspflichtgrenze von 4.350 Euro monatlich
Beitragsbemessungsgrenze	3.937,50 Euro
Beiträge	insgesamt: 15,5 % Arbeitgeber: 7,3 % Arbeitnehmer: 7,3 % + 0,9 %

Leistungen	• Medikamente • Arzt- und Krankenhausbesuche • Krankengeld (ab der siebten Woche 70 % des Bruttolohns) • Vorsorgeuntersuchungen • Mutterschaftshilfe • Familienhilfe • Vorsorge und Rehabilitation

Rentenversicherung	
Träger	Deutsche Rentenversicherung
Versicherungspflicht	alle Arbeitnehmer und Auszubildende
Beitragsbemessungsgrenze	5.800,00 Euro (West) 4.900,00 Euro (Ost)
Beiträge	insgesamt 18,9 % Arbeitgeber: 9,45 % Arbeitnehmer: 9,45 %
Leistungen	• Rente aus Altersgründen • Rente wegen Berufs- oder Erwerbsunfähigkeit • Witwen- und Waisenrente

Arbeitslosenversicherung	
Träger	Bundesagentur für Arbeit
Versicherungspflicht	alle Arbeitnehmer und Auszubildende
Beitragsbemessungsgrenze	5.800,00 Euro (West) 4.900,00 Euro (Ost)
Beiträge	insgesamt: 3,0 % Arbeitgeber: 1,5 % Arbeitnehmer 1,5 %
Leistungen	• Arbeitslosengeld I und II • Kurarbeitergeld • Winterausfallgeld • KV-Beiträge Arbeitsloser

Pflegeversicherung	
Träger	Pflegekassen bei den privaten und gesetzlichen Krankenkassen
Versicherungspflicht	Alle Mitglieder der gesetzlichen und privaten Krankenversicherung
Beitragsbemessungsgrenze	3.937,50 Euro
Beiträge	2,05 % Arbeitgeber 1,025 % Arbeitnehmer 1,025 % + 0,25 % (Zuschlag bei Arbeitnehmern über 23 Jahre ohne Kind)
Leistungen	Leistungen bei häuslicher und stationärer Pflege, eingeteilt nach Pflegestufen (1 bis 3)

Unfallversicherung	
Träger	Berufsgenossenschaften
Versicherungspflicht	alle Arbeitnehmer, Auszubildende, Schüler, Studenten, Kinder im Kindergarten
Beitragsbemessungsgrenze	–
Beiträge	entsprechend der Risikostufe des Arbeitgebers Arbeitgeber: 100 %
Leistungen	Heilbehandlungen, Berufshilfe, Verletztengeld, Verletztenrente, Hinterbliebenenrente

Die hier gemachten Angaben entsprechen dem Stand März 2013.

3.4.2 Möglichkeiten der Förderung der beruflichen Fortbildung und Umschulung

Durch ihre Ausbildung sind Auszubildende umfangreich qualifiziert worden, um in ihrem Ausbildungsberuf arbeiten zu können. Neben dem Anspruch an lebenslanges Lernen und dem Wunsch nach einer höheren Qualifikation gibt es verschiedene Situationen, in denen eine Fort- und Weiterbildung bzw. eine Umschulung nötig ist.

Im Falle einer Arbeitslosigkeit z.B. bietet die Agentur für Arbeit eine Förderung der beruflichen Weiterbildung an, um wieder ins Berufsleben einsteigen zu können.

So können Menschen, die erwerbsfähig aber arbeitslos sind, Unterstützung bei der Weiterbildung erhalten, um sich besser für den Arbeitsmarkt zu qualifizieren. Neben höheren Schulabschlüssen unterstützt die Agentur für Arbeit auch ein Studium, eine Berufsausbildung oder die berufliche Rehabilitation.

Auch die Industrie- und Handelskammer (IHK) bietet verschiedenste Weiterbildungsmöglichkeiten an. So können sich berufstätige Arbeitnehmer durch unterschiedliche Weiterbildungsangebote besser qualifizieren, um betrieblich aufzusteigen und zufriedener ihrer Arbeit nachzugehen.

Daneben bieten auch die Gewerkschaften und Arbeitgeberverbände Weiterbildungsmöglichkeiten an. Große Arbeitgeber wie z.B. die METRO oder die EDEKA besitzen mittlerweile ihre eigenen Fortbildungseinrichtungen, in denen die Mitarbeiter fortgebildet werden.

3.5 Mitwirkung und Mitbestimmung der Arbeitnehmer

Betriebsrat

Das **Betriebsverfassungsgesetz (BetrVG)** legt fest, dass ein Betriebsrat immer dann gewählt werden kann, wenn ein Betrieb aus mindestens 5 ständigen Mitarbeitern besteht, von denen 3 wählbar sind.

Jeder Arbeitnehmer, der mindestens 3 Monate im Betrieb eingesetzt wurde und das achtzehnte Lebensjahr vollendet hat, kann wählen (aktives Wahlrecht).

Wählbar ist jeder Arbeitnehmer, der zum Zeitpunkt der Wahl mindestens 6 Monate im Betrieb arbeitet (passives Wahlrecht). Die Amtszeit eines Betriebsratsmitgliedes beträgt 4 Jahre.

Die Rechte des Betriebsrates reichen von einem reinen Informationsrecht über ein Mitwirkungsrecht bis hin zu einem Mitbestimmungsrecht.

- Ein reines **Informationsrecht** hat der Betriebsrat in wirtschaftlichen Angelegenheiten. Der Arbeitgeber ist verpflichtet, den Betriebsrat über die wirtschaftliche und finanzielle Lage des Unternehmens zu unterrichten.
- Ein **Mitwirkungsrecht** hat der Betriebsrat in personellen Angelegenheiten. So muss vor einer Kündigung der Betriebsrat angehört werden. Dieser kann der Kündigung auch widersprechen, der Arbeitgeber muss den Widerspruch aber nicht berücksichtigen.
  Gleiches gilt bei der Ein- bzw. Umgruppierung bzw. der Versetzung eines Mitarbeiters.
- **Mitbestimmungsrechte** hat der Betriebsrat insbesondere in sozialen Angelegenheiten. Hierzu zählen insbesondere
  – Arbeitszeiten
  – Urlaubszeiten
  – Pausenzeiten
  – Gestaltung der Aufenthaltsräume
  – Weiterbildungen

Entsprechende Regelungen werden oftmals in einer **Betriebsvereinbarung** zwischen dem Arbeitgeber und dem Betriebsrat festgehalten.

In Betriebsvereinbarungen kann der Betriebsrat mit der Unternehmensleitung auf Grundlage des Beschlusses einer Betriebsversammlung Angelegenheiten klären und schriftlich festhalten, in denen der Betriebsrat ein Mitbestimmungsrecht hat.

Insbesondere in sozialen Angelegenheiten, aber auch bei Fragen zum wirtschaftlichen Mitbestimmungsrecht werden Betriebsvereinbarungen geschlossen.

Rechte des Betriebsrats		
Mitbestimmungsrecht in sozialen Angelegenheiten	**Mitwirkungsrecht in sozialen Angelegenheiten**	**Unterrichtungsrecht in wirtschaftlichen Angelegenheiten**
Der Betriebsrat hat, soweit keine gesetzliche oder tarifliche Regelung besteht, u.a. in folgenden Fällen mitzubestimmen: • Betriebsordnung und Arbeitnehmerverhalten • Beginn, Ende und Verteilung der täglichen Arbeitszeit, Pausen • Urlaubsplan • Einführung von technischen Einrichtungen zur Überprüfung von Verhalten und Leistung der Arbeitnehmer • Unfallverhütung • Sozialeinrichtungen • betriebliche Entlohnungsgrundsätze • Akkord- und Prämiensätze • betriebliches Vorschlagwesen	Der Betriebsrat ist bei der Durchführung einer Maßnahme zu beteiligen durch: • **Informationsrechte:** Einstellung, Ein- und Umgruppierung, Versetzung (z.B. Einsicht in die Personalakten) • **Vorschlagsrechte:** Durchführung betrieblicher Bildungsmaßnahmen • **Aktionsrechte:** Kündigung	Der Arbeitgeber muss den Betriebsrat bzw. den Wirtschaftsausschuss unterrichten und sich mit ihm beraten **(Beratungsrecht)** über: • wirtschaftliche und finanzielle Lage • Produktions- und Absatzlage • Investitionen und Rationalisierungen • Arbeitsmethoden • Stilllegen, Verlegen und Zusammenschließen von Betrieben • Änderungen der Betriebsorganisation • Gestaltung des Arbeitsplatzes

Die Anzahl der **Betriebsratsmitglieder** bemisst sich nach der Größe des Unternehmens. Die genaue Zahl ist der unten abgebildeten Tabelle zu entnehmen.

Jugend- und Auszubildendenvertretung (JAV)

Die Jugend- und Auszubildendenvertretung ist die Interessenvertretung der Jugendlichen (unter 18 Jahre) und der Auszubildenden (unter 25 Jahre). Diese Personengruppe ist daher auch wahlberechtigt.

Zur Wahl stellen können sich alle Mitarbeiter, die das fünf-undzwanzigste Lebensjahr noch nicht vollendet haben, auch wenn die Ausbildung bereits beendet ist. Eine gleichzeitige Wahl zum Betriebsratsmitglied ist nicht möglich.

Die Anzahl der JAV-Mitglieder richtet sich ebenfalls nach der Größe des Unternehmens. Die genauen Zahlen sind in der Tabelle abgebildet.

Wahlberechtigte Mitarbeiter im Betrieb	Betriebsratsmitglieder	Wahlberechtigte Jugendliche/Auszubildende	Mitglieder der JAV
5 – 20	1	5 – 20	1
21 – 50	3	21 – 50	3
51 – 100	5	51 – 150	5
101 – 200	7	151 – 300	7
201 – 400	9	301 – 500	9
401 – 700	11	501 – 700	11
701 – 1000	13	701 – 1000	13
1001 – 1500	15	mehr als 1000	15

4   Arbeitssicherheit

4.1   Gefährdung von Sicherheit und Gesundheit am Arbeitsplatz

Als Arbeitsschutz bezeichnet man Maßnahmen, Mittel und Methoden zum Schutz der Beschäftigten vor arbeitsbedingten Sicherheits- und Gesundheitsgefährdungen.

Die allgemeinen Grundsätze des Arbeitsschutzes sind im **Arbeitsschutzgesetz (ArbSchG)** geregelt. Auf Grundlage dieses Gesetzes wurden verschiedene Verordnungen erlassen, die die Arbeitssicherheit in den Betrieben regeln. Hierzu gehören z.B. die **Arbeitsstättenverordnung,** die die allgemeinen Anforderungen an Betriebsräume in Bezug auf Belüftung, Temperatur, Licht- oder Wärmeschutz regelt oder auch die **Bildschirmarbeitsverordnung,** die die Einrichtung eines Bildschirmarbeitsplatzes regelt.

Daneben regelt das **Arbeitssicherheitsgesetz (ASiG),** dass ein Betrieb dafür zuständig ist, einen Betriebsarzt und eine Fachkraft für Arbeitssicherheit zu beschäftigen.

Gegen die Auswirkungen eines Unfalls am Arbeitsplatz muss der Arbeitgeber seine Mitarbeiter versichern (➡ Kap. 3.4.1, S. 157). Zudem ist in einem Betrieb mit über 20 Mitarbeitern ein Sicherheitsbeauftragter zu bestimmen, der die Aufgabe hat, Mitarbeiter und Vorgesetzte in sicherheitsrelevanten Fragen zu beraten.

Die **Berufsgenossenschaften** als Träger der Unfallversicherung haben verschiedene Unfallverhütungsvorschriften, Richtlinien und Regeln, die alle Unternehmer und Mitarbeiter in diesem Unternehmen zu beachten haben. Durch regelmäßige Kontrollen wird die Einhaltung der Regeln kontrolliert und Missstände angemahnt. Schwere Verstöße können mit Geldstrafen oder auch Betriebsschließungen bestraft werden.

Zu den Vorschriften zur Vorbeugung gehören auch das Anbringen und die Kenntnis der **Sicherheitszeichen.**

Verbotszeichen

| Feuer, offenes Licht und Rauchen verboten | Kein Trinkwasser | Mit Wasser löschen verboten | Für Fußgänger verboten |

Gebotszeichen

| Augenschutz tragen | Schutzhelm tragen | Schutzhandschuhe tragen | Gehörschutz tragen |

Warnzeichen

| Warnung vor Flurförderfahrzeugen | Warnung vor gefährlicher elektrischer Spannung | Warnung vor einer Gefahrenstelle | Warnung vor schwebender Last |

Rettungszeichen

| Notausgang | Sammelstelle | Hinweis auf Erste Hilfe | Rettungsweg |

Brandschutzzeichen

| Löschschlauch | Feuerlöscher | Brandmeldetelefon |

4.2 Berufsbezogene Arbeitsschutz- und Unfallverhütungsvorschriften

In Betrieben existieren verschiedenste Gefahrenquellen, die zu einem Arbeitsunfall führen können. Die folgende Tabelle gibt einen Einblick in betriebliche Gefahrenquellen und deren Beseitigung.

Betriebliche Gefahrenquellen	
Gefahrenquelle	**mögliche Beseitigung**
Gegenstände (z.B. gelieferte Waren) stehen im Weg	Die Waren müssen sofort verräumt werden.
Leitern	Die Leitern müssen den Sicherheitsstandards entsprechen.

Rutschgefahr auf nassem, glattem Fußboden	• feuchten Boden trocknen • Tragen von Schuhen mit rutschfester Sohle • rutschfeste Fußbodenbeläge
Verletzungsgefahren durch Messer, Beile etc.	Messer und Beile nicht unbeaufsichtigt herumliegen lassen.
Verletzung an Maschinen (z.B. elektrische Schneidemaschine für Wurstwaren)	Sicherheitszeichen nutzen, Mitarbeiter schulen
Verletzungen bei der Arbeit mit Gefahrenstoffen	• Sicherheitszeichen nutzen • Schulung der Mitarbeiter • Sicherheitskleidung tragen

4.3 Verhalten bei Unfällen

Leider lässt es sich trotz aller Sicherheitsvorschriften nicht verhindern, dass Menschen während ihrer Arbeit verletzt werden. Um die Auswirkungen der Verletzungen zu reduzieren und um den Gesundheitszustand des verletzten Mitarbeiters zu stabilisieren, muss **Erste Hilfe** geleistet werden.

Unter Erster Hilfe versteht man Sofortmaßnahmen bei Unfällen, Notfallerkrankungen oder Vergiftungen durch einen Laienhelfer.

Um einen reibungslosen Ablauf der Hilfsleistungen zu gewährleisten, muss die sog. **Rettungskette** eingehalten werden. Diese besteht aus folgenden Stufen:

Die Stufen der Rettungskette	
Absichern/ Eigenschutz	Der Verletzte muss unter Beachtung des Eigenschutzes aus der Gefahrenzone gebracht und die Gefahrenzone abgesichert werden.
Notruf/ Sofortmaßnahmen	Die Notfallnummer 112 muss gewählt werden. Dabei müssen die sog. 5 Ws beantwortet werden. • **Wo?** – Wo ist etwas geschehen? • **Was?** – Was genau ist passiert? • **Wie?** – Wie viele Verletzte?

	• **Welche?** – Welche Art der Verletzung liegt vor? • **Warten** – auf Rückfragen der Rettungsstelle. Anschließend werden Sofortmaßnahmen eingeleitet wie z.B. die Herz-Lungenmassage, stabile Seitenlage oder Blutstillungen.
Rettungswagen	Warten auf den Rettungswagen und Weitergabe aller relevanten Informationen für den Arzt.
Krankenhaus	Der Verletzte wird mit dem Rettungswagen in ein Krankenhaus gebracht und dort weiterbehandelt.

Damit die Rettung des Verletzten reibungslos ablaufen kann, müssen die **Rettungswege** gekennzeichnet sein. Diese Rettungswege dienen neben der Rettung von Verletzten auch als Rettungsausgang bei Feuer. Eine genaue Beschilderung der Rettungswege ist gesetzlich vorgeschrieben und wird durch die Berufsgenossenschaften kontrolliert. Um die Rettungswege zu jeder Zeit nutzen zu können, ist es absolut notwendig, dass diese immer freigehalten werden und nicht als Zwischenlager o.Ä. genutzt werden.

4.4 Brandschutz und Brandbekämpfung

Brandschutz ist für alle Menschen, privat wie beruflich, von großer Bedeutung. Ein ausbrechendes Feuer kann, neben dem finanziellen Schaden, Menschen verletzen oder sogar töten. Daher muss jedes Unternehmen Maßnahmen zum Brandschutz ergreifen.

Der Brandschutz erstreckt sich über die Platzierung von Feuerlöschern über Feuertüren, Fluchtwegplanungen, feuerhemmende Baustoffe, Brandmeldeanlagen bis hin zur Ausweisung von Fluchtwegen und Notausgängen.

Im Brandfall sollten Sie immer Ruhe bewahren. Wählen Sie die 112 und melden Sie das Feuer. Sofern das Gebäude, in dem das Feuer ausgebrochen ist, mit einem Feueralarm ausgerüstet ist, betätigen Sie diesen. Das Löschen von Bränden ist Aufgabe der Feuerwehr. Nutzen Sie daher Feuerlöscher nur bei sehr kleinen Bränden. Die wichtigsten Brandschutzzeichen und Rettungszeichen sind in der obigen Übersicht zu finden (➠ Kap. 4.1, S. 162).

5 Umweltschutz

5.1 Umweltbelastungen

Die verheerenden Nachrichten der letzten Jahre über die Belastung unserer Umwelt durch CO_2, die Abholzung der Regenwälder oder die Überfischung der Weltmeere hat auch den Einzelhandel erreicht und zwingt diesen zum Umdenken.

Neben den energetischen Sanierungen von Betrieben stellen immer mehr Betriebe auf Stromsparleuchten und -geräte um, bieten **umweltfreundliche Verpackungen** an oder sortieren ihre Abfälle streng nach Vorgaben.

Auch der Kunde wird verstärkt zum umweltfreundlichen Einkaufen erzogen bzw. fordert umweltfreundliche Materialien.

So bieten heute alle Einzelhandelsbetriebe wiederverwendbare Plastiktüten an, Papiertüten oder auch wiederverwendbare Jutebeutel zum Transport der Einkäufe.

Moderne Haushaltsgeräte, aber auch Autos, Fernseher oder Lampen werden heute in **Energieeffizienzklassen** eingeteilt. Sie reichen von G (hoher Energieverbrauch) bis A+++ (sehr geringer Energieverbrauch). Eine gute Energieeffizienzklasse wird für die Kunden zunehmend zum Kaufargument.

5.2 Regelungen für den Umweltschutz

Seit 1991 wird die Wirtschaft durch die sog. **Verpackungsordnung** verpflichtet, Verpackungen zurückzunehmen und sich am flächendeckenden Rücknahmesystem zu beteiligen.

Die Verpackungsordnung unterscheidet Verpackungen in Verkaufsverpackungen, Umverpackungen und Transportverpackungen.

- **Verkaufsverpackungen** sind Verpackungen, die der Einzelhändler als eine Verkaufeinheit anbietet, z.B. die Kunststofftüte, die die Nudeln unmittelbar umschließt.

  Bei Verkaufsverpackungen ist der Händler verpflichtet, diese kostenfrei zurückzunehmen oder sich an einem flächendeckenden Entsorgungssystem zu beteiligen, das die Abfälle kostenfrei bei den Haushalten abholt (z.B. Grüner Punkt).

- **Umverpackungen** sind zusätzliche Verpackungen aus Marketinggründen oder zur Diebstahlsicherung, die nicht zwingend nötig wären (z.B. Pappschachtel um eine Zahnpastatube).

  Käufer haben das Recht, diese Umverpackungen direkt beim Einkauf zu entfernen und beim Händler zurückzulassen. Die meisten Händler haben daher eine eigene Mülltrennstation im Geschäft stehen.

- **Transportverpackungen** schützen die Waren beim Transport vor Schäden oder erleichtern den Transport.

  Transportverpackungen müssen vom Lieferanten zurückgenommen oder einer stofflichen Verwertung zugeführt werden.

Seit Inkrafttreten der Verordnung gab es zahlreiche Anpassungen, unter anderem die **Pfandpflicht von Einwegverpackungen,** auch „Dosenpfand" genannt. Ein solcher Pfand wird erhoben auf:

- Mineralwasser
- Bier
- kohlensäurehaltige Getränke
- alkoholische Mischgetränke

Der Dosenpfand wird erhoben auf Dosen, PET-Flaschen und Glas-Einwegflaschen. Ausgenommen von der Pfandpflicht sind Kartonverbundverpackungen (z.B. Tetra-Pak).

Eine weitere rechtliche Grundlage ist das **Kreislaufwirtschaftsgesetz (KrWG)** das am 01.06.2012 in Kraft getreten ist.

Zweck des Gesetzes ist die Förderung der Kreislaufwirtschaft zur Schonung der Umwelt und zur Sicherung einer umweltverträglichen Bewirtschaftung von Abfällen. So können Abfallmengen reduziert werden, und es kann einem Entsorgungsnotstand entgegengewirkt werden.

Das **Batteriegesetz (BattG)** schließlich dient der umweltverträglichen Entsorgung von Batterien. Demnach sind die Hersteller und Vertreiber von Batterien verantwortlich für die Rücknahme und die Entsorgung von Batterien. Die Rücknahme wird dabei weitgehend vom Handel übernommen.

5.3 Umweltschonende Energie- und Materialverwendung

Auch beim Transport und der Lagerung von Waren können Energieeinsparungen die Umwelt schonen und die Kosten des Transports und der Lagerhaltung reduzieren.

Sowohl im **Verkaufs-** als auch im **Reservelager** sollte darauf geachtet werden, bei der Beleuchtung, der Kühlung und auch der Heizung eine hohe Energieeffizienzklasse zu wählen.

Beim Warentransport sollten insbesondere durch kurze Transportwege, leichtes Verpackungsmaterial und umweltfreundliche Transportfahrzeuge Ressourcen geschont werden.

Testen Sie Ihr Wissen und Ihr Verständnis!

Bearbeiten Sie die folgenden Aufgaben, machen Sie sich einige Notizen über Ihre Gedanken zur Lösung und vergleichen Sie Ihre Notizen mit den Lösungsvorschlägen auf Seite 266. Gegebenenfalls lesen Sie in dem entsprechenden Kapitel noch einmal nach.

Die richtigen Seiten finden Sie mithilfe des Stichwortverzeichnisses auf Seite 291!

Aufgaben:

? **1:** Erläutern Sie am Beispiel Benzinverbrauch das ökonomische Prinzip als Minimal- und als Maximalprinzip.

? **2:** Nennen und beschreiben Sie 6 Aufgaben des Einzelhandels in der Volkswirtschaft.

? **3:** Im Einzelhandel arbeiten Unternehmen auf unterschiedliche Weise zusammen. Unterscheiden Sie zwischen der Kooperation und der Konzentration hinsichtlich der wirtschaftlichen und rechtlichen Selbstständigkeit der beteiligten Unternehmen.

? **4:** In welchem Zusammenhang stehen Unternehmen und private Haushalte im einfachen Wirtschafskreislauf?

? **5:** An einer Börse liegen einem Makler folgende Kauf- und Verkaufsaufträge für Aktien vor. Bestimmen Sie den Gleichgewichtspreis, zu dem gleich viel gekauft und verkauft wird, also Angebot und Nachfrage ausgeglichen sind.

Verkaufsaufträge			
Stückzahl	**Mindest-kurs/-preis**	**Stückzahl**	**Mindest-kurs/-preis**
150	117	70	120
110	118	50	121
80	119	40	122
Gesamt 500			

Kaufaufträge			
Stückzahl	Mindest-kurs/-preis	Stückzahl	Mindest-kurs/-preis
110	117	65	120
90	118	50	121
75	119	150	122
Gesamt 540			

? **6:** Unterscheiden Sie Rechtsfähigkeit und Geschäftsfähigkeit.

? **7:** Welcher Unterschied besteht zwischen Besitz und Eigentum einer Sache?

? **8:** Entscheiden und begründen Sie, wann es sich in folgenden Fällen um nichtige, anfechtbare oder rechtmäßige Rechtsgeschäfte handelt.

a) Der Einzelhändler Möller ist stark verschuldet. Die Bank gewährt ihm keinen weiteren Kredit. In seiner Not erhält er von einem Privatmann ein Darlehen zu 50 Prozent Zins jährlich.

b) Herr Meyers kauft im Hinterzimmer einer Gastwirtschaft zwei Stangen geschmuggelte Zigaretten.

c) Im Unterricht werden Verträge besprochen. Beim Schenkungsvertrag zieht der Lehrer einen 50-Euro-Schein aus der Brieftasche und gibt ihn Detlev mit den Worten: *„Den schenke ich dir!"* Detlev sagt: *„Danke"* und steckt den Schein ein.

d) Kaufmann Bullmeier droht seinem säumigen Kunden: *„Wenn Sie nicht bis übermorgen gezahlt haben, schicke ich Ihnen meinen Bruder, der ist Amateurboxer, vorbei!"*

e) Der Angestellte sieht im Geschäft einen gebrauchten Fotoapparat für 150,00 Euro. Er denkt: *„Oh, 15,00 Euro ist aber durchaus günstig, den kauf ich."*

(?) 9: Bei welcher rechtlichen Erklärung verzichtet der Gesetzgeber auf eine Empfangsbestätigung, damit die Erklärung gültig wird?

(?) 10: Ein Papierlieferant macht einem Einzelhändler ein telefonisches Angebot über eine besonders günstige Papierlieferung von 5.000 Blatt zu 25,00 Euro. Der Einzelhändler kann sich nicht direkt entscheiden und legt auf. Drei Tage später ruft der Einzelhändler den Papierlieferanten zurück und möchte nun bestellen. Der Lieferant hat das günstige Angebot allerdings nun nicht mehr vorrätig. Der Einzelhändler besteht aber auf Lieferung.
Ist der Lieferant noch an sein Angebot gebunden?
Begründen Sie Ihre Antwort.

(?) 11: Erklären Sie die Begriffe „Einliniensystem", „Mehrliniensystem" und „Stabliniensystem" und geben Sie je einen Vor- bzw. einen Nachteil an.

(?) 12: In welchen Gesetzen ist die betriebliche Arbeitszeit geregelt?

(?) 13: Nennen Sie die Mindestinhalte eines Ausbildungsvertrages.

(?) 14: Erläutern Sie die Bedeutung von Tarifvertrag und Tarifautonomie.

(?) 15: Erklären Sie den Ablauf einer Tarifauseinandersetzung vom Ablauf des alten bis zum Abschluss eines neuen Tarifvertrages.

(?) 16: Aus welchen 5 Säulen setzt sich die Sozialversicherung zusammen?

(?) 17: Welche Rechte hat ein Betriebsrat bei betrieblichen Entscheidungen?

(?) 18: Warum gibt es das Betriebsverfassungsgesetz?

(?) 19: Was regelt das Arbeitssicherheitsgesetz?

? 20: Nennen Sie 5 betriebliche Gefahrenquellen und deren Beseitigung!

? 21: Was versteht man unter Erster Hilfe?

? 22: Nennen Sie die Stufen der Rettungskette.

? 23: Welche Schritte müssen im Brandfall eingeleitet werden?

? 24: Wozu verpflichtet die Verpackungsordnung Betriebe?

? 25: Auf welche Produkte wird die Pfandpflicht von Einwegverpackungen (Dosenpfand) erhoben?

? 26: Nennen Sie 6 Möglichkeiten der Energieeinsparungen beim Transport und der Lagerung von Ware.

IV Geschäftsprozesse im Einzelhandel

1 Ein Einzelhandelsunternehmen entwickeln und leiten

1.1 Kaufmannseigenschaften

Im **Handelsgesetzbuch (HGB)** finden sich diese Definitionen:
- § 1,1: **Kaufmann** ... ist, wer ein Handelsgewerbe betreibt.
- § 1,2: **Handelsgewerbe** ist jeder Gewerbetrieb, es sei denn, dass das Unternehmen einen in kaufmännischer Weise eingerichteten Betrieb nicht erfordert.

Handeln bedeutet, Ware anzukaufen und wieder zu verkaufen. Als Gewerbebetrieb gilt die Tätigkeit, die darauf ausgerichtet ist, dauerhaft Gewinn zu erzielen. Ab wann ein in kaufmännischer Weise eingerichteter Geschäftsbetrieb nötig ist, kann nur im Einzelfall entschieden werden. Das hängt von verschiedenen Faktoren ab. Im Einzelhandel kann das z.B. der Fall sein, wenn der Jahresumsatz über 250.000 Euro liegt. Aber auch die Zahl der Mitarbeiter (z.B. mehr als 5) und die Anzahl der Standorte sowie der Geschäftszweig sind maßgeblich für die Beurteilung. Ebenso ist ein Betriebsvermögen von über 100.000 Euro Anzeichen dafür, dass ein kaufmännischer Betrieb erforderlich ist (Stand 2013).

(!) Merke: Ist ein in kaufmännischer Weise eingerichteter Geschäftsbetrieb nötig, so gilt für den Kaufmann nicht nur das BGB, sondern auch das HGB.

Er muss sich in das **Handelsregister** eintragen lassen (➡ Kap. 1.3, S. 175) und muss eine ordnungsgemäße Buchführung haben. Er darf eine **Firma** (➡ Kap. 1.2, S. 174) führen, kann **Prokura** (➡ Kap. 1.5, S. 181) erteilen und kann sich mündlich **verbürgen** (➡ Kap. 1.6, S. 183).

Neben der Kaufmannseigenschaft, die nach § 1 HGB erworben wird, kennt das HGB noch zwei weitere Kaufmannseigenschaften: Den **Kannkaufmann** und den **Formkaufmann.**

Kaufmanns-eigenschaft	erworben durch
Istkaufmann	Aufnahme eines Handelsgewerbes mit kaufmännischer Organisation und/oder Eintragung ins Handelsregister
Kannkaufmann	eine mögliche (kann) Eintragung in das Handelsregister (auch für Betriebe der Land- und Forstwirtschaft)
Formkaufmann	Gründung einer Gesellschaft durch die Wahl der Rechtsform (GmbH oder AG) und Eintragung ins Handelsregister

1.2 Firma

Im **Handelsgesetzbuch (HGB)** finden sich folgende Definitionen:

- § 17,1: Die Firma eines Kaufmanns ist der Name, unter dem er seine Geschäfte betreibt und die Unterschrift abgibt.
- § 18,1: Die Firma muss zur Kennzeichnung des Kaufmanns geeignet sein und Unterscheidungskraft besitzen.

Frank Müller führt eine Einzelhandelsunternehmung in Stuttgart mit drei Standorten. Er verkauft in seiner Unternehmung Sportbekleidung. Als Kaufmann nach § 1 HGB könnte er sich folgende Namen (Firmen) für seine Unternehmung aussuchen:

- **Personenfirma:** Frank Müller, e.K.
  („e.K." steht für „eingetragener Kaufmann".)
- **Sachfirma:** Sportbekleidung e.Kfm.
  („Kfm." ist eine Alternative zu „Kaufmann".)
- **Fantasiefirma:** Fit 4 you e.K.
- **Mischfirma:** Frank Müller, Sportbekleidung e.K.

Es ist ihm überlassen, für welche Firmenvariante er sich entscheidet. Wichtig ist, dass es diesen Namen im Amtsgerichtsbezirk noch nicht gibt. Zudem darf die Firma, also der Name, nicht über Art und Umfang des Unternehmens täuschen (**Firmenwahrheit und -klarheit).** Sollte Frank Müller seine Unternehmung einmal verkaufen oder weitergeben, so kann der Käufer wegen des Grundsatzes der **Firmenbeständigkeit** den alten Unternehmensnamen behalten.

1.3   Handelsregister

Im **Handelsgesetzbuch (HGB)** ist folgendes festgelegt:
* § 29: Jeder Kaufmann ist verpflichtet, seine Firma und den Ort seiner Handelsniederlassung bei dem Gericht, in dessen Bezirk sich die Niederlassung befindet, zur Eintragung in das Handelsregister anzumelden; er hat seine Namensunterschrift unter Angabe der Firma zur Aufbewahrung bei dem Gericht zu zeichnen.

Das beim zuständigen Amtsgericht geführte Handelsregister kann von jedermann eingesehen werden und dient dazu, die Öffentlichkeit zu informieren und zu schützen. **Eintragungen** haben entweder **deklaratorische (rechtsbekundende) Wirkung,** d.h. ein Rechtszustand wird nur beurkundet, oder **rechtsbegründende (konstitutive) Wirkung,** d.h., dass der Rechtszustand erst durch die Eintragung geschaffen wird.

Handelsregistereintrag	
Wirkung	**Beispiel**
deklaratorisch (nur beurkundend)	Eintragung des Kaufmanns nach § 1 HGB, denn er ist wegen des Gewerbebetriebes ohnehin Kaufmann.
konstitutiv (rechtsbegründend)	Ein Landwirt lässt sich in das Handelsregister eintragen. Er wird erst zum Kaufmann mit der Veröffentlichung der Eintragung.

Das Handelsregister genießt **öffentlichen Glauben,** d.h., jedermann kann sich darauf verlassen, dass stimmt, was eingetragen ist. Ist also ein Mitarbeiter als Prokurist (➡ Kap. 1.5, S. 181) eingetragen, so kann der Vertragspartner sich darauf verlassen, dass das so ist, auch wenn dem Mitarbeiter die Prokura inzwischen entzogen wurde.

Das Handelsregister ist in zwei Abteilungen gegliedert:
- **Abteilung A (HRA): Einzelunternehmungen** (z.B. e.K., e. Kfr.) und **Personengesellschaften** (z.B. OHG, KG)
- **Abteilung B (HRB): Kapitalgesellschaften** (z.B. GmbH, AG)

1.4 Unternehmensformen

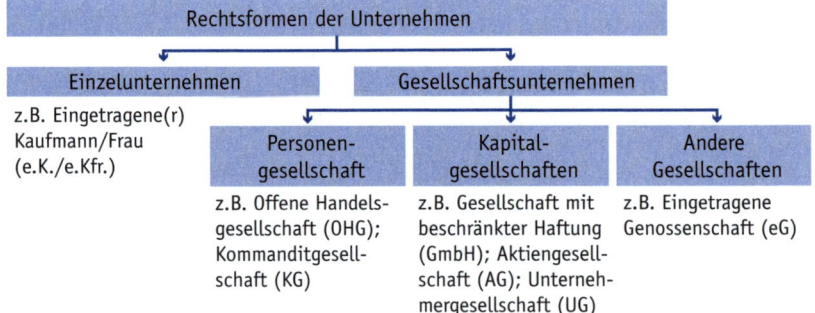

Übersicht über die möglichen Rechtsformen einer Unternehmung

1.4.1 Einzelunternehmung (e.K.)

Gründung	• eine Person zur Gründung notwendig • Eintrag ins Handelsregister Abteilung A
Firma	Personen-, Sach-, Misch- oder Fantasiefirma mit Zusatz e.K./e.Kfr.
Finanzierung	• Kapital wird durch eine Person mit eigenen Mitteln gestellt oder fremdfinanziert durch eine Bank. • hohes finanzielles Risiko

Geschäftsführung/ Vertretung	Der Einzelunternehmer entscheidet alleine und vertritt sein Unternehmen nach außen alleine.
Gewinn/Verlust	• alleiniger Gewinnanspruch • muss Verlust alleine tragen
Haftung	Unbeschränkt mit Privat- und Geschäftsvermögen
Besteuerung	Einkommensteuerpflicht des Unternehmers als Privatperson

Unterschied Geschäftsführung – Vertretung

• **Geschäftsführung:** Betrifft das Innenverhältnis einer Unternehmung und beantwortet die Frage, wer im Unternehmen die Entscheidungen trifft (z.B. Gewinnverwendung, Anzahl der einzustellenden Mitarbeiter, Marketingkonzept etc.).

  Eine **Einzelgeschäftsführungsbefugnis** ist möglich. Dies bedeutet, dass jeder Geschäftsführer alleine Entscheidungen treffen kann, die dann Gültigkeit haben. Dies steht im Gegensatz zur **Gesamtgeschäftsführungsbefugnis.** Hier treffen alle Gesellschafter gemeinsam die Entscheidungen. Im Gesellschaftsvertrag wird festgehalten, welche Geschäftsführungsbefugnis gewählt wurde.

• **Vertretung:** Bezieht sich auf das Außenverhältnis einer Unternehmung und beantwortet die Frage, wer das Unternehmen gegenüber Dritten, also Außenstehenden (z.B. Lieferanten, Mitarbeitern, Kunden) vertritt. Die Vertretungsbefugnis kann gegenüber Dritten nicht eingeschränkt werden! Die Geschäfte, die Dritten gegenüber abgeschlossen werden, haben also auf jeden Fall Gültigkeit, auch wenn im Gesellschaftsvertrag etwas anderes festgelegt wurde.

(!) Merke: Geschäftsführung bezieht sich auf das Innenverhältnis, Vertretung auf das Außenverhältnis einer Unternehmung.

1.4.2 Kommanditgesellschaft (KG)

Gründung	• mindestens ein **Vollhafter (Komplementär)** und mindestens ein **Teilhafter (Kommanditist)** • Gesellschaftsvertrag und Eintragung ins Handelsregister, Abteilung A, notwendig
Firma	Personen-, Sach-, Misch- oder Fantasiefirma mit Zusatz KG
Finanzierung	• (Erhöhung der) Kapitaleinlagen • Aufnahme neuer Gesellschafter • Bankfinanzierung
Geschäftsführung/Vertretung	• Geschäftsführung durch Komplementäre (Vollhafter). Kommanditisten (Teilhafter) sind von der Geschäftsführung ausgeschlossen. Sie haben ein Informations- und Widerspruchsrecht bei außergewöhnlichen Geschäften. • Vertretungsbefugnis durch die Komplementäre. Kommanditisten sind ausgeschlossen, Ausnahmeregelung möglich.
Gewinn/Verlust	• Gewinn: 4 Prozent auf die geleistete Kapitaleinlage. Restverteilung des Gewinns in einem angemessenen Verhältnis. • Verlust: Auf alle Gesellschafter verteilt in einem angemessenen Verhältnis.
Haftung	• Komplementär: mit Privat- und Geschäftsvermögen • Kommanditist: mit dem Geschäftsvermögen
Besteuerung	Einkommensteuerpflicht jedes Gesellschafters für sich

1.4.3 Gesellschaft mit beschränkter Haftung (GmbH)

Gründung	• mindestens ein Gesellschafter • Eintragung ins Handelsregister in Abteilung B • bei mehr als einem Gesellschafter Gesellschaftsvertrag notwendig • Mindeststammkapital 25.000,00 Euro
Firma	Personen-, Sach-, Misch- oder Fantasiefirma mit Zusatz GmbH
Finanzierung	• (Erhöhung der) Kapitaleinlage • Aufnahme neuer Gesellschafter • Aufnahme von Fremdkapital bei einer Bank

Geschäftsführung/ Vertretung	• Geschäftsführung und Vertretung durch Geschäftsführer • Gesellschafter können auch Geschäftsführer sein
Gewinn/Verlust	im Verhältnis der Geschäftsanteile oder nach Maßgabe des Gesellschaftsvertrages
Haftung	Haftungsbeschränkt, jeder Gesellschafter haftet nur mit seiner Kapitaleinlage.
Besteuerung	• Die GmbH ist eine juristische Person (➡ Teil III, Kap. 2.1, S. 128). • Körperschaftssteuerpflicht
Organe	**Gesellschafterversammlung:** • beschließendes (oberstes) Organ • Aufgaben: verteilt den Jahresgewinn; Feststellung der Jahresbilanz; bestellt Geschäftsführer oder ruft diese ab; Bestellt Prokuristen; entlastet die Geschäftsführung u.a. **Geschäftsführung:** • Leitendes Organ; führt die täglichen Geschäfte. **Aufsichtsrat** (ab 500 Arbeitnehmer): • überwachendes Organ • Aufgaben: überwacht die Geschäftsführung; prüft die Jahresbilanz; Berichterstattung an die Gesellschafter u.a.

1.4.4 Unternehmergesellschaft (UG; Mini-GmbH)

Gründung	• mindestens ein Gesellschafter • Eintragung ins Handelsregister, Abt. B • bei mehr als einem Gesellschafter Gesellschaftsvertrag notwendig • Mindeststammkapital 1,00 Euro
Firma	Personen-, Sach-, Misch- oder Fantasiefirma mit Zusatz UG
Finanzierung	• Erhöhung der Kapitaleinlage • Aufnahme neuer Gesellschafter • Aufnahme von Fremdkapital bei einer Bank
Geschäftsführung/ Vertretung	Geschäftsführung und Vertretung durch Geschäftsführer. Gesellschafter können auch Geschäftsführer sein.

Gewinn/Verlust	• Gewinnausschüttung nur zu 75 Prozent (bis die Zwangsrücklage aufgefüllt ist) • im Verhältnis der Geschäftsanteile oder nach Maßgabe des Gesellschaftsvertrages • 25 Prozent des Jahresüberschusses als Zwangsrücklage (Ansparpflicht)
Haftung	Haftungsbeschränkt. Jeder Gesellschafter haftet nur mit seiner Kapitaleinlage.
Besteuerung	• GmbH ist eine juristische Person • Körperschaftssteuerpflicht
Organe	➞ GmbH
Umwandlung in eine GmbH	Ansparpflicht: 25 Prozent des Jahresüberschusses müssen als Zwangsrücklage jedes Jahr angespart werden, bis 25.000 € erreicht sind. Dann erfolgt eine **Umwandlung in eine GmbH.**

Stand der Angaben zu den Unternehmensformen ist März 2013.

1.5 Vollmachten

Hier wird zwischen einer **Handlungsvollmacht** und einer **Prokura** unterschieden. Geregelt sind diese Arten der Vollmacht im Handelsgesetzbuch §§ 48 bis 58 HGB.

Handlungsvollmacht

Der **Handlungsbevollmächtigte** arbeitet **im Auftrag des Kaufmanns.** Die Erteilung der Handlungsvollmacht bedarf keiner besonderen Form, kann also auch mündlich erfolgen. Der Handlungsbevollmächtigte ist zeichnungsberechtigt für alle gewöhnlichen Rechtsgeschäfte im Handelsgewerbe. Die Unterschrift erfolgt **im Auftrag (i.A.)** oder in **Vertretung (i.V.)** des Kaufmanns.

Wir unterscheiden bei der Handlungsvollmacht zwischen:

Handlungsvollmachten	
Einzelvollmacht	bei einem einmaligen Rechtsgeschäft; z.B. Botengang

Artvollmacht	bei dauernden gleichen Rechtsgeschäften einer bestimmten Art; z.B. Verkäufer, Buchhalter, Kassierer
Gesamtvollmacht (Allgemeine Handlungsvollmacht)	bei allen dauernden gewöhnlichen Rechtsgeschäften bzw. allen anfallenden Tätigkeiten

Prokura

Die Prokura berechtigt zu **allen gewöhnlichen und außergewöhnlichen Rechtsgeschäften innerhalb eines Handelsgewerbes.** Ausnahmen sind z.B. der Verkauf des Unternehmens, Aufnahme neuer Gesellschafter, die Bilanz zu unterschreiben, Grundstücke zu veräußern.

Die Erteilung und auch die Auflösung der Prokura erfolgt durch den Eigentümer des Handelsgewerbes und muss ins Handelsregister eingetragen werden. Der Prokurist ist so etwas wie die „Rechte Hand" des Geschäftsinhabers und ist entsprechend zeichnungsberechtigt („ppa." heißt „per prokura").

Folgende Arten der Prokura werden unterschieden:

Prokura	
Einzelprokura	Die Vertretung des Unternehmens nach außen kann von einem Prokuristen alleine wahrgenommen werden (Geschäftsführer).
Gesamtprokura	Die Vertretung des Unternehmens nach außen wird gemeinsam von mehreren Prokuristen wahrgenommen (Geschäftsführer).
Filialprokura	Die Prokura bezieht sich auf eine Filiale.

1.6 Kapitalbeschaffung

Jedes Einzelhandelsunternehmen hat für die regelmäßigen Geschäfte einen bestimmten Kapitalbedarf. Diesen Kapitalbedarf genau zu ermitteln ist sehr wichtig und eine Grundvoraussetzung für die Finanzierung, das heißt, die Beschaffung von Kapital für das Unternehmen.

 **Merke: Die Bilanz zeigt genau, woher das Kapital stammt und wofür es verwendet worden ist.**

Bilanz	
Aktiva	**Passiva**
Anlagevermögen (z.B. Betriebs- sund Geschäftsausstattung (BGA), Fuhrpark	**Eigenkapital**
Umlaufvermögen (z.B. Waren)	**Fremdkapital** (z.B. Darlehen)
= **Mittelverwendung** oder **Investition**	= **Mittelherkunft** oder **Finanzierung**

Je nach Unternehmensform (➡ Kap. 1.4, S. 176) kommen verschiedene Arten der Finanzierung infrage.

Wir unterschieden die Fremdfinanzierung und Eigenfinanzierung:

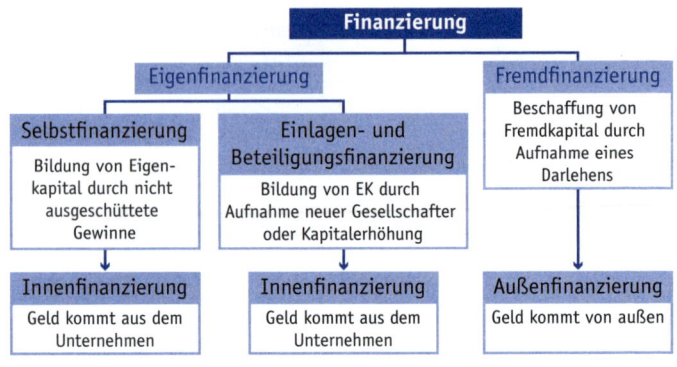

Finanzierung

Bei der Fremdfinanzierung gibt es **verschiedene Arten von Krediten:**

Lieferantenkredit

Einräumung eines **Zahlungsziels,** z.B. 30 Tage durch den Lieferanten. Dient der Absatzförderung und besonders kleineren Betrieben zur Finanzierung ihrer Warenbeschaffung. Allerdings sind die Zinskosten sehr hoch.

Kontokorrentkredit

Kurzfristige **Überziehung des Geschäftskontos** bis zu einem vereinbarten Maximalbetrag (Limit). Für diese Überziehung muss der Kunde Gebühren (Zinsen) bezahlen. Dies ist ebenfalls sehr teuer.

Darlehen

Gewährung eines Kredites durch Überlassung von Geld oder anderen vertretbaren Sachen mit der Vereinbarung, Sachen gleicher Art, Güte und Menge, in der Regel zusätzlich mit Zinsen, zurückzugeben. Die Laufzeit eines Darlehens kann bis zu 30 Jahren sein, wobei die Zinsen meist nur für einen Teil der Laufzeit (z.B. 12 Jahre) festgeschrieben sind und anschließend der Markt- bzw. Zinsentwicklung angepasst werden. Im Verhältnis zu Lieferantenkredit und Kontokorrentkredit ist das Darlehen relativ günstig.

- Beim **Fälligkeitsdarlehen** wird am Ende der Laufzeit das geliehene Geld in einer Summe zurückgezahlt (z.B. nach 2 Jahren), während die Zinsen gleichbleibend über die Laufzeit (z.B. 2 Jahre) gezahlt werden.
- Das sog. **Annuitätendarlehen** ist die häufigste Form der Kreditaufnahme. Hier wird ein **monatlich fester Betrag (Rate)** bestehend aus Zins und Tilgung zur Rückzahlung vereinbart. Der Tilgungsanteil steigt stetig an, und der Zinsanteil sinkt bei gleichbleibender monatlicher Rate.

Natürlich brauchen die Banken für das geliehene Geld eine Sicherheit. Diese kann unter anderem in Form einer Bürgschaft, eines Pfandes (Faustpfand), Sicherungsübereignung oder einer Grundschuld bzw. Hypothek hinterlegt bzw. überlassen werden.

Berechnungsbeispiele finden Sie im Kapitel über die Zinsrechnung (➧ Kap. 2.2.4, S. 192).

Leasing

Leasing ist eine Sonderform der Fremdfinanzierung. Der Begriff kommt aus dem Englischen und bedeutet die Vermietung von Gütern. Beim Leasing erhält man also kein Geld, sondern eine Sache (z.B. Auto, Maschinen).

Der **Leasinggeber (Eigentümer)** überlässt dem **Leasingnehmer (Besitzer)** gegen ein **fest vereinbartes Entgelt (Leasingrate),** die Nutzung eines Wirtschaftsgutes.

Die Höhe der Leasingrate richtet sich nach dem Wert und der **Laufzeit (Nutzungsdauer)** des geleasten Wirtschaftsgutes.

Nach Ablauf der Frist wird das geleaste Gut an den Leasinggeber zurückgegeben und ggf. weitervermietet oder vom Leasingnehmer gekauft.

Wir unterscheiden

- ein **direktes Leasing,** wobei das Wirtschaftsgut direkt vom Hersteller verleast (vermietet) wird und
- ein **indirektes Leasing.** Hier wird das Wirtschaftsgut von einer Leasinggesellschaft vermietet.

In der **Leasingrate** enthalten sind der Abschreibungsbetrag, die Verzinsung des investierten Geldes, Verwaltungskosten, Risikoprämie, der Gewinnzuschlag und gegebenenfalls Versicherungen, Reparaturen des Wirtschaftsgutes, Steuern etc.

Beim Leasing gibt es viele verschiedene Möglichkeiten (Arten) und eine Menge von Vor- und Nachteilen, die im Einzelfall genau durchdacht und abgewogen werden müssen.

(!) Merke: Leasing ist eine Sonderform der Finanzierung, bei der der Leasinggeber (Eigentümer) einem Leasingnehmer (Besitzer) ein Wirtschaftsgut gegen Entgelt (Leasingrate) überlässt.

Franchising

Franchising ist eine Art der Unternehmenskooperation. Hierbei kooperieren **Franchisegeber (Hersteller, Händler)** und **Franchisenehmer** auch auf unterschiedlichen **Wirtschaftsstufen** (➠ Teil III, Kap. 1.1.2, S. 118).

> (!) **Merke: Der Franchisegeber überlässt dem Franchisenehmer bestimmte Rechte (u.a. Nutzung des Markennamens, Warenzeichen), Waren oder Dienstleistungen zur Nutzung und erhält dafür ein Entgelt bzw. eine Gebühr.**

Mit einem Franchisekonzpet kann man ohne großes Eigenkapital eine eigene Unternehmung gründen, denn der Franchisegeber unterstützt bei zentralen Aufgaben: Sortiment, Marketing, Rechnungswesen, Verkaufsraumgestaltung usw. Dafür verpflichtet sich der Franchisenehmer, nur Waren und/oder Dienstleistungen vom Franchisegeber zu beziehen. Der Franchisegeber erhät dafür vom Franchisenehmer eine Abschlussgebühr und laufende am Erfolg orientierte Gebühren.

Typische Beispiele sind OBI, McDonald's, Benetton, Esprit, BoConcept und andere.

1.7 Unternehmenskrisen

Die Gründe, die zu einer Unternehmenskrise führen, sind vielfältig. So kann ein Unternehmen in Zahlungsschwierigkeiten/ Überschuldung kommen oder gar zur Auflösung, weil der Unternehmer selber auf zu „großem Fuß" lebt, die angebotenen Produkte überaltert sind, organisatorische Mängel innerhalb des Unternehmens bestehen, Forderungen nicht beglichen werden, die Konkurrenzsituation schärfer geworden ist oder eine schlechte Konjunkturlage herrscht und die Menschen weniger einkaufen.

Unabhängig von den Ursachen verliert das Unternehmen in der Krise an Umsatz und Gewinn bei steigender Verschuldung.

Die Maßnahmen, aus der Unternehmenskrise herauszukommen, sind überschaubar.

Maßnahmen in einer Unternehmenskrise	
Sanierung	Ziel ist, das Unternehmen aus eigener Kraft weiter fortzuführen bzw. zu erhalten. • So kann dem Unternehmen **Eigenkapital zugeführt** werden. Entweder durch den Eigentümer oder die Aufnahme neuer Gesellschafter. • Mithilfe eines Profis können **Verbesserungen im Unternehmen** durchgeführt werden, Mängel im Vertrieb abgestellt, personelle Maßnahmen ergriffen oder neue Techniken eingeführt werden. • Das kriselnde Unternehmen kann eine **Kooperation** eingehen, d.h., mit anderen Unternehmen, die unterstützen, zusammenarbeiten.
Insolvenz	Ziel ist, das **Unternehmen zu erhalten und nur notfalls** durch ein Gericht bzw. einen Insolvenzverwalter **aufzulösen.** Zugrunde liegt die Insolvenzordnung. Wegen der dauernden Zahlungsunfähigkeit wird ein **Insolvenzverfahren** eröffnet, bei dem unter entsprechenden Bedingungen die letzten verfügbaren Mittel an die Gläubiger ausgezahlt werden.
Liquidation	Ziel ist, das **Unternehmen freiwillig aufzulösen,** z.B. weil der Eigentümer zu alt oder verstorben, die Wirtschaftslage aussichtslos oder die Konkurrenz zu groß ist. Im Zuge der Liquidation werden Teile des Unternehmens oder das ganze Unternehmen verkauft.

In den letzten Jahren stieg die Zahl überschuldeter Privathaushalte stark an. Besonders die Altersgruppe der Achtzehn- bis Fünfundzwanzigjährigen war davon besonders betroffen. Der Gesetzgeber reagierte auf die zunehmende Überschuldung und ermöglichte eine sogenannte **Privatinsolvenz.** Die Privatinsolvenz sieht vor, dass auch Privatpersonen, die ihre Schulden nicht mehr zurückzahlen können, unter bestimmten Bedingungen einen Teil ihrer Schulden innerhalb von 6 Jahren begleichen müssen und von den Restschulden befreit werden können.

1.8 Aufbauorganisationen

Einzelhandelsunternehmen ab einer bestimmten Größe sollten eine bestimmte Organisationsstruktur innerhalb der Unternehmung haben, damit die Beziehungen von Führungskräften und Mitarbeitern untereinander geregelt sind.

Neben den grundsätzlichen Fragen, wie und welche Aufgaben verrichtet werden, müssen die Aufgaben den entsprechenden Stellen (z.B. Sachbearbeiter) und Abteilungen zugeordnet werden.

Um einen Überblick über die Aufbauorganisation eines Unternehmens zu haben, bedient man sich sogenannter **Organigramme.** Diese stellen übersichtlich dar, wer Anweisungen geben kann und wer diese umzusetzen hat.

Wir unterscheiden **vier unterschiedliche Leitungssysteme**. Neben dem **Einlinien-, Mehrlinien-** und **Stabliniensystem** (⟜ Teil III, Kap. 3.1.1, Seite 143) ist insbesondere das **Matrixsystem** zu nennen

Das Matrixsystem ist eine Weiterentwicklung des Mehrliniensystems. Hier werden eine **Funktionsebene** (z.B. Einkauf, Lager, Verkauf) und eine **Regionalebene** (z.B. Regionalmanager, Filialmanager oder Produktmanager) unterschieden.

An den Schnittpunkten stehen die Mitarbeiter, die Weisungen empfangen.

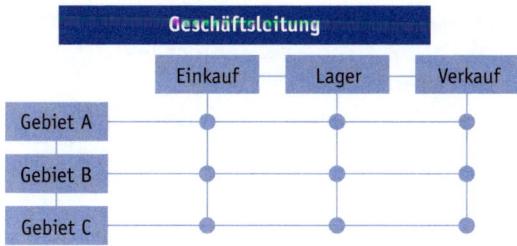

Matrixsystem

Die Vorteile des Matrixsystems:
- Problemlösung durch verschiedene Spezialisten
- Einbringung verschiedener Sichtweisen
- Entlastung der Geschäftsleitung

Die Nachteile des Matrixsystems:
- Gefahr von Zuständigkeitsstreitigkeiten
- lange Abstimmungsprozesse
- Kompetenzprobleme

2 Handlungsmöglichkeiten bei Einkauf, Verkauf und Lager

2.1 Zusammenarbeit zwischen Einkauf, Verkauf und Lager

Anlässlich einer bevorstehen Sonderaktion (z.B. Frühjahres-Gartenaktion, Sommeraktion, Weihnachtsaktion) muss genau wie bei der täglichen Einkaufsplanung exakt geplant werden. So müssen die Abteilungen **Einkauf, Verkauf und Lager Hand in Hand zusammenarbeiten.** Einkauf und Verkauf müssen unbedingt abstimmen, welche Produkte für den entsprechenden Kundenkreis bzw. die Käuferschicht eingekauft werden sollen und zu welchem Zeitpunkt die Ware geliefert werden soll. Im Lager muss der entsprechende Platz vorhanden sein, und die Lagerfläche sowie der innerbetricbliche Transport müssen vorbereitet werden.

Der Einkauf muss nun für den geplanten Sortimentsbereich mit den geeigneten Informationsquellen (z.B. interne Quellen: Lieferantenkartei; externe Quellen: Fachzeitschriften, Internet, Fachmessen) **Lieferer** ermitteln.

Nach der Ermittlung müssen **Anfragen** geschrieben werden, um Kontakt mit den Lieferanten aufzunehmen. Die Lieferanten werden mit **Angeboten** antworten, die vom Einkauf gründlich verglichen werden müssen (➠ Kap. 3.2, S. 208).

Ist die Ware geliefert worden, fallen für Einkauf, Verkauf und Lager weitere Aufgaben an. So muss das Lager (➠ Kap. 3.4, S. 211) feststellen, ob die Ware richtig adressiert und unversehrt ist und ob überhaupt die richtige Ware geliefert wurde. Es muss überprüft werden, ob der Preis stimmt. Ware muss eingelagert werden und zum entsprechenden Zeitpunkt in den Verkauf kommen. Natürlich muss die Ware auch bezahlt werden (➠ Kap. 2.2, S. 189).

> ❗ Merke: Eine gute und enge Zusammenarbeit zwischen Einkauf, Verkauf und Lager ist eine wesentliche Voraussetzung für das Gelingen einer Sonderaktion.

2.2 Zahlungsmöglichkeiten des Einzelhandels

Der Einzelhändler kann seine Verbindlichkeiten bar, halbbar oder bargeldlos zahlen.

Während bei der **Barzahlung** keiner der Vertragspartner ein Konto benötigt, muss bei der **halbbaren Zahlung** (Zahlung per Nachnahme, Zahlschein) mindestens ein Vertragspartner ein Konto besitzen. Bei der **bargeldlosen Zahlung** (Überweisung, Kartenzahlung) benötigen dann beide Vertragsparteien ein Konto.

2.2.1 Bargeldzahlung

Eine der häufigsten Zahlungsformen im Einzelhandel ist die Barzahlung des Kunden an der Kasse. Hier werden Banknoten oder Münzgeld von **Hand zu Hand** oder durch **Boten** übergeben. Keine der Parteien benötigt ein Konto.

Als Nachweis für die Bezahlung erhält der Kunde eine **Quittung.** Bei der Quittung ist besonders zu beachten, dass der Bruttowert zurzeit mit 119 Prozent (Stand März 2013) angenommen wird.

Eine besondere Form der Bargeldzahlung bietet die Post mit dem **Postbank-Minutenservice** an. Hier zahlt der Einzahler bei der Postbank Bargeld ein und der Empfänger kann ebenfalls an einer anderen Postbankfiliale im In- oder Ausland Bargeld abholen.

2.2.2 Halbbare Zahlung

Verfügt der Zahlungsempfänger über ein Konto, kann der Einzahler (welcher kein Konto braucht), bei einer Bank mittels **Zahlschein** Bargeld einzahlen und das Kreditinstitut überweist dem Empfänger das Geld auf dessen Konto.

Verschickt ein Einzelhändler ausnahmsweise Ware mit der Deutschen Post AG an einen unbekannten Kunden, wird der Einzelhändler zur Sicherheit **per Nachnahme** bezahlen lassen. Das heißt, der Postzusteller zieht beim Warenempfänger (der kein Konto braucht) das Geld (einschließlich Gebühren) bar ein und überweist es anschließend auf das Konto des Einzelhändlers. Somit ist gewährleistet, dass der Einzelhändler auf jeden Fall sein Geld erhält.

2.2.3 Bargeldlose Zahlung

Hier benötigen beide Vertragsparteien ein Konto.

Überweisung

Eine klassische Form der bargeldlosen Zahlung stellt die Überweisung dar. Hier werden dem Einzelhändler Waren geliefert und die Rechnung liegt bei. Der Einzelhändler muss nun den ausstehen Rechnungsbetrag bezahlen. Er füllt einen Überweisungsträger aus und übergibt ihn seiner Hausbank. Die Hausbank überweist den entsprechenden Betrag **(Gutschrift)** auf das Konto des Zahlungsempfängers (Lieferanten).

Um ein **einheitliches europäisches Zahlungssystem** zu haben, gibt es seit 2008 die sogenannte **SEPA**-**Überweisung** (Single Euro Payments Area). Hier wird garantiert, dass Geld innerhalb von maximal 2 Arbeitstagen transferiert wird. Für internationale Überweisungen benötigt man die sog. **IBAN** (internationale Kontonummer; International Bank Account Number) und **BIC** (internationale Bankleitzahl; Bank Identifier Code) des Empfängers.

> **(!)** Merke: Bei der Überweisung weist der Kontoinhaber seine Bank an, eine bestimmte Geldsumme von seinem Konto auf das Konto des Zahlungsempfängers zu transferieren.

Spezielle Formen der Überweisung

- Hier ist z.B. der **Dauerauftrag** zu erwähnen. Möchte der zahlungspflichtige Einzelhändler **regelmäßig gleichbleibende Beträge** (z.B. Miete, IHK Beiträge) überweisen, beauftragt er seine Bank (bis auf Widerruf), diese Beträge zu überweisen.
- Das **Lastschriftverfahren** eignet sich für **regelmäßige, aber ungleiche Beträge** (z.B. Strom-, Gas-, Telefonrechnung). Bei einer **Einzugsermächtigung** wird der Zahlungsempfänger (z.B. Stromwerke, Telefongesellschaften) ermächtigt, Geld vom Konto des Zahlungspflichtigen (z.B. Einzelhändler) ab-

zubuchen. Erhebt der Kontoinhaber Widerspruch bei seiner Bank, wird das Geld umgehend auf das Konto des Kontoinhabers gutgeschrieben und der Sachverhalt muss anschließend geklärt werden. Die Widerspruchsfrist beträgt 6 Wochen.

Bankkartenzahlungen (ec-Karte)

Der Kunde zahlt mit seiner Bankkarte (früher ec-Karte). **Beim elektronischen Lastschriftverfahren (ELV)** wird die Bankkarte beim Einzelhändler eingelesen (gescannt) und ein Lastschriftbeleg ausgedruckt. Der Kunde unterschreibt diesen Beleg und ermächtigt den Einzelhändler **(Einzugsermächtigung),** den fälligen Betrag einzuziehen. Da keine Abfrage erfolgt, ob das Konto des Schuldners gedeckt ist, hat der Einzelhändler auch keine Zahlungsgarantie.

Anders beim **Electronic Cash Verfahren** (POS Verfahren). Hier zahlt der Kunde auch mit seiner Bankkarte, diese wird allerdings mithilfe eines elektronischen Kartenlesegerätes am Verkaufsort **(POS = Point of Sale)** eingelesen. Der Kunde muss seine persönliche Geheimzahl (PIN) eingeben und es erfolgt online eine Kartenprüfung, ob das Konto gesperrt oder gedeckt ist (Autorisierung). Somit wird eine Zahlung garantiert, aber dem Einzelhändler entstehen auch höhere Kosten

Geldkarte

Ein **spezieller Chip** auf der Bankkarte wird an speziellen Ladeterminals **bis zu 200,00 Euro aufgeladen.** Der Kunde kann mit diesem elektronischen Kleingeld im Einzelhandel bezahlen. Auch hier besteht eine Zahlungsgarantie.

Kundenkarte

Kundenkarten werden direkt vom Einzelhändler ausgegeben. Sie ermöglichen eine **bargeldlose Zahlung beim herausgebenden Geschäft.** Je nach Unternehmen können die Abbuchungen am Monatsende erfolgen. Kundenkarten dienen in erster Linie der **Kundenbindung.**

Es gibt allerdings auch Kundenkarten, mit denen man nicht zahlen kann. Man kann aber einen Rabatt und zusätzliche nützliche Informationen bekommen.

Kreditkartenzahlungen

Kreditkarten werden von **Kreditkartenorganisationen** (z.B. VISA, American Express, MasterCard, Diners Club) herausgegeben. Neben der **weltweiten Zahlung** bieten Kreditkarten auch Versicherungsleistungen und Zahlung im Internet an.

Der Einzelhändler zieht die Karte durch sein Lesegerät, prüft die Gültigkeitsdauer und lässt sich die angefertigte Kreditkartenrechnung unterschreiben.

Die Kreditkartenorganisation überweist dann dem Einzelhändler das Geld. Am Monatsende holt sich die Kreditkartenorganisation das Geld vom Kreditkarteninhaber durch eine vorher erteilte Einzugsermächtigung zurück.

Die Kreditkartenorganisation gewährt dem Kreditkarteninhaber somit einen Kredit für maximal einen Monat.

2.2.4 Zinsrechnung

Banken und Kreditkartenorganisationen nehmen für das Verleihen von Geld (Kapital) ein Entgelt, die sog. **Zinsen** und in der Regel auch noch Gebühren.

(!) Merke: Die Zinsrechnung entspricht der Prozentrechnung (➡ Teil II, Kap. 5.1.2, S. 91) unter Berücksichtigung der Zeit!

Zinsrechnung			Prozentrechnung
Kapital	K	die zur Nutzung überlassene Geldmenge	(Grundwert)
Zinssatz (Zinsfuß)	p	• Bezieht sich immer auf ein Jahr. • Gibt an, wie viel Zinsen ein Kapital von 100 Euro erbringt.	(Prozentsatz)

| **Zinsen** | Z | Sind der Preis für die Nutzung des Kapitals ... | (Prozentwert) |
| **Zeit** | t | ... für eine best. Zeit. | |

Berechnung der Zinsen

$$Z = \frac{K \times p \times t}{100 \times 360}$$

 Beispiel:

Für die Anschaffung einer neuen Warenlieferung benötigt ein Einzelhändler 15.000,00 Euro. Er nimmt das Geld bei einem Kreditinstitut zu 3 Prozent Zinsen für 30 Tage auf. Wie viele Zinsen muss er für diese 30 Tage zahlen?

$$Z = \frac{15.000,00 \times 3 \times 30}{100 \times 360} = 37,50 \text{ Euro}$$

Für den Kredit muss er 37,50 Euro bezahlen.

Berechnung des Kapitals

Durch Formelumstellung erhält man:

$$K = \frac{Z \times 100 \times 360}{p \times t}$$

 Beispiel:

Wie hoch war das Kapital (Kredit), das bei einem Zinssatz von 2,5 Prozent für einen Zeitraum vom 15. Januar bis 24. Februar Zinsen von 61,00 Euro verursacht hat?

$$K = \frac{61,00 \times 100 \times 360}{2,5 \times 40} = 21.960,00 \text{ Euro}$$

Das aufgenommene Kapital betrug 21.960,00 Euro.

Berechnung des Zinssatzes

Durch Formelumstellung erhält man:

$$p = \frac{Z \times 100 \times 360}{K \times t}$$

 Beispiel:

Für die Aufnahme eines kurzfristigen Kredites von 10.000,00 Euro fallen für 60 Tage 40,00 Euro Zinsen an. Wie hoch war der Zinssatz?

$$p = \frac{40 \times 100 \times 360}{10.000,00 \times 60} = 2,4 \text{ Prozent}$$

Der Zinssatz für den Kredit betrug 2,4 Prozent.

Berechnung des Zeitraumes

Durch Formelumstellung erhält man:

$$t = \frac{Z \times 100 \times 360}{K \times p}$$

 Beispiel:

Für einen Kredit über 20.000,00 Euro bei einem Zinssatz von 3 Prozent fallen 75,00 Euro Zinsen an. Wie viele Tage war die Laufzeit des Kredites?

$$t = \frac{75 \times 100 \times 360}{20.000,00 \times 3} = 45 \text{ Tage}$$

Der Kredit lief über 45 Tage.

(!) Wichtig: Die hier angewendeten Rechnungswege beziehen sich immer auf ein Jahr mit 360 Tagen. Es gibt auch Formeln für die Zinsberechnungen, die sich auf 12 Monate oder direkt auf 1 Jahr beziehen (Tageszinsen – 360 Tage; Monatszinsen – 12 Monate; Jahreszinsen – 1 Jahr).

Lieferantenkredit (Skontoberechnung)

Für einen Kaufmann stellt sich die Frage, ob er einen Lieferantenkredit nutzt (d.h. Zahlung der Rechnung ohne Skonto am vereinbarten Zahlungsziel/Zahlungstag), oder mit Skonto zahlt und möglicherweise kurzfristig sein Geschäftskonto (Kontokorrentkredit) überzieht. Bei Privatpersonen wird dies Dispokredit genannt.

Erklären lässt sich dies am besten anhand eines Beispiels:

 Beispiel:

Ein Einzelhändler erhält von seinem Papierlieferanten eine Rechnung in Höhe von 15.000,00 Euro mit folgenden Zahlungsbedingungen: *„Zahlbar innerhalb von 30 Tagen, netto Kasse. Bei Zahlung innerhalb von 10 Tagen 2 Prozent Skonto.“*
Der aktuelle Zinssatz für einen Kontokorrentkredit pro anno (p.a.) beträgt 12 Prozent.
Um die Kreditkosten vergleichen zu können, muss zuerst der Jahreszins des Lieferantenkredits berechnet werden.

Formel Jahreszins für den Lieferantenkredit:

$$\frac{\text{Skontosatz x 360}}{\text{Zahlungsziel (Tage) – Skontofrist (Tage)}}$$

$$\frac{2 \text{ x } 360}{30 - 10} = 36 \text{ Prozent}$$

Der Jahreszins für den Lieferantenkredit beläuft sich auf 36 Prozent.
Also ist der Lieferantenkredit mit 36 Prozent Jahreszins deutlich teurer als der Kontokorrentkredit bzw. Dispokredit mit 12 Prozent. Folglich lohnt es sich, innerhalb der ersten 10 Tage zu zahlen und Skonto von 2 Prozent in Anspruch zu nehmen!

2.3 Störungen bei der Erfüllung des Kaufvertrages (Kaufvertragsstörungen)

Der Kaufvertrag setzt sich zusammen aus einem Verpflichtungsgeschäft und einem Erfüllungsgeschäft (➡ Teil III, Kap. 2.2.3, S. 135). In diesem Kapitel geht es um die Störungen bei der Erfüllung des Kaufvertrages. Wir unterscheiden vier Störungen:

- **Schlechtleistung:** Lieferant liefert Ware mit Mängeln z.B. Mängel in der Art, Qualität, zu wenig geliefert)
- **Lieferverzug** (Nicht-rechtzeitig-Lieferung): Ware trifft nicht rechtzeitig ein.
- **Annahmeverzug** (Nicht-rechtzeitig-Annahme): Käufer nimmt Ware nicht an.
- **Zahlungsverzug** (Nicht-rechtzeitig-Zahlung): Ware wird vom Kunden nicht bezahlt.

Voraussetzung für die Inanspruchnahme der folgenden Rechte ist immer ein gültiger Kaufvertrag!

2.3.1 Mangelhafte Lieferung

Aus dem Kaufvertrag ergibt sich die Pflicht, dass der Lieferant die Ware frei von Sachmängeln liefern bzw. übergeben muss **(Gewährleistungspflicht).**

Das BGB § 434 definiert **Sachmängel** wie folgt:
- Die Ware weist **sichtbare und/oder unsichtbare Mängel** auf (Beschaffenheit).
- Die **falsche Ware** wurde geliefert.
- Der Verkäufer hat zu wenig geliefert **(Menge).**
- Die Ware hat nicht die **zugesicherte Eigenschaft** (z.B. Porzellan ist nicht spülmaschinenfest).
- Die **Montageanleitung ist fehlerhaft** („Ikea-Klausel").
- Die Montage einer Ware (z.B. Küchenschrank) wurde **nicht fachgerecht** durchgeführt.
- Eine **begründete Erwartung wird nicht erfüllt** (die Ware muss so beschaffen sein, wie sie der Verkäufer, der Hersteller, die Kennzeichnung des Produktes oder die Werbung versprochen hat; z.B. Kraftstoffverbrauch eines Autos).

Ist die Ware mit Mängeln behaftet, spricht man von einer **Schlechterfüllung des Kaufvertrages.** Der Verkäufer hat seine Pflicht nicht richtig erfüllt und muss diesen verdeckten oder sichtbaren Mangel beheben.

Der Käufer muss **Mängel fristgerecht anzeigen:**

Fristen, innerhalb derer Mängel anzuzeigen sind			
		Zweiseitiger Handelskauf	Einseitiger Handelskauf/ bürgerlicher Kauf
		(⟹ Teil III, Kap. 2.2.8, S. 141)	
Prüfungspflicht		unverzüglich	keine (bzw. innerhalb von 24 Monaten)
Rügepflicht	offener Mangel	unverzüglich nach Entdeckung	innerhalb von 24 Monaten nach Kauf
	versteckter Mangel	unverzüglich nach Entdeckung	innerhalb von 24 Monaten
	arglistig verschwiegener Mangel	unverzüglich nach Entdeckung innerhalb von 3 Jahren	

Für den Käufer ergeben sich aus der mangelhaften Lieferung folgende Rechte:

Vorrangige Rechte des Käufers im Falle mangelhafter Lieferung (§ 439 BGB)		
Nacherfüllung bestehend aus		
Nachbesserung (Beseitigung des Mangels)	oder (Käufer hat Wahlrecht)	**Neulieferung** (Lieferung mangelfreier Ware)

Hierbei ist zu beachten:
- Wahlrecht kann durch den Verkäufer bei unverhältnismäßig hohen Kosten verweigert werden (§ 439 BGB)
- auch bei geringfügigen Mängeln
- verschuldensunabhängig
- Nachbesserung nach 2 erfolglosen Nachbesserungen fehlgeschlagen (§ 440 BGB)
- Anspruch entfällt bei Unmöglichkeit (§ 275 BGB)

Nachrangige Rechte (nach erfolglosem Ablauf einer Nachfrist)	
Rücktritt vom Kaufvertrag (§ 323 BGB) (nicht bei geringfügigen Mängeln) **Minderung** (§ 441 BGB)	Voraussetzungen: • Nachfrist setzen Die Nachfrist ist entbehrlich, wenn • die Nacherfüllung verweigert wird, • die Nacherfüllung unzumutbar ist, • zwei Nacherfüllungen erfolglos sind, • Liefertermin kalendermäßig bestimmt ist, • ein Zweckkauf vorliegt (die Nacherfüllung für den Käufer also sinnlos ist, z.B. Snowboard nach dem Winterurlaub).
Schadenersatz neben Leistung **Schadenersatz statt Leistung** (auch neben Rücktritt) (§§ 325, 280, 281 BGB u.a.) (nicht bei geringfügigen Mängeln) **Ersatz vergeblicher Aufwendungen** (§ 284 BGB) (nicht bei geringfügigen Mängeln)	Voraussetzungen: • Verschulden • Nachfrist setzen Die Nachfrist ist entbehrlich, wenn • die Nacherfüllung verweigert wird, • die Nacherfüllung unzumutbar ist, • zwei Nacherfüllungen erfolglos sind.

2.3.2 Nicht rechtzeitige Lieferung

Der Lieferant kann in **Lieferungsverzug** geraten, d.h., er liefert die Ware nicht rechtzeitig.

Rechte des Gläubigers (Käufer) bei Lieferungsverzug	
Auf Lieferung bestehen **Auf Lieferung bestehen und Schadenersatz** (§ 286 BGB)	Voraussetzungen: • Fälligkeit (§ 271 BGB) • Verschulden (vorsätzlich/fahrlässig) (§ 276 BGB) • Mahnung Dann ist die Mahnung entbehrlich: • Lieferant verweigert die Lieferung • Liefertermin ist kalendermäßig bestimmt (z.B. Fixkauf ➡ Teil III, Kap. 2.2.8, S. 141) • Lieferant setzt sich selbst in Verzug • eilbedürftige Pflichten (z.B. eilige Reparaturen) • Zweckkauf

Schadenersatz statt Leistung (§ 281 BGB)	Voraussetzungen:
	• Fälligkeit (§ 271 BGB)
Ersatz vergeblicher Aufwendungen (§ 284 BGB)	• Verschulden (vorsätzlich/fahrlassig) (§ 276 BGB)
	• Mahnung mit angemessener Nachfrist
	Dann ist die Mahnung entbehrlich:
	• Lieferant verweigert die Lieferung.
	• Lieferant setzt sich selbst in Verzug.
	• eilbedürftige Pflichten
Rücktritt vom Kaufvertrag (§ 323 BGB)	Voraussetzungen:
	• Fälligkeit (§ 271 BGB)
	• Mahnung mit angemessener Nachfrist
	Dann ist die Mahnung entbehrlich:
	• Liefertermin ist kalendermäßig bestimmt.
	• Lieferant verweigert die Lieferung.
	• Lieferant setzt sich selbst in Verzug.

Haftungserweiterung: Bei Verzug muss der Verkäufer auch haften, wenn die Ware zufällig beschädigt wird oder verloren geht!

Die **Schadenersatzberechnung** kann auf unterschiedliche Weise erfolgen.

- Bei einem **konkreten Schaden** durch die verzögerte oder nicht erbrachte Lieferung (Leistung) kann der Schaden ganz genau bestimmt und ausgeglichen werden, z.B. durch einen Deckungskauf (Ersatzkauf bei einem anderen Lieferanten).
- Bei einem **abstrakten Schaden** (z.B. entgangener Gewinn), kann die Höhe des Schadens nicht genau bestimmt werden, daher schätzt man den Schaden oder nimmt Zahlen z.B. aus dem Vorjahresmonat.

Beim zweiseitigen Handelsgeschäft (➡ Teil III, Kap. 2.2.8, S. 141) kann durch eine **Konventionalstrafe** Klarheit über die Höhe des Schadens geschaffen werden.

2.3.3 Nicht rechtzeitige Zahlung

Problematisch wird es für ein Unternehmen, wenn der Schuldner, hier der Kunde, seiner Zahlungsverpflichtung nicht nachkommt.

Rechte des Gläubigers (Verkäufer) bei nicht rechtzeitiger Zahlung	
Zahlung verlangen (§ 286 BGB) **Zahlung verlangen und Schadenersatz** (§ 286 BGB)	Voraussetzungen: • Fälligkeit der Zahlung • Verschulden (vorsätzlich/fahrlässig) • Mahnung Mahnung entbehrlich: • 30 Tage nach Rechnungszugang • Der Schuldner verweigert die Zahlung. • Der Zahlungstermin ist festgelegt. • Selbstinverzugsetzung
Schadenersatz statt Leistung (§ 281 BGB) **Ersatz vergeblicher Aufwendungen** (§ 284 BGB)	Voraussetzungen: • Fälligkeit der Zahlung • Verschulden (vorsätzlich/fahrlässig) • Mahnung mit Nachfrist Nachfrist entbehrlich: • Der Schuldner verweigert die Zahlung. • Selbstinverzugsetzung u.a.
Rücktritt vom Kaufvertrag (§ 323 BGB)	Voraussetzungen: • Fälligkeit der Zahlung • Mahnung mit Nachfrist Nachfrist entbehrlich: • Der Schuldner verweigert die Zahlung. • kalendermäßig festgelegter Zahlungstermin • Selbstinverzugsetzung u.a.

2.3.4 Annahmeverzug (Gläubigerverzug)

Kommen wir zu den **Rechten des Verkäufers.** Hier ist als erste Kaufvertragsstörung auf Seiten des Käufers die nicht oder nicht rechtzeitige Annahme der Ware (Annahmeverzug) zu nennen.

Rechte des Gläubigers (Verkäufer) bei Annahmeverzug (§§ 373, 379 HGB)		
Bestehen auf Abnahme	notfalls mit Klage	Voraussetzungen: • Fälligkeit • Nichtannahme durch den Käufer
Bestehen auf Abnahme und Einlagerung	notfalls mit Klage Lagerung auf Kosten des Käufers	

Rücktritt vom Kauf-vertrag und ander-weitiger Verkauf	Ware muss einen Börsen- oder Marktwert haben	• ordnungsgemäßes Anbieten (§§ 271, 294 BGB)
Selbsthilfeverkauf	• öffentliche Versteigerung (Androhen mit Nachfrist) • Notverkauf (bei verderblichen Waren) • Kostenerstattung durch den Käufer	

Ein **Mehrerlös** aus einer Versteigerung muss dem Käufer zukommen. Bei einem **Mindererlös** muss der Käufer für die Restkosten aufkommen.

Eine Haftung durch den Verkäufer ergibt sich nur bei grober Fahrlässigkeit oder Vorsatz (§ 300 BGB).

Der Käufer haftet während des Verzuges für den zufälligen Untergang der Ware (z.B. höhere Gewalt; § 300 BGB).

2.4 Allgemeine Geschäftsbedingungen (AGB)

Damit nicht jeder alltägliche Vertrag individuell gestaltet und formuliert werden muss, haben die Unternehmen, um Zeit und Kosten zu sparen, die Allgemeinen Geschäftsbedingungen (AGB) vorformuliert.

Die AGB enthalten Regelungen wie z.B. Liefer- und Zahlungsbedingungen, Gewährleistungen, Eigentumsvorbehalte, Erfüllungsort und Gerichtsstand.

Die AGB werden als das „Kleingedruckte" des Vertragswerkes verstanden.

Damit der Kunde durch dieses Vertragswerk nicht benachteiligt wird, hat der Gesetzgeber im Bürgerlichen Gesetzbuch Bestimmungen zur Regelung der Allgemeinen Geschäftsbedingungen festgelegt (§§ 305 ff. BGB).

Regelungen der AGB (§§ 305 ff. BGB)	
Voraussetzungen der Gültigkeit	• ausdrücklicher Hinweis • sichtbarer Aushang • Möglichkeit, vom Inhalt in zumutbarer Weise Kenntnis zu erhalten • Zustimmung des Käufers
Wesentliche Bestimmungen	• Vorrang persönlicher Absprachen • keine unangemessene Benachteiligung des Kunden (Treu und Glauben) • Unklarheiten gehen zu Lasten des Verkäufers
Unwirksamkeit bestimmter Klauseln	• überraschende Klauseln (durch Kauf einer Ware eine bestimmte Verpflichtung einzugehen) • kurzfristige Preiserhöhungen (vor Ablauf von 4 Monaten) • Verkürzung der Gewährleistung • Vertragsstrafen bei Nichtkaufleuten

Grundsätzlich ist festgelegt, dass **die Rechte des Kunden nicht aufgehoben werden dürfen** (z.B. Schadenersatzansprüche).

2.5 Gewährleistungs- und Verjährungsfristen

Gewährleistung bedeutet, dass die Ware bei der Übergabe in einem ordnungsgemäßen Zustand sein muss, d.h. frei von erkennbaren oder nicht erkennbaren Mängeln ist.

Gewährleistungsfristen (Verjährung der Mängelansprüche) (§ 438 BGB)	
1 Jahr	Verringerung der Gewährleistung bei gebrauchten Artikeln
2 Jahre	Regelmäßige Gewährleistung bei neuen Artikeln
3 Jahre	Gewährleistung bei arglistig verschwiegenen Mängeln Beginn mit dem Ende des Jahres der Kenntnis
5 Jahre	Gewährleistung bei Baumängeln; Beginn ab Übergabe
30 Jahre	Herausgabeansprüche der Kaufsache, im Grundbuch eingetragene Rechte

Von diesen gesetzlich festgelegten Gewährleistungsfristen sind die **freiwilligen Vereinbarungen bzw. Garantien** zu unterscheiden. So kann ein Autohändler durchaus eine Garantie von 5 Jahren gegen Durchrostung des Autos geben.

Garantien können die gesetzlichen Regelungen niemals unterschreiten.

Verjährungsfristen (nach §§ 194 ff. BGB)	
3 Jahre	Regelmäßige Verjährungsfrist. Betrifft alle Forderungen von Privatleuten/Geschäftsleuten und Darlehensverträge. Beginn mit dem Ende des Jahres
10 Jahre	gilt bei Rechten an Grundstücken Beginn mit Entstehung des Anspruchs
30 Jahre	Gilt bei rechtskräftigen Ansprüchen, familien- und erbrechtlichen Ansprüchen, Ansprüchen aus einem Insolvenzverfahren (➡ Kap. 1.7, S. 186), sofern es regelmäßig wiederkehrende Leistungen sind. Beginn ab Fälligkeit des Anspruchs

Verjährungsfristen können unterbrochen oder gehemmt werden.

- **Unterbrechung** bedeutet, dass die Verjährungsfrist ab der Unterbrechung neu beginnt. Es erfolgen somit ein Abbruch und der Neubeginn der Verjährungsfrist.
  - Gründe für eine **Unterbrechung seitens des Schuldners** ist ein sog. **Schuldanerkenntnis.** Dies kann sein eine Teil-, Zinszahlung, Bitte um Stundung, Sicherheitsleistung etc.
  - **Seitens der Gläubigers** kann das ein Antrag auf eine gerichtliche Vollstreckungshandlung oder deren Durchführung sein.
- **Hemmung** bedeutet, dass eine Verlängerung der Verjährungsfrist um die Zeitspanne der Hemmung erfolgt.

  Die Verjährungsfrist wird gehemmt, wenn eine Rechtsverfolgung oder höhere Gewalt vorliegt, Verhandlungen über einen Anspruch stattfinden, ein Antrag auf Zustellung eines Mahnbescheides oder ein Leistungsverweigerungsrecht vorliegen.

2.6 *Kaufmännisches und gerichtliches Mahnverfahren*

2.6.1 Gerichtliches Mahnverfahren

Hilft auch die letzte Mahnung bei einem säumigen Zahler nichts, muss ein gerichtliches Mahnverfahren eingeleitet werden. Dieses hat Auswirkung auf die Verjährungsfrist (➡ Kap. 2.5, S. 202).

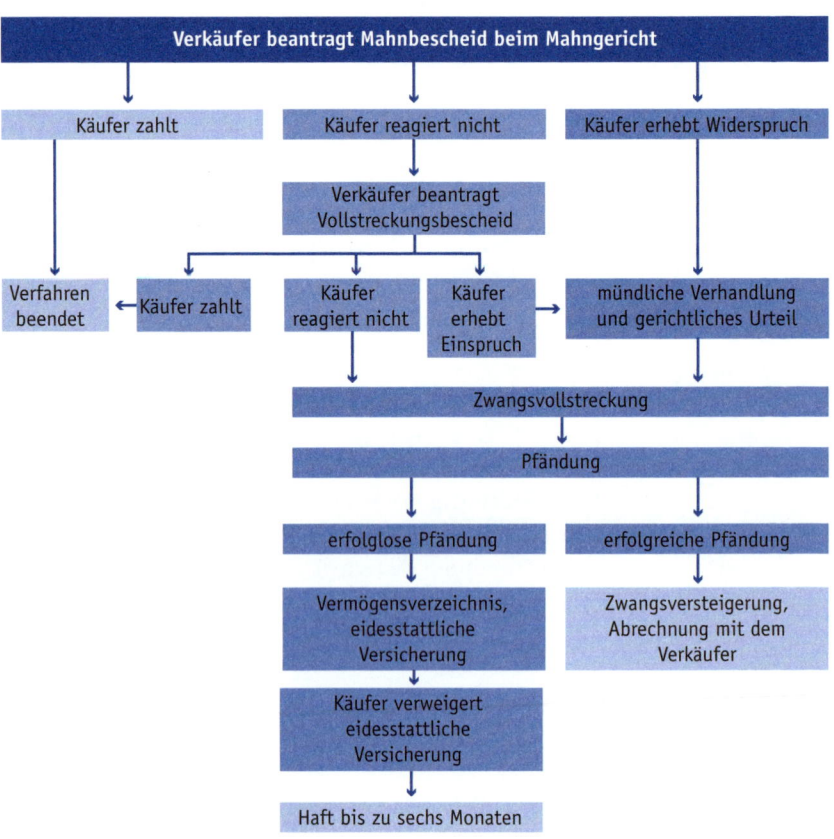

Gerichtliches Mahnverfahren

2.6.2 Kaufmännisches Mahnverfahren

Das kaufmännische Mahnverfahren wird vom Kaufmann ohne Mithilfe des Gerichtes eingeleitet und häufig vor dem gerichtlichen Mahnverfahren durchgeführt.

Es gibt auch keinerlei Bestimmungen, in welcher Form und wie häufig Mahnungen zu verschicken sind. Dies kann der Kaufmann alleine bestimmen und ist mit Sicherheit davon abhängig, wie hoch der ausstehende Zahlungsbetrag oder die eigene Liquidität ist.

Wichtig ist, dass der Gläubiger anfänglich höflich bleibt und mit zunehmender Mahnstufe immer nachdrücklicher wird.

Eine mögliche Vorgehensweise könnte folgende sein.
- Zahlungserinnerung
- Mahnung
- Mahnung per Einschreiben
- Postnachnahme, Verkauf der Forderung an Inkassoinstitut
- letzte Mahnung

3 Kernprozesse des Einzelhandels

3.1 Sortimentsgestaltung

Aufgrund ständiger Marktveränderungen sollte der Einzelhändler sein Sortiment in gewissen Zeitabständen prüfen. Zur Prüfung kann er z.B. auf die Angaben des Warenwirtschaftssystems (WWS) (➠ Teil II, Kap. 1, S. 73) zurückgreifen .

 Beispiel:

Die Absatzzahlen eines Handymodells sinken seit zwei Monaten.

Mögliche Gründe: Dieses Modell wird aufgrund der technischen Entwicklung nicht mehr so stark nachgefragt. Die Konkurrenz bietet dieses Modell wesentlich günstiger an.

Wird bei der **Sortimentskontrolle** festgestellt, dass Handlungs-
bedarf besteht, so wird der Einzelhändler im Rahmen seiner Sortimentspolitik eine Sortimentsveränderung durchführen.

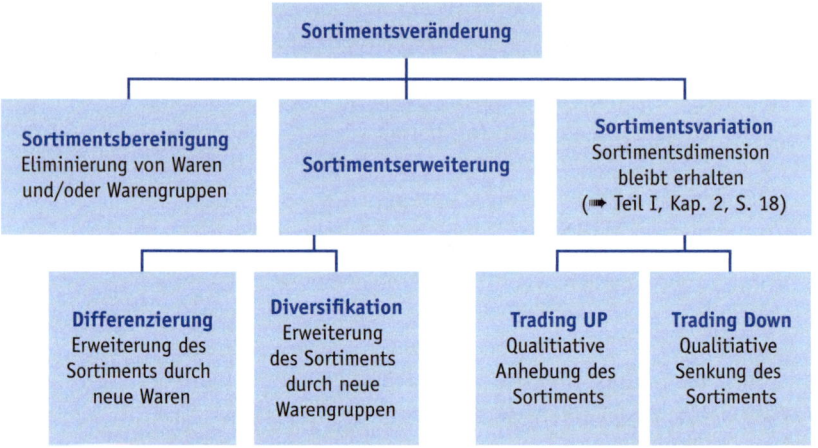

Sortimentsveränderungen im Rahmen der Sortimentspolitik

3.2 Warenbeschaffung

Bis die bestellte Ware geliefert wird, um den Bedarf des Einzelhandelsunternehmens zu decken, sind einige vorbereitende, un-
erlässliche Arbeiten auszuführen.

Bedarfsermittlung

Die Bedarfsermittlung bildet die Grundlage des Einkaufs. Ein
Bedarf entsteht, weil Waren nachbestellt werden müssen oder
eine Sortimentserweiterung oder -variation geplant sind. Jeder
Einzelhändler ist bestrebt, stets verkaufsbereit zu sein. Ein hoher
Vorrat an Waren führt zwar zu einer guten Verkaufsbereitschaft,
jedoch auch zu hohen **Lagerkosten** in Form von Raum-, Energie-,
Personal- und Kapitalbindungskosten.

**❗ Merke: Kapitalbindungskosten entstehen durch das in der
gelagerten Ware gebundene Kapital. Dieses Kapital ist bis**

zum Verkauf der Ware „tot", denn es bringt zunächst einmal keinen Ertrag. Die Anlage dieses Kapitals bei einer Bank hätte Zinsen erbracht, die dem Einzelhändler durch den Wareneinkauf entgehen (➡ Kap. 4.5, S. 238).

Ermittlung der optimalen Bestellmenge

Somit ist der Einzelhändler bemüht, seine optimale Bestellmenge zu finden. Bei dieser Menge sind die **Bestellkosten** (Materialkosten, Gebühren, Personal) und **Lagerkosten** der Ware am niedrigsten. Zwar ist die rechnerische Ermittlung der optimalen Bestellmenge leicht möglich, jedoch muss bedacht werden, dass die Bestellung dieser Menge häufig nicht sinnvoll oder nicht möglich ist. Mindestbestellmengen, Haltbarkeit der Waren, erwartete Preissenkung der Lieferanten, Lagergröße usw. erschweren die Ermittlung der optimalen Bestellmenge sowie deren Bestellung.

Gerade eine Erstbestellung von Waren wirft die Frage nach der richtigen Menge auf. Hier kann der Einzelhändler Marktforschung betreiben und unter Berücksichtigung der Kosten die zu bestellende Menge abschätzen.

Bei einer Nachbestellung orientiert sich der Einzelhändler an dem Bestellvorschlag des WWS (**Meldebestand** ➡ Teil II, Kap. 2.1, S. 77) bzw. an seinen Erfahrungswerten. Dieser kann angenommen oder vom Einzelhändler korrigiert werden.

Zu den Fragen „Was ?" und „Wie viel?" der Einzelhändler bestellen möchte, kommen die Überlegungen:

- **Bezugsquellenermittlung:** Welcher Lieferant kann liefern?
- **Bestellzeitpunkt:** Wann muss bestellt werden, damit die Ware rechtzeitig ankommt?
- **Bezugspreis:** Zu welchem Preis darf die Bestellung erfolgen?

Bezugsquellenermittlung

Bei seiner Suche nach Bezugsquellen kann der Einzelhändler auf interne und externe Informationsquellen zurückgreifen.

- **Interne Informationsquellen** stehen im Einzelhandelsunternehmen selbst zur Verfügung (z.B. Kataloge, WWS).

- **Externe Informationsquellen:** Bei einer Erstbestellung wird der Einzelhändler wahrscheinlich auf externe (außerhalb des Unternehmens liegende) Informationsquellen zurückgreifen müssen. Eine Internetrecherche, die Suche im Branchenbuch oder Fachzeitschriften, der Besuch von Messen usw. kämen als externe Quellen infrage.

Grundsätzlich sollte sich kein Einzelhändler ausschließlich auf interne Quellen verlassen, da diese bereits im Unternehmen vorliegenden Informationen veraltet und/oder überholt sein können.

Nach der Ermittlung möglicher Lieferanten wird der Einzelhändler mehrere **Anfragen** versenden und neben dem Preis auch den Lieferzeitpunkt erfragen.

Diese **bestimmten Anfragen** sollen die Lieferanten zur **Abgabe von Angeboten** veranlassen. Will der Einzelhändler nur einen Überblick über das Sortiment des Lieferanten erhalten, so wird er eine **unbestimmte Anfrage** schreiben und z.B. um einen Katalog bitten.

Angebotsvergleich

Um das beste Angebot auswählen zu können, wird der Einzelhändler nach Eintreffen der Angebote einen Angebotsvergleich durchführen. Der Angebotsvergleich umfasst zwei Stufen:

- **Quantitativer Angebotsvergleich:** Hier werden die **Bezugspreise** (➡ Teil II, Kap. 5.2.3, S. 102) der infrage kommenden Lieferanten miteinander verglichen.
- **Qualitativer Angebotsvergleich:** Beim qualitativen Angebotsvergleich werden sogenannte weiche Beurteilungskriterien (z.B. Lieferzeit, Service, Qualität der Ware) zur Bewertung eines Lieferanten herangezogen.

Bestellung

Hat sich der Einzelhändler für ein Angebot entschieden, so kann er die Ware bestellen. Das **verbindliche Angebot** (erste Willenserklärung) und die **Bestellung des Einzelhändlers** (zweite Willenserklärung) führen zum **Abschluss des Kaufvertrages**. Sollte das Angebot z.B. zeitlich begrenzt und eventuell nicht mehr gültig sein, so gilt die Bestellung als erste Willenserklärung und die Auftragsbestätigung oder Lieferung als zweite Willenserklärung (➡ Teil III, Kap. 2.2.3, S. 134).

Die aus dem Kaufvertrag entstandenen Rechte und Pflichten (➡ Teil III, Kap. 2.2.3, S. 135) müssen vom Käufer und Verkäufer beachtet werden. Der Einzelhändler (Käufer) muss den vereinbarten Zahlungstermin einhalten, und der Lieferant hat pünktlich mangelfreie Ware zu liefern. Um die Rechte bei eventueller Nicht-rechtzeitig-Lieferung (➡ Kap. 2.3, S. 196) in Anspruch nehmen zu können, muss der Einzelhändler den vereinbarten Lieferungstermin überwachen.

Bestellzeitpunkt

Die **Verkaufsbereitschaft** ist einerseits abhängig vom Lieferanten, also dem rechtzeitigen Eintreffen der Ware, aber auch vom Einzelhändler selbst. Dieser muss natürlich rechtzeitig bestellen.

Der Bestellzeitpunkt kann auf zwei unterschiedliche Weisen ermittelt werden.

- **Bestellpunktverfahren:** Bestellung beim Erreichen des Meldebestandes. Hier variieren die Bestellzeitpunkte, aber die Bestellmenge bleibt immer gleich. Beim Bestellpunktverfahren können eventuell keine Mengenrabatte genutzt werden.
- **Bestellrhythmusverfahren:** Bestellung in bestimmten festgelegten Zeitintervallen (Zeitabständen). Hier variieren die Bestellmengen, während die Bestellzeitpunkte gleich bleiben. Beim Bestellrhythmusverfahren kann es zu einem zu hohen oder zu niedrigen Warenbestand kommen.

Bezugspreis

Eine der wichtigsten Fragen bei der Bestellung wird immer die des Bezugspreises sein. Im Rahmen der **Limitrechnung** legt der Einzelhändler seinen **Etat** (Geldmittel) fest. Das Ergebnis dieser Rechnung (das freie Limit) gibt an, wie viel Geld für den Wareneinkauf der nächsten Periode zur Verfügung steht.

Limitrechnung

	Geplanter Wareneinsatz (➡ Teil II, Kap. 5.2.3, S. 102)
−	Lagerabbau oder
+	Lageranbau
=	**Einkaufslimit (Gesamtlimit)**
−	Limitreserve
−	bereits ausgelöste Bestellungen
=	**freies Limit**

 Beispiel:

Ein Einzelhändler beabsichtigt, im nächsten Monat aufgrund der guten Wirtschaftslage seinen bisherigen Wareneinsatz von 3000,00 Euro um 10 Prozent zu erhöhen. Zurzeit
hat er von der zu beschaffenden Ware noch 500 Stück à 2,00
Euro Bezugspreis auf Lager. Aus den zur Verfügung stehenden Geldmitteln möchte er 5 Prozent zurückhalten, um z.B.
zukünftige Preisaktionen des Lieferanten nutzen zu können.
Ein Blick in das WWS zeigt, dass von der zu beschaffenden
Ware bereits 100 Stück à 2,00 Euro Bezugspreis bestellt, aber
noch nicht eingetroffen sind.

	3.300,00 Euro	Geplanter Wareneinsatz
−	1.000,00 Euro	Lagerabbau
=	**2.300,00 Euro**	**Gesamtlimit**
−	115,00 Euro	Limitreserve
−	200,00 Euro	bereits vorgenommene Bestellungen
=	**1.985,00 Euro**	**freies Limit**

Der Einzelhändler kann für den Wareneinkauf über 1.985,00
Euro frei verfügen, um den geplanten Wareneinsatz zu erreichen.

3.3 Warenannahme

Die Warenannahme verlangt vom Mitarbeiter viel Aufmerksamkeit und Wissen, um eventuell Rechte aus mangelhafter Lieferung oder Lieferungsverzug (➠ Kap. 2.3, S. 196) geltend machen zu können. Gemäß Handelsgesetzbuch (HGB) gilt eine nicht geprüfte Ware als genehmigt (➠ Kap. 2.3.1, S. 197).

Ebenso kann die Warenannahme bei Inventurdifferenzen (➠ Teil II, Kap. 2.3, S. 81) eine wichtige Rolle spielen.

Nachdem der Mitarbeiter aus der Warenannahme die gelieferte Ware zweimal kontrolliert hat, wird die Ware eingelagert und im Warenwirtschaftssystem erfasst.

Bei der Erfassung wird auch die **Global Trade Item Number (GTIN)** eingegeben. Die GTIN hat die **European Article Number (EAN)** abgelöst. Diese neue internationale Warencodierung besteht ebenso wie die frühere EAN aus 13 Stellen und wird häufig als **Strichcode** dargestellt.

 Beispiel:

GTIN 4062300023369, entspricht dem Artikel Hipp Apfel-Bananen-Müsli.

Die Nummer verrät neben dem Herkunftsland auch den Hersteller der Ware. Arbeitet der Einzelhändler mit dem **Pricelookup-Verfahren (PLU),** so wird im Warenwirtschaftssystem jeder GTIN ein Preis zugeordnet. Beim Scannen des Warenstrichcodes (GTIN) wird der entsprechende Preis aus dem WWS (Warenwirtschaftssystem) abgerufen und an der Kasse angezeigt. Zugleich sinkt der Bestand des verkauften Artikels im WWS.

3.4 Warenlagerung

Wenn die Waren im Lager des Einzelhändlers eingegangen sind, müssen sie gut gepflegt und überwacht werden, damit sie verkaufsfähig bleiben. Der Einzelhändler überwacht das Lager und die Lagerkosten mithilfe seiner **Lagerbestands-** und der **Lagerbewegungskennzahlen**.

Lagerbestandskennzahlen (➠ Teil II, Kap. 2.2, S. 77)
- Mindestbestand
- Meldebestand
- Höchstbestand

Lagerbewegungskennzahlen (➠ Teil II, Kap. 2.2, S. 78)
- durchschnittlicher Lagerbestand
- durchschnittliche Lagerdauer
- Umschlaghäufigkeit

So kann er dem optimalen Lagerbestand (➠ Kap. 3.2, S. 207) möglichst nahe kommen.

3.5 Warenabsatz

Beim Kauf der Ware spielt der Preis für die meisten Kunden eine wichtige Rolle. Kunden stellen Preisvergleiche an und möchten die Preise schnell und leicht finden können. Die Auszeichnung der Ware mit dem Preis ist in der **Preisangabenverordnung** geregelt (➠ Teil I, Kap. 5.4.2, S. 68). Um die Verbraucher und Mitbewerber zu schützen, muss auch das **UWG** (➠ Teil I, Kap. 5.1.6, S. 57) beachtet werden.

Um seinen Absatz zu erhöhen und die Kosten zu senken, kann der Einzelhänder Kooperationen (➠ Teil III, Kap. 1.2.2, S. 123) eingehen.

🛈 **Merke: Eine Kooperation ist eine Form der Zusammenarbeit von Unternehmen, mit dem Ziel der Verbesserung der Wirtschaftlichkeit. Die Kooperationspartner bleiben wirtschaftlich und rechtlich selbstständig.**

- **Horizontale Kooperation:** Der Einzelhändler kooperiert mit einem Unternehmen derselben Wirtschaftsstufe.
  Beispiel: Ein Einkaufsverband im Beschaffungsbereich oder eine Werbegemeinschaft im Absatzbereich.

- **Vertikale Kooperation:** Kooperation zwischen Unternehmen unterschiedlicher Wirtschaftsstufen. Beispiel: Rack Jobber, Kommissionsvertrieb, Franchising (➠ Kap. 1.6, S. 185).

Rack Jobber

Der Einzelhändler stellt **Regalfläche gegen Entgelt** zur Verfügung, die der Kooperationspartner, z.B. der Hersteller, mit Ware bestückt, pflegt und bei Bedarf auffüllt. Diese Waren verkauft der Einzelhändler auf **fremde Rechnung,** d. h., dass er aus dem Warenumsatz eine Provision oder eine bestimmte Summe bekommt, da er nicht Eigentümer der Waren ist. Waren, die nicht verkauft werden konnten, werden vom Kooperationspartner zurückgenommen.

Der Vorteil des Rack Jobber Systems ist, dass der Einzelhändler ohne Risikoübernahme seine Einnahmen erhöhen kann und bei Abrundung seines Sortiments durch die Waren des Kooperationspartners auch seinen Umsatz steigern kann.

Kommissionsvertrieb

Kauft der Einzelhändler **(Kommissionär)** Ware auf Kommission, so bedeutet das, dass er

- Besitzer aber nicht Eigentümer der Ware wird (➠ Teil III, Kap. 2.1, S. 130),
- die Ware erst nach Verkauf bezahlen muss,
- nicht verkaufte Ware wieder zurückgeben kann,
- den mit der Kommissionsware erzielten Umsatz abzüglich einer Provision und Verkaufskosten an den Lieferanten **(Kommittenten)** bezahlen muss.

Der Verkauf der Kommissionsware geschieht somit im Namen des Einzelhändlers, aber auf Rechnung des Lieferanten. Der Einzelhändler trägt keinerlei Risiken.

3.6   Kassenabwicklung

Je nachdem, welche Zahlungsmöglichkeiten der Einzelhändler anbietet (➠ Teil I, Kap 4.2, S. 36), ist bei der Kassenabrechnung

(➠ Teil II, Kap. 4, S. 87) des Tages der **Tagesumsatz** oder die **Tageslosung** zu ermitteln.

Für die Berechnung des Tagesumsatzes gilt:

Berechnung des Tagesumsatzes
Bargeldbestand bei Geschäftsschluss
– Wechselgeld
– Bareinlagen, die nicht aus dem Warenverkauf an Kunden stammen (z.B. Privateinlagen des Geschäftsführers)
+ Bargeldentnahmen im Laufe des Tages (z.B. Privatentnahmen des Geschäftsführers, Kassenabschöpfung, Bezahlung von Wareneinkäufen bar)
+ Kartenzahlungen
= Tagesumsatz

4 Unterstützende Prozesse des Einzelhandels

Um die Sortimente zu optimieren und so den Kundenwünschen gerecht zu werden, setzt der Kaufmann ein elektronisch gestütztes Warenwirtschaftssystem ein (➠ Teil II, Kap. 1, S. 73). Das hilft ihm gleichzeitig, den Warenbestand zu optimieren und so die Kosten möglichst gering zu halten. Er schafft damit die Basis für eine erfolgsorientierte Unternehmensleitung. Zahlreiche Peripheriegeräte (➠ Teil II, Kap. 1.2, S. 74) helfen ihm, die Warenströme zu kontrollieren und so die richtigen Entscheidungen zu treffen. Idealerweise sind Warenwirtschaftssystem und das Rechnungswesen (➠ Teil II, Kap. 5, S. 89) miteinander verbunden, sodass die relevanten Daten zwischen den einzelnen Modulen ausgetauscht werden können. Datenkassen, mobile Daten-Erfassungsgeräte (MDE) etc. müssen vom Einzelhändler beschafft und in seine Kostenrechnung eingestellt werden.

4.1 Anlagenwirtschaft

Für seine **Anlagegüter** führt der Einzelhändler ein **Anlagenverzeichnis,** in dem das Beschaffungsjahr und die Anschaffungskosten dokumentiert sind. Die **Anschaffungskosten** setzen sich aus dem **Preis des Anlagegutes** zusammen und den **Anschaffungsnebenkosten.** Anschaffungsnebenkosten sind alle Kosten, die entstehen, um das Anlagegut in Betrieb zu nehmen.

Anschaffungsnebenkosten
Nettopreis des Anlagegutes
+ Anschaffungsnebenkosten
= **Anschaffungskosten**

 Beispiel:

Der Lebensmittelhändler braucht einen neuen Tiefkühlschrank für 6.500,00 Euro. Dafür müssen für 600,00 Euro ein Betonsockel gegossen und für 400,00 Euro ein elektrischer Anschluss gelegt werden. Die Anschaffungskosten betragen also insgesamt 7.500,00 Euro.

Durch Gebrauch und Fortentwicklung der Technik verliert der Tiefkühlschrank im Lauf der Zeit immer mehr an Wert. Um diesen **Wertverlust** zu kompensieren, berücksichtigt der Kaufmann den Wertverlust in seiner Buchführung und Kalkulation; er „schreibt den Kühlschrank ab". Da zusätzlich durch Wartung und Betrieb des Kühlschranks weitere Kosten entstehen, vermindert sich der Gewinn, und **die gewinnabhängigen Steuern sinken.** Deshalb ist die Höhe der **Absetzung für Abnutzung (AfA),** wie die **Abschreibung** offiziell heißt, vom Bundesminister der Finanzen begrenzt worden. Für Kühlanlagen gilt eine betriebsübliche Nutzungsdauer von 8 Jahren, bis die Kühlanlage „verbraucht" ist. Der Kaufmann kann also jährlich einen **Abschreibungssatz** von 12,5 Prozent geltend machen (100 Prozent : 8).

In unserem Beispiel kann also ein Betrag von 937,50 Euro (12,5 Prozent der Anschaffungskosten von 7.500,00 Euro) 8 Jahre lang abgeschrieben werden.

Selbstverständlich kann der Kaufmann das Anlagegut auch länger nutzen. Es bleibt dann mit dem **Erinnerungswert** von 1 Euro in seinem Anlagenverzeichnis erhalten.

Dieses Abschreibungsverfahren wird als **lineare Abschreibung** bezeichnet, weil in jedem Jahr der gleiche Abschreibungssatz berücksichtigt wird und der Abschreibungsbetrag deshalb über die Dauer der Abschreibung gleich (linear) bleibt.

Das Verfahren der **degressiven Abschreibung,** d.h., die Abschreibung jeweils vom Restbuchwert des Anlagegutes mit dadurch jährlich geringer werdenden Abschreibungsbeträgen, ist derzeit vom Bundesfinanzministerium ausgesetzt (Stand Feb. 2013).

Anlagegüter unter 150 Euro kann der Unternehmer sofort als Kosten geltend machen. Anlagegüter mit einem Wert von 150 bis 1.000 Euro werden als **geringwertige Wirtschaftsgüter** bezeichnet. Sie können auf einem Sammelkonto gemeinsam bewertet und über 5 Jahre mit jährlich 20 Prozent abgeschrieben werden. Dabei können Anlagegüter bis 410 Euro wahlweise auch direkt als Kosten berücksichtigt werden.

4.2 Kosten- und Leistungsrechnung (KLR)

In der Finanzbuchhaltung der Unternehmung werden alle geschäftlichen Vorgänge erfasst und dokumentiert. Der Unternehmer betreibt diese aufwendigen Vorgänge nicht nur, weil es gesetzlich vorgeschrieben ist, sondern vor allen Dingen auch deswegen, weil er eine **verlässliche Grundlage und Unterstützung für seine unternehmerischen Entscheidungen** braucht.

Die im **Grund- und Hauptbuch** seiner Unternehmung unter gesetzlichen Aspekten gesammelten **Geschäftsfälle** wird der Unternehmer in der Kosten- und Leistungsrechnung (KLR) nach betrieblich notwendigen Gesichtspunkten aufbereiten.

4.2.1 Aufwendungen und Kosten

Alle Aufwendungen des Unternehmens werden in der **Gewinn-und Verlustrechnung** erfasst (➡ Teil II, Kap. 5.2.2, S. 100). Sie führen im Endeffekt zu einer **Minderung des Eigenkapitals** (➡ Teil II, Kap. 5.2.1, S. 96). Nicht alle Aufwendungen sind aber durch den Betriebszweck bedingt.

Der Betrieb eines Einzelhändlers hat den Zweck, Ware einzukaufen, sie zu lagern und sie dann zu einem höheren Preis als dem Einkaufspreis zu verkaufen.

Wenn aber nun ein Unternehmer z.B. in seinem Geschäftsgebäude neue Fenster einsetzen lässt, dann ist das kein betrieblicher Aufwand. Auch der Ankauf von Aktien ist kein betrieblich bedingter Aufwand.

Deshalb unterscheidet der Unternehmer folgende Aufwendungen:

- **Aufwendungen:** alle Anstrengungen der Unternehmung
- **Neutrale Aufwendungen** dienen nicht dem Betriebszweck, z.B. betriebsfremde Aufwendungen, wie der Umbau des Geschäftsgebäudes, der Ankauf von Aktien etc.
- **Periodenfremde Aufwendungen** gehören zu einer vergangenen oder zukünftigen Wirtschaftsperiode, wie Steuernachzahlungen.
- **Außerordentliche Aufwendungen** fallen unregelmäßig an oder haben eine außergewöhnliche Höhe, wie z.B. die Unfallreparatur eines Lieferwagens.

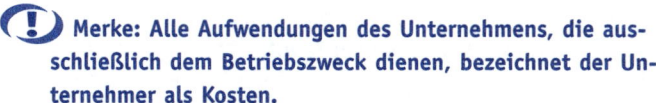 **Merke: Alle Aufwendungen des Unternehmens, die ausschließlich dem Betriebszweck dienen, bezeichnet der Unternehmer als Kosten.**

4.2.2 Erträge und Leistungen

So wie der Einzelhändler alle messbaren Anstrengungen seiner Unternehmung als Aufwendungen bezeichnet, nennt er alle Zuwächse, die durch die unternehmerische Tätigkeit der Unternehmung erwirtschaftet werden, **Erträge.**

Diese Erträge werden dann genau wie die Aufwendungen daraufhin untersucht, ob sie durch den Betriebszweck entstanden sind. Wenn das der Fall ist, werden diese Erträge als **Leistungen** bezeichnet.

Die Erträge, die nicht durch die betriebliche Tätigkeit entstehen, werden dann als **neutrale Erträge** bezeichnet.

> **①** **Merke: Alle Zuwächse, die ausschließlich durch die Verfolgung des Betriebszwecks erwirtschaftet werden, bezeichnet der Unternehmer als Leistungen.**

Folgende Erträge werden unterschieden:
* **Erträge:** alle Zuwächse der Unternehmung
* **Neutrale Erträge** sind nicht durch den Betriebszweck verursacht, z.B. betriebsfremde Erträge wie Mieteinnahmen aus vermieteten Garagenräumen
* **Periodenfremde Erträge:** z.B. Steuerrückzahlungen aus vergangenen Wirtschaftsjahren
* **Außerordentliche Erträge:** z.B. die Zahlung einer Kfz-Versicherung für einen Unfallschaden

> **①** **Merke: Kosten und Leistungen sind Anstrengungen und Zuwächse einer Unternehmung, die betrieblich verursacht sind, regelmäßig anfallen und periodengerecht sind.**

4.2.3 Kostenartenrechnung

In der Gewinn- und Verlustrechnung (GuV ➡ Teil II, Kap. 5.2.2, S. 100) wird das **Unternehmensergebnis** ermittelt. Um das Ergebnis zu ermitteln, das nur durch die betrieblichen Kosten und Leistungen entstanden ist, also das **Betriebsergebnis,** wird im Rechnungswesen durch eine Abgrenzungsrechnung eine Trennung zwischen Aufwendungen und Erträgen sowie Kosten und Leistungen vorgenommen.

Hier ein Beispiel:

Nr.	Vorgang	Unternehmens-ergebnis		neutrale Beträge		Betriebsergebnis	
		Aufw.	Ertrag	Aufw.	Ertrag	Kosten	Leistung
1	Wareneinkauf	50.000,00				50.000,00	
2	Mieteinnahme Garage		600,00		600,00		
3	Löhne	7.000,00				7.000,00	
4	Warenverkäufe		95.000,00				95.000,00
5	Erstattung Versicherung Kfz-Unfall		3.000,00		3.000,00		
		57.000,00	98.600,00	–	3.600,00	57.000,00	95.000,00
		Unternehmensgewinn 41.600,00				**Betriebsgewinn 38.000,00**	

- Das **Unternehmensergebnis** weist Aufwendungen in Höhe von 57.000,00 Euro und Erträge von 98.600,00 Euro aus, es ergibt sich also ein Unternehmensgewinn von 41.600,00 Euro.
- Als **neutrale Beträge** werden die Positionen 2 und 5 abgegrenzt. Das ergibt neutrale Erträge von 3.600,00 Euro.
- Das **Betriebsergebnis** weist Kosten in Höhe von 57.000,00 Euro und Leistungen von 95.000 Euro aus (98.600,00 Euro abzüglich der abgegrenzten Beträge von 3.600,00 Euro aus den Positionen 2 und 5), es ergibt sich also ein Betriebsgewinn von 38.000,00 Euro.

 **Merke:**

Unternehmensergebnis
– neutrales Ergebnis
_____
= **Betriebsergebnis**

4.2.4 Kostenstellenrechnung

Die so ermittelten Kosten und Leistungen sind die Basis für die Kosten- und Leistungsrechnung. Dort werden die ermittelten Kosten zunächst einzelnen Kostenstellen zugerechnet.

Kostenstellen können sein

- einzelne Produkte oder Warenbereiche (Tiefkühlkost, Nährmittel usw.),
- Funktionsbereiche (Einkauf, Lager, Verkauf) oder
- Verantwortungsbereiche, (Filiale 1, Filiale 2 usw.).

Einzelkosten können der jeweiligen Kostenstelle genau zugerechnet werden.

Darüber hinaus wird es aber auch immer Kosten geben, die der einzelnen Kostenstelle nicht genau zugerechnet werden können, wie z.B. die Energiekosten für die Beleuchtung des Lagers, in dem mehrere Warengruppen gelagert sind. Diese Kosten werden als **Gemeinkosten** bezeichnet.

Der Unternehmer wird diese Gemeinkosten dann nach einem sachgerechten Schlüssel in einem **Betriebsabrechnungsbogen (BAB)** auf die einzelnen Kostenstellen verteilen. Die Energiekosten des Lagers könnten z.B. nach der Quadratmeterfläche zugerechnet werden, die die Artikel einer Produktgruppe benötigen.

Verteilung der Gemeinkosten					
Kostenart	Gemein-kosten	Verteilungs-schlüssel	Kosten-stelle 1	Kosten-stelle 2	Kosten-stelle 3
Energie	12.000,00	6 : 2 : 4	6.000,00	2.000,00	4.000,00
betriebliche Steuern	15.000,00	3 : 2 : 10	3.000,00	2.000,00	10.000,00

Ist die Kostenstelle z.B. eine Warengruppe, so kann auf diese Weise der **Handlungskostenzuschlag** verursachergenau ermittelt werden. Die Einzelkosten entsprechen dem Einstandspreis (Bezugspreis ➠ Teil II, Kap. 5.2.3, S. 102). Die Summe der Gemeinkosten ergibt dann bezogen auf die Einzelkosten den Handlungskostenzuschlag:

 **Merke:**

Einzelkosten = 100 %
Gemeinkosten = x %

Handlungskostenzuschlag $= \dfrac{\text{Gemeinkosten x 100}}{\text{Einzelkosten}}$

4.2.5 Kostenträgerstückrechnung

So ergibt sich aus der Kostenstellenrechnung die Kostenträgerstückrechnung, denn nun können die vom jeweiligen Produkt oder der jeweiligen Warengruppe verursachten Kosten auf den Einstandspreis aufgeschlagen werden, damit der spätere Verkaufspreis auf jeden Fall die Kosten des jeweiligen Produkts erlöst **(Selbstkostenpreis).**

Allerdings muss der Unternehmer als Entgelt für seine Arbeit noch den **Unternehmerlohn** berücksichtigen, für sein eingesetztes Kapital eine entsprechende **Kapitalverzinsung** und noch einen bestimmten **Wagniszuschlag,** damit er auch einmal schlechte Zeiten überstehen kann. Diese drei Komponenten machen den **Gewinnzuschlag** aus und ergeben addiert zum Selbstkostenpreis den Nettoverkaufspreis (Kalkulationsschema ➠ Teil II, Kap. 6.1, S. 106).

4.2.6 Vor- und Nachkalkulation

Der Kaufmann muss überprüfen, ob der kalkulierte Verkaufspreis am Markt auch tatsächlich erzielt worden ist. Nachdem er also in einer Vorkalkulation mithilfe der Einzelkosten und der ermittelten Zuschläge für Handlungs-(gemein-)kosten und Gewinn den Nettoverkaufspreis und nach Zurechnung der Umsatzsteuer den Bruttoverkaufspreis ermittelt hat, wird der Unternehmer in einer Nachkalkulation überprüfen, ob seine Rechnung tatsächlich aufgegangen ist.

Denn nur nach Dokumentation der Abverkäufe und der eingenommenen Erlöse ist es dem Unternehmer möglich, die tatsächlichen Kosten zu bestimmen und den tatsächlich erzielten Gewinn zu berechnen. Diese Nachkalkulation wird dazu führen, dass der Unternehmer nachforschen wird, wie seine Pläne aufgegangen sind. Sowohl die festgestellten Mehrerlöse als auch vor allem eventuelle Mindererlöse werden zu Entscheidungen führen, damit in der Zukunft die Kalkulation zielgenauer wird.

4.2.7 Deckungsbeitragsrechnung

Grundsätzlich können Kosten nach ihrer Entstehungsart unterschieden werden:

- **Fixkosten** sind Kosten, die unabhängig von der Absatzmenge entstehen. Viele Gemeinkosten (Handlungskosten) sind daher Fixkosten.
- **Variable Kosten** sind im Unterschied dazu mengenabhängige Kostenteile, die mit der Absatzmenge steigen oder fallen. Das sind im Einzelhandel natürlich in der Regel die Bezugspreise.

In der Deckungsbeitragsrechnung überprüft der Unternehmer nun, wie hoch der Anteil ist, den z.B. eine Warengruppe an den fixen Kosten trägt. Hier ein Beispiel für die Warengruppe Bürobedarf:

Beispiel:

	Umsatzerlöse (netto)	55.000,00	
–	Wareneinsatz	30.000,00	
=	Rohgewinn	25.000,00	
–	Handlungskosten	13.000,00	(variabel, z.B. Werbung)
=	**Deckungsbeitrag**	**12.000,00**	(Anteil zur Deckung der fixen Kosten)

Sind die fixen Kosten, die dieser Warengruppe zugerechnet werden, geringer als 12.000,00 Euro, z.B. 8.000,00 Euro, ergibt sich für diese Warengruppe ein Gewinn von 4.000,00 Euro.

Auf diese Weise kann der Unternehmer nun seine Preis- (⮕ Teil I, Kap. 5.4, S. 65) aber auch seine Sortimentspolitik (⮕ Teil I, Kap 2, S. 17; Kap. 3.1, S. 205) entsprechend steuern.

4.2.8 Kurzfristige Erfolgsrechnung (KER)

Für die kurzfristige Erfolgsrechnung (KER) nutzt der Unternehmer die Daten, die ihm heutzutage das elektronisch gestützte Warenwirtschaftssystem zur Verfügung stellt.

Folgende Daten werden ihn besonders interessieren:
- **Wareneinsatz** (auch im prozentualen Verhältnis zum Umsatz)
- **Umsatzerlöse**
- **Rohgewinn** (auch im prozentualen Verhältnis zum Umsatz)
- **Lagerbestand** (absolut und im Durchschnitt)
- **Lagerumschlag**

Diese Daten sind über das WWS praktisch stündlich abrufbar, sodass eine schnelle Reaktion möglich ist, sollten sich Fehlentwicklungen zeigen, die das Erreichen des Unternehmensziels beeinträchtigen.

4.2.9 Statistiken

Im Unternehmen werden vielfältige Daten produziert, die dann ausgewertet werden. Dazu gehören:
- **Absatzstatistiken** (in Euro, aber auch Stück, Meter usw.)
- **Umsatzstatistiken** (Absatz bewertet in Euro)
- **Personalstatistiken** (Umsatz pro Verkäufer, auch je Einsatzstunde)
- **Kundenstatistiken** (Bonsummen, Bonzeiten, usw.)

Diese Statistiken (➧ Teil II, Kap. 5.2.5, S. 104) sagen aber nur dann etwas aus, wenn **Vergleichswerte** zur Verfügung stehen. Diese Vergleichswerte können aus dem eigenen Unternehmen kommen, z.B. aus der Vorjahresvergleichzeit, können aber auch Branchenzahlen sein, die von der jeweiligen Branche , z.B. durch den Handelsverband Deutschland, Einzelhandel (HDE) veröffentlicht oder den Mitgliedern zur Verfügung gestellt werden.

4.2.10 Rückwärtskalkulation mit Kalkulationsabschlag und Handelsspanne

Das Kalkulationsschema ist schon im Kapitel Warenwirtschaft vorgestellt worden (➡ Teil II, Kap. 6.1, S. 106). Hier wurde deutlich, dass die Kalkulation immer dem gleichen Schema folgt:

Kalkulationsschema
Listeneinkaufspreis (LEP)
– Liefererrabatt
= Zieleinkaufspreis (ZEP)
– Liefererskonto
= Bareinkaufspreis (BarEP)
+ Bezugskosten
= Bezugs-(Einstands-)preis (BezP)
+ Handlungskosten
= Selbstkostenpreis (SKP)
+ Gewinn
= Nettoverkaufspreis (NVP)
+ Umsatzsteuer
= Bruttoverkaufspreis (BVP)

Verkürzungen der Kalkulation, die in einem einzigen Schritt vom Bezugspreis zum Bruttoverkaufspreis führen, sind ebenfalls vorgestellt worden: der **Kalkulationszuschlag** (➡ Teil II, Kap. 6.3, S. 109) als prozentualer Wert, der auf den Bezugspreis geschlagen wird oder der **Kalkulationsfaktor** (➡ Teil II, Kap. 6.2, S. 109), der mit dem Bezugspreis multipliziert wird, um den Bruttoverkaufspreis zu errechnen.

Will der Unternehmer ausgehend von einem Marktpreis (Bruttoverkaufspreis) den Bezugspreis berechnen, wendet er die **Rückwärtskalkulation** an (➡ Teil II, Kap. 6.4, S. 110). Für diese gibt es ebenfalls zwei Vereinfachungsverfahren:

Der **Kalkulationsabschlag** führt in einem Schritt vom Bruttoverkaufspreis zum Bezugspreis:

Bruttoverkaufspreis (BVP)
− Kalkulationsabschlag (in Prozent)
= Bezugspreis (BezP)

Der Kalkulationsabschlag kann berechnet werden, wenn einmalig der Bruttoverkaufspreis und der Bezugspreis bekannt sind:

Bruttoverkaufspreis = 100 Prozent
(Bruttoverkaufspreis − Bezugspreis) = x Prozent?

Kalkulationsabschlag $= \dfrac{100 \times (BVP - BezP)}{BVP}$

Die **Handelsspanne** geht dagegen vom Nettoverkaufspreis (NVP) aus. Sie entspricht also dem Rohgewinn (= Differenz zwischen NVP und BezP). Aus einer Kalkulation lässt sie sich leicht berechnen:

Nettoverkaufspreis = 100 Prozent
(Nettoverkaufspreis − Bezugspreis) = x Prozent?

Handelsspanne $= \dfrac{100 \times (NVP \quad BezP)}{NVP}$

4.3 Personalwirtschaft

4.3.1 Personalplanung

Ein wichtiger Bestandteil der Personalwirtschaft ist die Personalplanung. Sie dient der Versorgung des Betriebs mit dem nötigen Personal **(quantitative Personalplanung)** mit der entsprechenden Qualifikation **(qualitative Personalplanung).**

Die Personalplanung unterteilt sich in verschiedene Bereiche:
• **Personalbedarfsplanung**
• **Personalbeschaffung**
• **Personaleinsatzplanung**
• **Personalentwicklung**
• **Personalfreisetzung.**

Die **Personalbedarfsplanung** macht regelmäßig einen Vergleich zwischen dem vorhandenen Personal (Ist-Wert) und dem benötigten Personal (Soll-Wert) und leitet daraus ab, ob Mitarbeiter eingestellt oder entlassen werden müssen.

Die **Personalbeschaffung** widmet sich der Beschaffung qualifizierter Mitarbeiter. Hierzu gehören zunächst die Ausschreibung von offenen Stellen, die Durchführung von Bewerbungsgesprächen und anderen Auswahlverfahren (z.B. Assessment Center), die Auswahl neuer Mitarbeiter und deren Einstellung.

Um einen Mitarbeiter einzustellen, erstellt die Personalabteilung einen Arbeitsvertrag, der von beiden Seiten unterschrieben wird. Zusätzlich muss der Arbeitnehmer noch seine **Lohnsteuerkarte** (auch digital), seinen **Sozialversicherungsnachweis,** die Mitgliedsbescheinigung einer **Krankenkasse** und die **Urlaubsbescheinigung** des letzten Arbeitgebers abgeben.

Die **Personaleinsatzplanung** kümmert sich um die tägliche Personalversorgung im Unternehmen und setzt die Mitarbeiter entsprechend ihrer Arbeitsverträge in Einsatzplänen ein. Dabei berücksichtigt sie die vertraglich vereinbarte, wöchentliche Arbeitszeit, Pausenzeiten, die Berufsschultage der Auszubildenden, Urlaubszeiten und ähnliches.

Die **Personalentwicklungsplanung** beschäftigt sich mit der Anpassung der Mitarbeiter an die betrieblichen Erfordernisse der Arbeit. Dabei könnte es sich um eine Qualifizierung für die Nutzung einer neuen Maschine handeln, aber auch um die Fortbildung von Führungspersonal. Fortbildungen können sowohl intern als auch extern durchgeführt werden.

Die **Personalfreisetzung** beschäftigt sich mit der Entlassung von Mitarbeitern. Die Kündigungsgründe lassen sich in zwei Gruppen teilen:
- Die **außerordentliche Kündigung** setzt eine grobe, schuldhafte Pflichtverletzung voraus. Aufseiten der Arbeitnehmer könnten dies Diebstahl, Arbeitsverweigerung, Betrug, beabsichtigte schlechte Arbeitsleistungen o.Ä. sein.

Aufseiten der Arbeitnehmer könnte es sich um Nichtzahlung des Lohns, Nötigung oder Gesetzesverstöße handeln.

Eine außerordentliche Kündigung bedarf in der Regel einer **Abmahnung,** die jedoch bei sehr schweren Verstößen unterbleiben kann.

- Die **ordentliche Kündigung** ist nur aus verschiedenen Gründen möglich. Dabei gelten die gesetzlichen Kündigungsfristen.

Besondere Berufsgruppen unterliegen einem **besonderen Kündigungsschutz** und können nicht oder nur unter besonderen Voraussetzungen gekündigt werden.

Berufsgruppen mit besonderem Kündigungsschutz	
Arbeitnehmer	besonderer gesetzlicher Kündigungsschutz
Schwerbehinderte	nur mit Zustimmung des Integrationsamtes
werdende Mütter	Eine Kündigung ist nicht zulässig.
Auszubildende nach Ablauf der Probezeit	Eine Kündigung ist (mit wenigen Ausnahmen) nicht möglich.
Mitglieder des Betriebsrates oder der Auszubildendenvertretung	Eine Kündigung ist nicht zulässig.

Die ordentliche Kündigung durch den Arbeitgeber ist nur möglich, wenn er nachweisen kann, dass die Kündigung sozial gerechtfertigt ist. Dies gilt jedoch nur, wenn der gekündigte Arbeitnehmer länger als 6 Monate im Unternehmen ist und der Betrieb mehr als 10 Arbeitnehmer beschäftigt.

Für eine sozial gerechtfertigte Kündigung gibt es drei mögliche Gründe:

- **Verhaltensbedingte Kündigung:** Der Kündigungsgrund liegt hier im Verhalten der Person, z.B. ein Mitarbeiter kommt dauernd zu spät zur Arbeit. Der Kündigungsgrund muss in diesem Falle schwerwiegend sein. Der Kündigung geht in der Regel eine Abmahnung voraus.

- **Personenbedingte Kündigung:** Der Kündigungsgrund liegt in der Person des Arbeitnehmers, z.B. ein Fliesenleger hat einen Bandscheibenvorfall und kann nicht mehr arbeiten. Die Kündigung ist in diesem Falle nur rechtens, wenn eine Weiterbeschäftigung für den Betrieb unzumutbar ist.
- **Betriebsbedingte Kündigung:** Der Kündigungsgrund liegt in betrieblichen Erfordernissen, z.B. eine schlechte wirtschaftliche Lage zwingt das Unternehmen zu Stellenkürzungen. In diesem Falle ist eine Kündigung nur dann rechtens, wenn die Auswahl der zu kündigenden Person unter sozialen Gesichtspunkten erfolgt.

4.3.2 Personalstammblatt, Lohn- und Gehaltsabrechnung

Nachdem ein Mitarbeiter eingestellt wurde, erstellt die Personalabteilung in der Regel ein **Personalstammblatt,** welches alle wesentlichen Informationen zu dem neuen Arbeitnehmer enthält. Mithilfe dieses Personalstammblattes kann die Personalabteilung die Gehaltsabrechnung des Mitarbeiters durchführen.

Für die Gehaltsabrechnung benötigt die Personalabteilung verschiedene Informationen.

Für die Berechnung der **Lohnsteuer,** des **Solidaritätsbeitrags** und eventuell der **Kirchensteuer** benötigt die Personalabteilung die Steuerklasse. Die **Steuerklasse** ist auf der digitalen **Lohnsteuerkarte** vermerkt und kann auf Antrag beim Finanzamt geändert werden.

Entsprechend der Lebenssituation und der Wünsche des Arbeitnehmers bekommt er vom Finanzamt eine von 6 Steuerklassen.

Steuerklassen	
Steuerklasse I	ledige, geschiedene, verwitwete oder verheiratete Arbeitnehmer, die von ihrem Ehegatten dauernd getrennt leben oder deren Ehegatte im Ausland lebt
Steuerklasse II	in Steuerklasse I genannte Arbeitnehmer, in deren inländischer Wohnung mindestens ein Kind lebt

Steuerklasse III	• verheiratete Arbeitnehmer die nicht dauernd getrennt leben und deren Ehegatte kein Einkommen bezieht oder auf Antrag in Steuerklasse V eingestuft wird • oder: verwitwete Ehegatten, in dem Kalenderjahr, das dem Todesjahr des Ehegatten folgt
Steuerklasse IV	verheiratete Arbeitnehmer, die nicht dauernd getrennt leben und beide Arbeitsentgelt beziehen
Steuerklasse V	Arbeitnehmer erhalten diese Steuerklasse, wenn auf Antrag der Ehegatte Steuerklasse III erhält.
Steuerklasse VI	Arbeitnehmer, die gleichzeitig mehrere Arbeitsstellen haben

Entsprechend der Steuerklasse und der Anzahl der auf der Lohnsteuerkarte eingetragenen Kinder bemisst sich die steuerliche Belastung des Arbeitgebers.

Die **Kirchensteuer** wird bei den Arbeitnehmern abgezogen, die einer „steuererhebenden Religionsgemeinschaft" angehören.

Der folgende Auszug aus einer **Lohnsteuertabelle** veranschaulicht den Zusammenhang. Er zeigt die **Lohnsteuer** der verschiedenen Steuerklassen. Die Höhe der Kirchensteuer (je nach Bundesland 8 oder 9 Prozent der Lohnsteuer) und des **Solidaritätszuschlags** (5,5 Prozent der Lohnsteuer) ist abhängig von der Anzahl der auf der Lohnsteuerkarte eingetragenen Kinder. Ein Kind kann auch auf beide Eltern angerechnet werden (jeweils 0,5 Kinderfreibeträge).

Auszug aus einer Lohnsteuertabelle

Kinderfreibetrag			0		0,5		1		1,5	
Lohn/ Gehalt	Steuer- klasse	Lohn- steuer	SolZ	KiStr	SolZ	KiStr	SolZ	KiStr	SolZ	KiStr
2793,00	I	415,91	22,87	37,43	18,09	29,60	13,56	22,19	9,29	15,20
	II	382,83	–	–	16,36	26,78	11,93	19,53	7,76	12,70
	III	**193,00**	10,62	17,37	–	11,26	**–**	**5,98**	–	1,54
	IV	415,91	22,87	37,34	20,45	33,46	18,09	29,60	15,79	25,84
	V	712,08	39,16	63,08	–	–	–	-	–	–
	VI	748,33	41,15	67,35	–	–	–	-	–	–

Neben den Steuern werden ebenfalls die **Sozialversicherungs-beiträge** vom Bruttogehalt berechnet und an die Sozialversicherungsträger abgeführt (➠ Teil III, Kap. 3.4.1, S. 154).

Als letztes werden unter Umständen noch die **vermögenswirksamen Leistungen (VL)** vom Arbeitgeber einbehalten und weitergeleitet.

Vermögenswirksame Leistungen sind Geldleistungen des Arbeitgebers, die nicht ausgezahlt, sondern langfristig angelegt werden. Der Arbeitnehmer kann so zusätzlich zu den gewährten Leistungen des Arbeitgebers eigenes Geld ansparen.

Unter bestimmten Voraussetzungen werden die VL zusätzlich durch den Staat gefördert.

Voraussetzungen für die staatliche Förderung der VL			
Anlageform	Arbeitnehmer-sparzulage	max. geförderte Sparleistung	Einkommensgrenze
Bauspar-vertrag	9 Prozent	470 Euro/Jahr	• Ledige: 17.900 Euro/Jahr • Verheiratete: 35.800 Euro/Jahr
Investment-sparvertrag	20 Prozent	400 Euro/Jahr	• Ledige: 20.000 Euro/Jahr • Verheiratete: 40.000 Euro/Jahr

Stand Feb. 2013

Die folgende Tabelle zeigt einen **Auszug aus einem Personalstammblatt:**

Name	Max Mustermann
Geburtsdatum	30.09.1974
Abteilung	Verkauf
Funktion	Mitarbeiter
Lohn/Gehalt	2415,00 Euro
Prämie	350,00 Euro
Finanzamt	Bonn-Außenstelle

Steuerklasse	III
Kinderfreibetrag	1
Konfession	römisch-katholisch
Krankenkasse	AOK Rheinland
Wochenarbeitszeit	42 Stunden
Urlaubsanspruch	35 Tage
Arbeitgeberanteil Vermögenswirksame Leistungen	28,00 Euro
Gesamtbetrag VL	40,00 Euro
Zahlungsempfänger	Schwäbisch Hall Bausparkasse

Mithilfe dieser Informationen lässt sich nun eine **Gehaltsabrechnung** für Max Mustermann durchführen.

Grundgehalt (Personalstammblatt)	2415,00 Euro	
Prämie (aus Personalstammblatt)	350,00 Euro	
AG-Anteil VL (aus Personalstammblatt)	28,00 Euro	
Bruttogehalt		2793,00 Euro
Lohnsteuer (aus Lohnsteuertabelle)	193,00 Euro	
Solidaritätszuschlag (aus Lohnsteuertabelle)	0,00 Euro	
Kirchensteuer (aus Lohnsteuertabelle)	5,98 Euro	
Abzüge Steuern		198,98 Euro
Krankenversicherung Arbeitnehmer (AN): 7,3 % + 0,9 % = 8,2 %	229,03 Euro	

Pflegeversicherung AN: 1,025 %	28,63 Euro	
Rentenversicherung AN: 9,45 %	263,94 Euro	
Arbeitslosenversicherung AN: 1,5 %	41,90 Euro	
Abzüge Sozialversicherungen		563,50 Euro
Nettogehalt		2.030,52 Euro
VL-Gesamtbetrag		40,00 Euro
Auszahlungsbetrag		1990,52 Euro

4.4 Marketing

Die Marketingmaßnahmen sind nicht wechselweise einzusetzen. Sie ergänzen und unterstützen einander und haben dadurch eine stärkere Wirkung.

Grundsätzlich gilt, dass alle Marketinginstrumente aufeinander abzustimmen sind.

Durch die Kombination von

- **Kommunikationspolitik** (➟ Teil I, Kap. 5.1, S. 49),
- **Servicepolitik** (➟ Teil I, Kap. 5.3, S. 64),
- **Preispolitik** (➟ Teil I, Kap. 5.4, S. 65),
- **Sortimentspolitik** (➟ Teil I, Kap. 2, S. 17; Kap. 3.1, S. 205)
- **Distributionspolitik**

entsteht das Marketing Mix, das zur Erreichung des Marketingziels dienen soll.

❗ Merke: Die Distributionspolitik entscheidet darüber, wie die Ware zum Kunden gelangt: stationär (Geschäft), ambulant (Verkaufswagen), online (Internet), Automat (Straßenecke, Bahnhof). Werden mehrere Wege genutzt, spricht man vom Multi-Channel-Distributing.

Aufbauend auf den Ausführungen im Kapitel Marketinggrundlagen, in dem **Werbung** (➠ Teil I, Kap. 5.1, S. 49) als eine mögliche Maßnahme im Rahmen der Kommunikationspolitik behandelt wurde, werden nun weitere Maßnahmen erläutert.

4.4.1 Verkaufsförderung (Sales Promotion)

Verkaufsförderung ist nicht mit Werbung zu verwechseln. Verkaufsförderung findet nicht wie Werbung außerhalb des Geschäfts statt, sondern innerhalb. Werbung wirkt erst nach gewisser Zeit, während die Verkaufsförderung direkt wirken muss.

> **① Merke: Unter dem Begriff Sales Promotion werden alle Aktivitäten zusammengefasst, die den Warenabsatz durch Maßnahmen im Outlet (Laden) steigern sollen.**

Diese Aktivitäten sollen unmittelbar zur Absatzsteigerung führen und können sich an den Kunden oder an den Mitarbeiter und damit an das Einzelhandelsgeschäft richten.

Verkaufsförderungsmaßnahmen	
gerichtet an:	**Beispiele**
Kunden	• schöne Warenpräsentation • Gewinnspiele, Gutscheine, Coupons • Kundenkarten • Verkostungen, Warenvorführungen • Aktionen mit Prominenten
Mitarbeiter und Einzelhandelsgeschäft	• Verkaufs-, Warenschulungen, Messebesuche • Verkaufsprämien • Bereitstellen von Katalogen, Mustern, Displays usw. zur Verkaufsunterstützung durch den Hersteller oder Großhändler • Unterstützung bei der Verkaufsraum-, Schaufenstergestaltung • Preisnachlässe, Gratiswaren

Nicht nur bei Werbe- sondern auch bei Verkaufsförderungsmaß-nahmen sind das **UWG** (➠ Teil I, Kap. 5.1.6, S. 57), das **GWB** (➠ Teil III, Kap. 1.2.3, S. 124) und die **Preisangabenverordnung** (➠ Teil I, Kap. 5.4.2, S. 68) zu beachten.

4.4.2 Public Relations

Eine weitere Maßnahme im Rahmen der Kommunikationspoli-tik ist die Öffentlichkeitsarbeit (Public Relations).

(!) Merke: Die Öffentlichkeitsarbeit umfasst alle Handlungen des Unternehmens, die den Bekanntheitsgrad, das Image und mittelbar den Absatz positiv beeinflussen.

Beispielhafte Maßnahmen sind:
- Tag der offenen Tür
- Pressearbeit
- Spenden
- Sponsoring

(!) Merke: Beim Sponsoring unterstützt ein Sponsor, z.B. ein Einzelhändler, einen Sponsoringnehmer (Gesponserter), z.B. einen Fußballverein, mit Geld- und/oder Sachmitteln, ohne dafür eine finanzielle Gegenleistung zu verlangen.

4.4.3 Corporate Identity

Möchte das Unternehmen, dass es in der Öffentlichkeit leicht wiederzuerkennen ist, so muss es eine **unverkennbare Unter-nehmensidentität (Corporate Identity)** haben. Der Aufbau ei-ner unverkennbaren Unternehmensidentität ist ein Prozess, der alle Unternehmensbereiche betrifft.

Das Ziel einer Corporate Identity kann sowohl den unterneh-mensexternen als auch den unternehmensinternen Bereich be-treffen.
- **Unternehmensexterne Ziele** sind z.B. die Abgrenzung von der Konkurrenz und die schnelle Wiedererkennbarkeit durch die Kunden.

- **Unternehmensinterne Ziele** können z.B. die leichtere Iden-
tifikation der Mitarbeiter mit dem Unternehmen und damit
eine Motivationssteigerung sein.

Corporate Identity setzt sich aus drei Elementen zusammen:

Elemente der Corporate Identity	Beispiele
Corporate Design unverkennbares Erscheinungsbild des Unternehmens	Firmenlogo, Firmenfarben, Fassade, Mitarbeiterkleidung
Corporate Behaviour einheitliches Verhalten der Unternehmensmitarbeiter gegenüber Kunden und Geschäftspartnern in bestimmten Situationen sowie der Umgang miteinander	Umgang mit Reklamationen, Führungsstil
Corporate Communication einheitliche Kommunikation, sodass unabhängig vom Kommunikationsmittel und der -ail immer dieselbe Botschaft ankommt	• Verkaufsgespräch: einheitliche Ausdrucksweise, Gesprächsführung • Werbeanzeigen: einheitliche Schrift
Corporate Social Responsibility Verantwortung der Unternehmung gegenüber der Gesellschaft und ihren Mitgliedern	Ehrlichkeitskodex in der Unternehmung, nicht das Erlösmaximum anzustreben, sondern moderate Preise zu verlangen sowie Nachhaltigkeitsgrundregeln zu entwerfen und zu beachten

4.4.4 Marktforschung

Ohne gute und ausreichende Informationen kann kein Marketing Mix den gewünschten Erfolg bringen.

Die **systematische Informationssammlung über die Marktgeschehnisse und deren Auswertung** wird als **Marktforschung** bezeichnet. Das Gegenteil ist die **Markterkundung,** die unsystematische Sammlung von Informationen.

Je nach Zeitraum, Art und Verfahren der systematischen Informationsgewinnung unterscheidet man:

Zeitraum der Marktforschung	Erklärung	Beispiel
Marktanalyse	Informationsgewinnung zu einem bestimmten Zeitpunkt	Der Einzelhändler ermittelt die Tageslosung.
Marktbeobachtung	Informationsgewinnung über einen bestimmten Zeitraum	Der Einzelhändler erfasst den Monatsumsatz.

Art der Marktforschung	Erklärung	Beispiel
Primärforschung (Feldforschung)	Gewinnung und Auswertung von neuen, bislang nicht vorliegenden Informationen	Der Einzelhändler oder Mitarbeiter eines Marktforschungsinstituts bestimmt die Kundenfrequenz des Geschäftes bei der Neueröffnung.
Sekundärforschung (Schreibtischforschung)	Informationen liegen im oder außerhalb des Unternehmens bereits vor und müssen nur noch ausgewertet werden. Die Informationen sind also kostengünstiger zu erhalten, können aber schon veraltet sein.	Der Einzelhändler greift auf seine Statistiken im WWS oder auf amtliche Statistiken, z.B. der IHK, zurück.

Verfahren der Marktforschung	Erklärung	Beispiel
Beobachtung	Informationsgewinnung ohne Einweihung der beobachteten Personen	Kundenlauf im Verkaufsraum
Befragung	• handschriftlich • computergestützt • mündlich (face to face) • telefonisch	Fragebogenaktion zur Zufriedenheit der Kunden mit den Serviceleistungen des Unternehmens
Experiment	Die Wirkung von Veränderungen wird untersucht.	Der Einzelhändler untersucht in einer Filiale, wie sich eine Zweitplatzierung einer bestimmten Ware auf den Absatz auswirkt.

Jedes Verfahren der Marktforschung hat seine Stärken und Schwächen. So sind die Ergebnisse einer Beobachtung häufig subjektiv. Eine schriftliche Befragung hat häufig einen geringen Rücklauf.

Wenn die Möglichkeit besteht, sollten die Verfahren kombiniert eingesetzt werden, damit die Ergebnisse aussagekräftiger sind.

Aus den so gewonnenen und ausgewerteten Informationen der Marktforschung wird eine **Marktprognose** erstellt. Der Einzelhändler kann dann über die Entwicklung des Marktes in der Zukunft Schlüsse ziehen.

Auch das **kommunikationspolitische Verhalten von Mitbewerbern** wirkt sich auf den Absatz des eigenen Unternehmens aus.

Diese Wirkung kann sowohl positiver als auch negativer Art sein. Hat die Konkurrenz z.B. Werbung geschaltet, die bei den Kunden schlecht angekommen ist, wandern diese womöglich zu uns ab. Hat die Konkurrenz z.B. eine Verkaufsförderungsmaßnahme ergriffen, von der das eigene Unternehmen nichts wusste oder zu spät erfahren hat und somit nicht reagieren konnte, wird das Unternehmen womöglich einen Absatzrückgang feststellen können.

Um dies zu vermeiden und der Konkurrenz möglichst einen Schritt voraus zu sein, muss das Unternehmen nicht nur wissen, wer seine Konkurrenten sind, sondern auch, welche marketingpolitischen Maßnahmen sie einsetzen.

Die **Konkurrenzbeobachtung** hat also die Aufgabe, gezielt die Aktivitäten der Konkurrenz zu beobachten, um auf Veränderungen rechtzeitig reagieren zu können.

Zur Konkurrenzbeobachtung gehören u.a. folgende Aktivitäten:
* Testkäufe
* Feststellung der Kundenfrequenz
* Feststellung der Mitarbeiteranzahl
* Beobachtung von Verkaufsförderungsmaßnahmen

4.5 Qualitätssichernde Maßnahmen

Das Lager eines Einzelhändlers hat die Aufgabe, stets die Lieferbereitschaft zu sichern. Es bietet Platz, um Waren auszupacken und zu kontrollieren, Waren zu veredeln und natürlich, um Waren zu lagern. Aus dieser Perspektive kann ein Lager gar nicht groß genug sein – je mehr Waren vorrätig sind, desto besser ist auch immer die **Verkaufsbereitschaft.**

Merke: Je größer das Lager und damit die Verkaufsbereitschaft, desto höher sind aber auch die Lagerkosten, die gerade im Einzelhandel nicht unerheblich sind.

Zunächst sind hier die **Kosten für die Räumlichkeiten** zu nennen. Zudem muss ein Lager gepflegt und aufgeräumt sein, damit die Waren nicht beschädigt werden oder verschmutzen. Das hierfür benötigte **Personal** verursacht Kosten.

Zu den Lagerkosten gehören auch die **Kapitalbindungskosten** (➥ Kap. 3.2, S. 206). Hierunter versteht man den entgangenen Gewinn, den man erhalten hätte, wenn man das Geld nicht in Ware investiert, sondern bei einer Bank angelegt hätte.

Um dies zu berechnen, muss zunächst der Lagerzinssatz ermittelt werden:

Lagerzinssatz pro Tag $= \dfrac{\text{Jahreszinssatz x durchschnittl. Lagerdauer}}{360}$

 Beispiel:

Die Bank gibt die Zinssätze p.a. (pro anno) an, also für ein ganzes Jahr, z.B. 2 Prozent. Bei einer durchschnittlichen Lagerdauer von 90 Tagen, wird der Lagerzinssatz so berechnet:

$\dfrac{2 \text{ x } 90}{360} = 0{,}5 \text{ Prozent}$

Das Lager verursacht also Kosten in Höhe von 0,5 Prozent des durchschnittlichen Lagerbestandes.

Um nun zu ermitteln, welche Zinsen der Einzelhändler von der Bank bekommen hätte, wenn er das Geld angelegt hätte, statt es in Ware zu investieren, werden die Lagerzinsen berechnet.

$$\textbf{Lagerzinsen} = \frac{\text{Wert durchschnittl. Lagerbestand} \times \text{Lagerzinssatz}}{100\ \%}$$

 Beispiel:

Bei einem durchschnittlichen Lagerbestand von 150.000,00 Euro und dem ermittelten Lagerzinssatz von 0,5 Prozent ergeben sich folgende Zinskosten:

$$\frac{150.000 \times 0,5}{100} = 750,00\ \text{Euro}$$

Der Einzelhändler erhält keine 750,00 Euro Zinsen, denn er hat das Geld nicht auf seinem Konto bei der Bank angelegt, sondern dafür Ware gekauft, die keine Zinsen erbringt, sondern Lagerkosten verursacht.

Zudem sind nicht alle Waren unendlich lange lagerungsfähig. Waren können im Lager verderben, gestohlen werden oder verlieren ihre Aktualität (z.B. bei Mode).

Daher wäre es aus dieser Perspektive am effizientesten, das Lager so klein wie möglich zu halten, um die Lagerkosten zu minimieren.

Ein Lager, das so groß ist, dass jederzeit die Verkaufsbereitschaft gesichert ist und bei dem gleichzeitig die Lagerkosten so gering wie möglich gehalten werden, hat die **optimale Lagergröße.** Hierzu muss jeweils die **optimale Bestellmenge** ermittelt werden (➡ Kap. 3.2, S. 207).

In der Realität ist die optimale Lagergröße lediglich eine theoretische Größe, da die Einflussfaktoren, wie z.B. die Nachfrage oder auch die Preise von Produkten, einer gewissen Schwankung (Volatilität) unterliegen.

Um sich der optimalen Lagergröße zumindest anzunähern, berechnet das Unternehmen regelmäßig **Lagerkennziffern** und **Lagerbewegungsziffern** (➡ Teil II, Kap. 2.1, S. 77).

Um diese Lagerkennziffern berechnen zu können, muss der Einzelhändler regelmäßig **Inventuren** (➡ Teil II, Kap. 2.3, S. 81). durchführen. Mithilfe der in der Inventur gewonnen Zahlen lassen sich zunächst Inventurdifferenzen aufzeigen. Mit verschiedenen Maßnahmen kann der Einzelhändler Inventurdifferenzen verringern und so seine Lagerkosten senken.

Eine der wichtigsten Lagerkennziffern ist die **Umschlagshäufigkeit** (➡ Teil II, Kap. 2.1, S. 79).

Mithilfe der Umschlagshäufigkeit, die die Menge an verkauften Waren ins Verhältnis zum durchschnittlichen Lagerbestand setzt, kann berechnet werden, wie oft das Lager theoretisch geräumt wurde.

- Eine **sehr geringe Umschlagshäufigkeit** deutet darauf hin, dass die Ware nicht gut verkauft wurde und der durchschnittliche Lagerbestand zu hoch ist und abgebaut werden solle.
- Eine **sehr hohe Umschlagshäufigkeit** könnte bedeuten, dass die Ware gut verkauft wurde und dass vermutlich der Lagerbestand zu klein gewählt wurde.

Ebenfalls aussagekräftig ist der direkte Vergleich der Umschlagshäufigkeit mit der der Konkurrenz.

- Eine **geringere Umschlagshäufigkeit als die der Konkurrenz** deutet darauf hin, dass die Konkurrenz die Ware besser absetzen kann,
- eine **höhere Umschlagshäufigkeit im Vergleich zur Konkurrenz** spricht für einen guten Warenverkauf, z.B. durch eine gute Warenpräsentation oder fachkundiges Personal.

4.6 Prozessoptimierung

Einzelhändler benötigen die Inventur nicht nur aus rechtlichen Gründen, sondern in besonderem Maße auch, um Rückschlüsse auf den Warenfluss der Artikel ziehen zu können und entsprechend ihre Entscheidungen treffen zu können.

Um regelmäßig über die aktuellen Verkaufszahlen informiert zu sein, nutzen die meisten Einzelhändler ein **elektronisches Warenwirtschaftssystem** (➠ Teil II, Kap. 1, S. 73), das eine zeitnahe Erfassung aller Zu- bzw. Abgänge gewährleistet. Mithilfe des Warenwirtschaftssystems können Bestellungen elektronisch und nur bei Bedarf aufgegeben werden und regelmäßig und mit wenig Aufwand Lagerzahlen berechnet und ausgewertet werden.

Aufgrund der bedarfsgerechten Bestellung können so die Lagerbestände klein gehalten werden, was wiederum Lagerkosten spart. Auch die Lagerrisiken können durch das Warenwirtschaftssystem gesenkt werden, da weniger Ware auf Lager liegt.

In Bezug auf die Kennzahlen erlaubt das Warenwirtschaftssystem z.B. die Erstellung von Renner- und Pennerlisten (➠ Teil I, Kap. 5.2.2, S. 63).

- Als **Rennerartikel** werden Artikel mit einer hohen Umschlagshäufigkeit und dem damit verbundenen hohen Absatz bzw. Umsatz bezeichnet,
- als **Pennerartikel** die mit einer geringen Umschlagshäufigkeit verbunden mit geringem Absatz bzw. Umsatz.

Solche Listen erlauben eine schnelle Reaktion z.B. auf Veränderungen im Kundenverhalten. So können Pennerartikel kurzfristig umplatziert oder Rennerartikel gemeinsam mit Pennerartikeln platziert werden, um den Verkauf der Pennerartikel weiter zu fördern. Auch diese Maßnahme reduziert wieder die Lagerkosten, da Pennerartikel schnell erkannt werden können und darauf angemessen reagiert werden kann.

Mithilfe des Warenwirtschaftssystems können zudem Umsatzstatistiken erstellt werden, die den Umsatz pro Quadratmeter bzw. den Umsatz pro Mitarbeiterstunde zeigen. Diese Statistiken erlauben Rückschlüsse auf den Warenverkauf und die Effektivität des Mitarbeitereinsatzes.

4.7 Controlling

Die vielfältigen Aufgaben des Rechnungswesens in einer Unternehmung werden nicht nur wahrgenommen, weil der Gesetzgeber dies so festgelegt hat, sondern weil das Rechnungswesen wichtige Daten zur Vorbereitung von unternehmerischen Entscheidungen zur Verfügung stellt. Aus dem englischen Sprachraum ist deshalb der Begriff des Controlling nach Deutschland gekommen. Gemeint ist damit, dass das betriebliche Rechnungswesen nicht nur dokumentiert, sondern die Möglichkeit bietet, den Geschäftsablauf zu kontrollieren, zu planen und damit auch zu lenken und zu steuern.

 Beispiel:

Eine kleine Einzelhandelsunternehmung mit 400 Quadratmetern Verkaufsfläche und einer Eigenkapitalausstattung von 1.600.000 Euro setzt mit 4 Mitarbeiterinnen pro Jahr für 2.000.000 Euro Ware um. Dabei entsteht ein Gewinn von 160.000 Euro. Diese Zahlen dokumentiert das Rechnungswesen. Um sie beurteilen zu können und daraufhin Entscheidungen für die kommende Wirtschaftsperiode zu treffen, berechnet das Unternehmen unterschiedliche Kennzahlen.

Die **Umsatzrentabilität** setzt den ermittelten Gewinn in ein Verhältnis zum Umsatz:

$$\begin{array}{l} \text{Umsatz} \;=\; 100\,\% \\ \text{Gewinn} \;=\; \text{x}\;\;\%? \end{array} \qquad \text{x} \;=\; \frac{\text{Gewinn x } 100}{\text{Umsatz}}$$

$$\frac{160.000 \text{ x } 100}{2.000.000} \;=\; 8 \text{ Prozent}$$

Die **Eigenkapitalrentabilität** zeigt an, wie sich das Eigenkapital durch den Gewinn verzinst hat.

$$\begin{array}{l} \text{Eigenkapital} \;=\; 100\,\% \\ \text{Gewinn} \qquad\;\; =\; \text{x}\;\;\%? \end{array} \qquad \text{x} \;=\; \frac{\text{Gewinn x } 100}{\text{Eigenkapital}}$$

$$\frac{160.000 \times 100}{1.600.000} = 10 \text{ Prozent}$$

Im Einzelhandel ist der **Umsatz je Quadratmeter** eine wichtige Vergleichszahl:

$$\textbf{Umsatz / Quadratmeter} = \frac{\text{Gesamtumsatz}}{\text{Gesamtquadratmeterzahl}}$$

$$\frac{2.000.000}{400} = 5.000 \text{ Euro Umsatz / Quadratmeter}$$

Interessant ist auch der **Umsatz je MitarbeiterIn (MA):**

$$\textbf{Gesamtumsatz / Mitarbeiter} = \frac{\text{Gesamtumsatz}}{\text{Anzahl der MA}}$$

$$\frac{2.000.000}{4} = 500.000 \text{ Euro Umsatz / MA}$$

Zur Beurteilung der finanziellen Situation der Unternehmung kann das Controlling folgende **Bilanzkennzahlen** nutzen:

Der **Vermögensaufbau** gibt das Verhältnis von Anlagevermögen zu Umlaufvermögen wieder. Die berechnete Zahl sollte kleiner als 1 sein, denn dann ist das Umlaufvermögen größer. Mit den Warenvorräten aus dem Umlaufvermögen wird der Umsatz erzielt. Ein Vermögensaufbau von 0,7 bedeutet z.B., dass einem Anlagevermögen von 0,70 Euro immerhin 1,00 Euro Umlaufvermögen gegenübersteht.

$$\textbf{Vermögensaufbau} = \frac{\text{Anlagevermögen}}{\text{Umlaufvermögen}}$$

Der **Kapitalaufbau** gibt das Verhältnis von Eigen- und Fremdkapital wieder. Da Fremdkapital Zinsen kostet und Einflussnahme der Fremdkapitalgeber bedeuten kann, sollte die Kennzahl größer als 1 sein. Ein Kapitalaufbau von 1,6 bedeutet z.B., dass einem Eigenkapital von 1,60 Euro nur 1,00 Euro Fremdkapital gegenübersteht.

Kapitalaufbau $= \dfrac{\text{Eigenkapital}}{\text{Fremdkapital}}$

Die Kennzahlen können auch als Quote, also in Prozent berechnet werden.

Quote des Eigenkapitals

Gesamtkapital = 100 %
Eigenkapital = x %? $x = \dfrac{100 \times \text{Eigenkapital}}{\text{Gesamtkapital}}$

Quote des Fremdkapitals

Gesamtkapital = 100 %
Fremdkapital = x %? $x = \dfrac{100 \times \text{Fremdkapital}}{\text{Gesamtkapital}}$

Anlagendeckung

Eigenkapital = 100 %
Anlagevermögen = x %? $x = \dfrac{100 \times \text{Anlagevermögen}}{\text{Eigenkapital}}$

Die so ermittelten Zahlen taugen aber nur dann zu einem Urteil, wenn für die Unternehmung die Zahlen der Vorjahre zum Vergleich herangezogen werden oder wenn entsprechende Branchenkennzahlen vorliegen, z.B. vom Handelsverband Deutschland, Einzelhandel (HDE).

Der Unternehmer kann dann feststellen, ob sich sein Ergebnis verbessert oder verschlechtert hat und ob es in Vergleichsbetrieben erhebliche Abweichungen gibt. Wenn der Unternehmer das weiß, kann er entsprechend reagieren.

Um dies möglichst wirksam vornehmen zu können, wird er ebenfalls den wichtigen Bereich des Lagers (Verkaufs- und Reservelager) mit den entsprechenden Kennzahlen durchleuchten.

Sowohl die Betriebskennzahlen als auch die Lagerkennzahlen (➡ Teil II, Kap. 2.1, S. 77) werden in einem modernen Betrieb von dem datenverarbeitungsgestützten Warenwirtschaftssystem jederzeit auf Knopfdruck zur Verfügung gestellt. So kann der Unternehmer mit diesen Instrumenten seine Unternehmung wirkungsvoll kontrollieren und steuern.

Testen Sie Ihr Wissen und Ihr Verständnis!

Bearbeiten Sie die folgenden Aufgaben, machen Sie sich einige Notizen über Ihre Gedanken zur Lösung und vergleichen Sie Ihre Notizen mit den Lösungsvorschlägen auf Seite 275. Gegebenenfalls lesen Sie in dem entsprechenden Kapitel noch einmal nach.

Die richtigen Seiten finden Sie mithilfe des Stichwortverzeichnisses auf Seite 291!

Aufgaben:

1: Der Auszubildende des Einzelhandelsbetriebs Müller fragt seinen Freund, was man unter dem Begriff „Firma" verstehe. Der Freund antwortet: *„Ob Firma, Betrieb oder Unternehmung, das ist doch alles das Gleiche!"* Sind Sie in Bezug auf den Begriff „Firma" derselben Meinung? Begründen Sie Ihre Antwort.

2: Unterscheiden Sie die „Kommanditgesellschaft (KG)" und die „Gesellschaft mit beschränkter Haftung (GmbH)" bezüglich der Firma, der Finanzierung, der Haftung und der Gewinnverteilung.

3: Peter ist seit vier Jahren stolzer Besitzer einer Bankkarte (ec-Karte). Da sein Freundeskreis nun auf Kreditkarte umgestellt hat, will Peter ihnen in nichts nachstehen. Seine Freundin Hanna fragt ihn, warum er denn überhaupt eine Kreditkarte brauche, er hätte doch eine Bankkarte!

Erläutern Sie Hanna die Unterschiede zwischen Kreditkarten, die von Kreditkartenorganisationen herausgegeben werden und Bankkarten, die von Banken herausgegeben werden!

4: Erklären Sie den Unterschied zwischen einem Kontokorrentkredit und einem Lieferantenkredit.

5: Erklären Sie den Unterschied zwischen einem Dauerauftrag und einem Lastschriftverfahren.

6: Ein Reisebüro erhält von seinem Lieferanten eine Warenlieferung mit nicht sogleich erkennbaren Qualitätsmängeln, sog. „versteckten Mängeln". Wann muss es die Sendung beanstanden (rügen)?

a) sofort nach Erhalt der Ware

b) innerhalb von 2 Jahren

c) unverzüglich nach Entdeckung des Mangels und unabhängig vom Zeitpunkt

d) unverzüglich nach Entdeckung des Mangels, jedoch innerhalb von 24 Monaten

e) innerhalb von 4 Jahren; denn dann sind die Ansprüche verjährt

? 7: Befindet sich der Lieferer in den folgenden Fällen in Lieferungsverzug? Begründen Sie Ihre Ansicht (Kunde ist jeweils Einzelhändler Müller).

a) Am 20.03 ist ein bestellter Computer noch nicht eingetroffen. Vereinbarter Liefertermin: 17.03.

b) Müller hat am 17.02 Papier bestellt. Vereinbarter Liefertermin ist der 01.03. Am 25.02 ist die Lieferung noch nicht eingetroffen und Müller schickt dem Lieferer am gleichen Tag eine Mahnung.

c) Die Müller KG schickt dem Lieferer eine Mahnung, da eine fällige Lieferung – es handelt sich um einen Spezialauftrag – noch nicht eingetroffen ist. Die Lieferung hat sich aufgrund eines Brandschadens durch Blitzeinschlag verzögert.

? 8: Warum „schreiben" Unternehmungen Anlagegüter zu Anschaffungskosten mit einem bestimmten Abschreibungssatz „ab"?

? 9: Welche Auswirkungen auf das Rechnungswesen ergeben sich, wenn ein Anlagegut verkauft wird?

? 10: Warum braucht eine Unternehmung nicht nur im Rahmen der Finanzbuchhaltung eine Gewinn- und Verlustrechnung, sondern darüber hinaus eine Kosten- und Leistungsrechnung mit Kostenarten-, Kostenstellen- und Kostenträgerrechnung?

? **11:** Welche Aufgabe hat die Deckungsbeitragsrechnung?

? **12:** Warum wird die kurzfristige Erfolgsrechnung (KER) in der Regel in einem dv-gestützten Warenwirtschaftssystem ermittelt?

? **13:** In welche Bereiche unterteilt sich die Personalwirtschaft?

? **14:** Was versteht man unter einer ordentlichen bzw. einer außerordentlichen Kündigung?

? **15:** Welche Berufsgruppen haben ein besonderes Kündigungsrecht?

? **16:** Welche Steuerklassen werden in Deutschland unterschieden?

? **17:** Führen Sie für die folgende Mitarbeiterin eine Gehaltsabrechnung durch!

Name	Ge-burts-datum	Kon-fession	Gehalt	Steuer-klasse	Kinder-freibe-trag	VL Arbeit-geber	VL Arbeit-nehmer
Muster-frau	22.09.82	–	3.745 €	IV	1	38 €	75 €

Auszug aus der Lohnsteuertabelle

Kinderfreibetrag			0		0,5		1		1,5	
Lohn/ Gehalt	Steuer-klasse	Lohn-steuer	SolZ	KiStr	SolZ	KiStr	SolZ	KiStr	SolZ	KiStr
3.783,00	I	694,33	38,18	62,48	32,65	53,43	27,38	44,80	22,36	36,59
	II	656,25	–	–	30,65	50,16	25,47	41,69	20,56	33,64
	III	407,83	22,43	36,70	18,24	29,84	14,17	23,18	4,80	16,73
	IV	694,33	38,18	62,48	35,38	57,90	32,65	53,43	29,98	49,07
	V	1.067,25	58,69	96,05	–	–	–	–	–	–
	VI	1.103,50	60,69	99,31	–	–	–	–	–	–

(?) 18: Unterscheiden Sie die Begriffe „Marketing" und „Werbung".

(?) 19: Marketing Mix ist die Kombination aller Marketinginstrumente. Umschreiben Sie die Aufgabe der Marketinginstrumente jeweils mithilfe einer beispielhaften Frage.

Marketinginstrument	Frage
Kommunikationspolitik	...
?	?
?	?

(?) 20: Sie haben einen Bereich des Verkaufsraumes neu gestaltet. Nun möchten Sie in Erfahrung bringen, ob den Kunden diese Umgestaltung gefällt. Wie können Sie die entsprechenden Informationen erhalten? Gehen Sie bitte auf die Art und das mögliche Verfahren der Marktforschung ein.

(?) 21: Schreibtischforschung ist günstiger als Feldforschung. Begründen Sie die Notwendigkeit der Feldforschung.

(?) 22: Sie sollen den Aufbau einer unverkennbaren Unternehmensidentität unterstützen. Nennen Sie 3 konkrete Maßnahmen, die Sie vorschlagen könnten.

(?) 23: Begründen Sie, ob es ausreicht, im Rahmen des Controlling die Kennzahlen der Kosten- und Leistungsrechnung (KLR) und der kurzfristigen Erfolgsrechnung (KER) zu errechnen.

Lösungsteil

Hier finden Sie Antwortmöglichkeiten und Lösungen zu den Rekapitulations- und Verständnisfragen, die jeweils am Ende der Kapitel gestellt werden.

I *Verkauf und Marketing*

(?) 1: Warum ist Kommunikation eine wesentliche Voraussetzung für den Erfolg einer Einzelhandelsunternehmung?

Antwortmöglichkeit: Kommunikation ist der Austausch von Informationen. Im Einzelhandelsbetrieb müssen nicht nur die Mitarbeiter im Team erfolgreich Informationen untereinander austauschen, sondern auch mit Ihren Kunden und Zulieferern kommunizieren! Nur, wenn das gelingt, kann ein Unternehmen erfolgreich sein.

(?) 2: Untersuchen Sie, welche unterschiedlichen Auswirkungen Konflikte auf den Unternehmenserfolg haben und wie Mitarbeiter deshalb mit Konflikten umgehen sollten.

Antwortmöglichkeit: Konflikte sind gegensätzliche oder unvereinbare Meinungen und Einstellungen zwischen zwei oder mehreren Menschen. Gelingt es, den Konflikt zu lösen, erleben die Menschen diese Konfliktlösung als Erfolg, durch den die Arbeit und der Erfolg beflügelt wird. Bleibt der Konflikt ungelöst, wird das als Misserfolg erlebt und behindert den Erfolg. Deshalb sollten Mitarbeiter versuchen, bevorzugt mit konfliktlösenden Verhaltensweisen zu arbeiten statt mit konfliktverschärfenden (➠ Teil I, Kap. 1.3, S. 17).

(?) 3: Erläutern Sie die Bedeutung des Sortiments für den Einzelhandelsbetrieb und begründen Sie die unterschiedlichen Sortimentsdimensionen bei den Betriebsformen Spezialgeschäft und Discounter.

Antwortmöglichkeit: Das Sortiment ist die Menge der Produkte, die der Einzelhändler für seine Kunden bereithält. Ein Spezialgeschäft hat ein sehr schmales Sortiment, das aber sehr tief ist, d.h., es führt nur eine einzige Warengruppe, unter Umständen gar nur ein einziges Produkt, dieses aber in vielen unterschiedlichen Ausführungen. Der Kunde mit einem besonderen Wunsch soll eine größtmögliche Auswahl vorfinden und wird entsprechend beraten. Der Discounter bietet in der Regel die Produkte einer bestimmten Branche an, legt aber Wert auf einen schnellen Umschlag und sehr niedrige Kosten und hat deswegen von den einzelnen Produkten nicht sehr viele unterschiedliche Ausführungen zur Auswahl. Sein Sortiment ist also nicht sehr weit und dabei eher flach (➠ Teil I, Kap. 2, S. 17; Teil IV, Kap. 3.1, S. 205).

? **4:** Beschreiben Sie die einzelnen Stufen eines vollständigen Verkaufsgespräches und beurteilen Sie, welche dieser Stufen die wichtigste ist.

Antwortmöglichkeit:
- **Begrüßen:** Mit offener Körperhaltung, Blickkontakt und möglichst persönlicher Begrüßung eine positive Grundlage für das Verkaufsgespräch schaffen.
- **Erforschen:** Durch offene Fragen feststellen, welches Kaufmotiv der Kunde hat.
- **Zeigen:** Dem Kunden das zum Kaufmotiv passende Produkt in Aktion und produktgemäßer Umgebung vorlegen.
- **Argumentieren:** Den Kunden mit positiven Argumenten und verschiedenen Argumentationsmöglichkeiten vom Produkt überzeugen.
- **Herbeiführen des Kaufvertrages:** Unentschlossenen Kunden mit unterschiedlichen Methoden die Entscheidung erleichtern.
- **Loben:** den Kunden in seiner Entscheidung bestätigen, um die Geldausgabe positiv zu gestalten. Den freundlichen Abschied nicht vergessen!
- **Zuempfehlung:** Dem Kunden zum Hauptkauf passende Produkte anbieten.

Eine Begründung, welche dieser Stufen die wichtigste ist, ist schwer zu geben, da jede Stufe ihre Bedeutung hat. Die Erforschung des Kaufmotivs ist vielleicht wichtiger als alle anderen, weil nur bei einem zum Kaufmotiv passenden Produkt das Verkaufsgespräch erfolgreich beendet werden kann (➡ Teil I, Kap. 3.4.1, S. 26).

? 5: Beschreiben Sie die rechtlichen Unterschiede und kundenorientierten Verhaltensweisen bei einer Reklamation und einem Umtausch. Beurteilen Sie, ob Reklamation und Umtausch negative Auswirkungen auf den Unternehmenserfolg haben.

Antwortmöglichkeit: Die Reklamation ist eine begründete Beschwerde des Kunden, weil die Ware bei Übergabe nicht mangelfrei war. Es gelten die Regelungen, die im BGB festgelegt worden sind.

Der Umtausch ist der Wunsch des Kunden, ein Produkt gegen ein anderes auszutauschen. Da für das umzutauschende Produkt mit dem Einzelhändler ein Kaufvertrag abgeschlossen wurde, den beide Vertragspartner störungsfrei abgewickelt haben, hat der Kunde keinen Rechtsanspruch auf Umtausch, es sei denn, das Umtauschrecht ist beim Abschluss des Kaufvertrages vereinbart worden. Insofern hat der Kunde bei der Reklamation die im BGB vorgesehenen Rechte (➡ Teil I, Kap. 3.5.1, S. 31), ist aber beim Umtausch auf das Entgegenkommen des Einzelhändlers angewiesen. Da der Einzelhändler innerhalb eines Käufermarkts handelt, die Verbraucher also die Marktmacht haben, gehen viele Betriebe hier sehr großzügig auf ihre Kunden ein.

Kurzfristig gesehen haben Reklamation und Umtausch natürlich Auswirkungen auf die Erfolgsrechnung der Unternehmung. Die Bearbeitung von Reklamationen und Umtauschwünschen kostet Zeit und verursacht durch die Beschaffung neuer Waren meistens auch zusätzliche Aufwendungen.

Langfristig aber ist der faire Umgang mit Reklamationen und Umtauschwünschen und deren kundenorientierte Bearbeitung ein wichtiger Faktor für die Kundenzufriedenheit und damit für die Kundenbindung.

(?) 6: Erläutern Sie in fünf Punkten, wie ein guter Einzel-händler vor Geschäftsöffnung die Kasse vorbereiten sollte.

Antwortmöglichkeit:
Der Einzelhändler sollte
- Verpackungsmaterial,
- Schreibmaterial,
- Vordrucke, z.B. Quittungen, Gutscheine, Personalkaufbe-lege,
- aktuelle Stückpreislisten, z.B. für Obst, Sonderangebote,
- Tragetaschen,
- Wechselgeld,
- Ersatzkassenrollen

bereitstellen und
- Ordnung,
- Sauberkeit

herstellen (➠ Teil I, Kap. 4.1, S. 34).

(?) 7: „*Kassierregeln sind für jedes Einzelhandelsunternehmen wichtig.*" Begründen Sie diese Aussage.

Antwortmöglichkeit:
Mithilfe von Kassierregeln
- sollen Kassierfehler vermieden,
- Kassendifferenzen verhindert,
- Kundenreklamationen und damit der Kundenverlust mi-nimiert werden,
- soll der kassierende Mitarbeiter vor falschen Verdächti-gungen geschützt werden (➠ Teil I, Kap. 4.1, S. 35).

(?) 8: Der Kunde Nirma aus Dortmund möchte für den Kauf des Teppichs bei der Unternehmung Meier Teppiche e.K., eine Quittung: Kaufdatum 30.12.20xx, Bruttobetrag 166,60 Euro, Kaufort Düsseldorf. Zählen Sie auf, aus welchen Be-standteilen diese Quittung bestehen muss und welche Anga-ben in diesem Fall gemacht werden müssen.

Lösung: Wort Quittung; Name des Zahlers: Walter Nirma, Dortmund; Zahlungsgrund: 1 Teppich; Name des Zahlungsempfängers: Meier Teppiche e.K.; Bruttobetrag 166,60 Euro; Umsatzsteuer 19 Prozent: 26,60 Euro; Nettobetrag: 140,00 Euro; Ort: Düsseldorf; Datum: 30.12.20xx; Unterschrift des Zahlungsempfängers

? **9:** Sie arbeiten an der Kasse. Ein Kunde möchte mit seiner Debitkarte bezahlen, die nebenstehendes Symbol trägt. Beschreiben Sie den Ablauf des zu erwartenden Zahlungsvorgangs in 5 Schritten. Beachten Sie eine logische Reihenfolge.

Lösung: Girocard – Debitkarte mit POS Verfahren
1. Kunde steckt die Karte in das Kartenlesegerät
2. Eingabe der PIN
3. Bestätigung der PIN
4. Karte wird online überprüft
5. Ausdruck der Quittung
(➡ Teil I, Kap. 4.2.2, S. 38)

? **10:** Ihr Chef überlegt, den Kunden die Bezahlung mit der Mastercard anzubieten. Nennen Sie je zwei Vor- und Nachteile aus Sicht des Einzelhandelsgeschäftes.

Antwortmöglichkeit: Mastercard-Kreditkarte
- Vorteile: Zahlungsgarantie, internationale Kundschaft, Umsatzsteigerung
- Nachteile: hohe Gebühren, zeitverzögerte Gutschrift des Umsatzes

? **11:** Ihr Kollege berichtet in der Pause über eine Kundin, der eine Vase zum ausgeschilderten Preis von 9,00 Euro verkauft wurde, obwohl nach dem Scannen der Ware ein Preis in Höhe von 19,00 Euro angezeigt wurde.
a) Erläutern Sie, ob Kunden das Recht auf den ausgeschilderten Preis haben.
b) Welchen Vorteil haben in diesem Zusammenhang elektronische Preisschilder?
c) Eine andere Kollegin, Frau M., hat in derselben Situation auf dem Preis von 19,00 Euro bestanden aber einen Preisnachlass gewährt.

Erläutern Sie zwei Arten von Preisnachlässen, die in dieser Situation möglich wären.

Antwortmöglichkeit:

a) Eine Warenauslage im Verkaufsraum stellt nur eine Anpreisung dar. Der Kaufvertrag kommt erst an der Kasse zustande. Die Kundin hat also kein Recht auf den ausgeschilderten Preis.

b) Fehler durch manuelle Preisauszeichnung werden verhindert.

c) Treuerabatt, Sonderrabatt, Personalrabatt (➥ Teil I, Kap. 4.2.3, S. 46)

? **12:** Ein Einzelhandelsbetrieb bekommt in seiner Nachbarschaft Konkurrenz. Um seine Kunden an das Unternehmen und sein Sortiment zu erinnern, wird Werbung geschaltet.

a) Geben Sie an, um welche Art von Werbung es sich handelt.
   1. gemäß Werbeziel
   2. gemäß Werbeobjekt
   3. gemäß Anzahl der werbenden Unternehmen
   4. gemäß Anzahl der umworbenen Personen

b) Sie sollen einen Werbeplan erstellen. Nennen und erklären Sie vier Bestandteile eines Werbeplans.

c) Nach der Werbung wurde keine Umsatzsteigerung festgestellt. Der Filialleiter sagt: *„Die Werbung war erfolgreich."* Begründen Sie, unter welcher Voraussetzung seine Aussage zutrifft.

Antwortmöglichkeit:

a) 1. Erinnerungswerbung
   2. Firmen-, Sortiments- und Produktwerbung
   3. Alleinwerbung
   4. Massenwerbung
   (➥ Teil I, Kap. 5.1.2, S. 51)

b) Werbeziel: Erinnerungs-, Expansions-, Einführungswerbung

Werbeobjekt: Firmen-, Sortiments, Produktwerbung
Werbebotschaft: Was soll durch die Werbung vermittelt werden?
Werbebudget: Wie viel Geld darf die Werbung kosten?
(➡ Teil I, Kap. 5.1.4, S. 53)

c) Die Werbung kann dazu geführt haben, dass der Umsatz nicht gesunken ist, was eventuell aufgrund des Konkurrenzdrucks zu erwarten gewesen war.

? 13: Nun soll auch die Verkaufsförderung verstärkt zur Umsatzsteigerung beitragen.

a) Unterscheiden Sie Werbung und Verkaufsförderung anhand von zwei Merkmalen.

b) Geben Sie drei mögliche Maßnahmen an, um den Umsatz von Fruchtsäften zu steigern.

Antwortmöglichkeit:

a) Im Unterschied zur Verkaufsförderung findet Werbung hauptsächlich außerhalb des Unternehmens statt und führt erst nach einem gewissen Zeitraum zum Erfolg

b) Verkostung, Zweitplatzierung, Visual Merchandising, Einsatz von Prominenten

? 14: Die Fruchtsäfte sind in der Mittelzone des Verkaufsraumes zu finden. Wie können Sie anhand von zwei Maßnahmen diese Zone aufwerten?

Antwortmöglichkeit: Platzierung von Suchartikeln und Aktionsartikeln

? 15: Um den Umsatz der Fruchtsäfte weiter zu erhöhen, wird eine Preisdifferenzierung vorgeschlagen. Geben Sie drei mögliche Preisdifferenzierungsmaßnahmen konkret an.

Antwortmöglichkeit:

1. Zeitlich: Von 8:00 bis 12:00 Uhr kosten die Fruchtsäfte nur die Hälfte.

2. Nach Personen: Schüler zahlen nur die Hälfte.

3. Mengenmäßig: ab Kauf von 4 Flaschen Fruchtsaft wird 10 Prozent Preisnachlass gegeben.

II *Warenwirtschaft und Rechnungswesen*

Aufgaben:

? **1:** Erklären Sie die Lagerbestandskennzahlen „Mindestbestand", „Meldebestand" und „Höchstbestand".

Antwortmöglichkeit:

- Mindestbestand: Menge an Ware, die immer auf Lager liegen sollte, um bei Lieferschwierigkeiten oder Nachfrageschwankungen verkaufsbereit zu sein.
- Meldebestand: Menge an Ware, bei der eine Nachbestellung ausgelöst wird.
- Höchstbestand: Menge an Ware, die maximal auf Lager liegen sollte.

? **2:** Beschriften Sie die folgende Abbildung mit den in Aufgabe 1 genannten Begriffen.

Lösung:

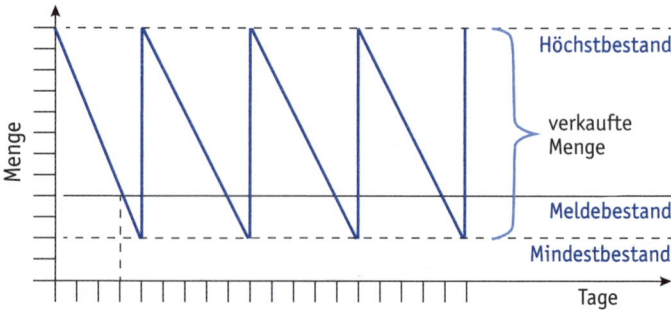

? **3:** Was versteht man unter dem durchschnittlichen Lagerbestand?

Lösung: Die durchschnittliche Lagermenge (auch als Wert, wenn mit dem Preis pro Einheit multipliziert) einer Ware, die jährlich, quartalsmäßig, monatlich oder wöchentlich berechnet werden kann.

? 4: Berechnen Sie die durchschnittliche Lagermenge mithilfe der angegebenen Daten so genau wie möglich!
Daten:

- Anfangsbestand 125;
- Monatliche Endbestände: Januar: 100; Februar: 105; März: 120; April: 90; Mai: 95; Juni: 96; Juli: 91; August: 95; September: 150; Oktober: 175; November: 150; Dezember: 125

Lösung: (125 + 100 + 105 + 120 + 90 + 95 + 96 + 91 + 95 + 150 + 175 + 150 + 125) : 13 = 116,7

? 5: Was versteht man unter der Umschlagshäufigkeit und wie wird sie berechnet?
Lösung: Die Umschlagshäufigkeit gibt an, wie oft der durchschnittliche Lagerbestand verkauft wurde.

? 6: Berechnen Sie den durchschnittlichen Lagerbestand. Gehen Sie davon aus, dass insgesamt 1.560 Stück verkauft wurden.
Lösung: 1.560 : 13 = 120

? 7: Was versteht man unter der durchschnittlichen Lagerdauer? Berechnen Sie diese für den Beobachtungszeitraum von einem Jahr bei einem durchschnittlichen Lagerbestand von 120 Stück.
Lösung: Die durchschnittliche Lagerdauer gibt an, wie lange ein Produkt durchschnittlich auf Lager war.
360 : 120 = 3 Tage
Das Produkt lag durchschnittlich 3 Tage auf Lager.

? 8: Nennen Sie 4 mögliche Gründe für eine Bestandsabweichung (Differenz zwischen Soll- und Istbestand).
Antwortmöglichkeit: Fehlbuchung, Bruch, Verderb, Diebstahl

? 9: Was versteht man unter einer Inventur?
Lösung: die körperliche und buchmäßige Bestandsaufnahme aller Vermögenswerte und Schulden.

- Körperliche Inventur: messen, zählen, schätzen, wiegen der Bestände
- Buchmäßige Inventur: überprüfen von Büchern, Belegen, Kontobelegen etc.

? **10:** Nennen Sie 3 Vereinfachungen für eine Inventur!

Lösung:
1. Stichtagsinventur: Die Inventur kann 10 Tage vor bzw. nach dem Stichtag erfolgen.
2. Verlegte Inventur: Die Inventur kann 3 Monate vor bzw. 2 Monate nach dem Stichtag erfolgen, der Kaufmann ist aber verpflichtet, die Werte zum Bilanzstichtag vor- bzw. zurückzurechnen.
3. Eine permanente Inventur kann durchgeführt werden, wenn Warenbestände fortlaufend in Lagerdateien erfasst sind; die Inventur kann dann an einem beliebigen Tag im Jahr durchgeführt werden.

(➠ Teil II, Kap. 2.3, S. 81)

? **11:** Was bedeutet es, wenn der Kaufmann Inventurdifferenzen feststellt?

Lösung: Dabei handelt es sich um Abweichungen zwischen dem buchmäßigen Sollbestand und dem tatsächlich festgestellten Istbestand.

? **12:** Nennen Sie 3 Möglichkeiten, Inventurdifferenzen zu reduzieren!

Antwortmöglichkeit:
- artikel- und sortenreines Kassieren,
- genaue Kontrolle der Warenein- und Ausgänge,
- elektronischer Diebstahlschutz,
- Mitarbeiterschulungen,
- Ladendetektiv

? **13:** Warum ist eine Wareneingangskontrolle wichtig?

Antwortmöglichkeit: Es ist rechtlich vorgeschrieben, Waren sofort zu kontrollieren, da sonst der Anspruch auf Gewährleistung verloren geht.

? **14:** Welche Schritte sind bei der Wareneingangskontrolle zu beachten?

Lösung:
- Adresse auf Lieferschein überprüfen,
- Anzahl der Packstücke mit Lieferschein vergleichen,
- Zustand der äußeren Verpackung kontrollieren,
- Annahme beschädigter Ware muss abgelehnt und auf dem Lieferschein vermerkt werden,
- Fehlmengen müssen auf dem Lieferschein vermerkt werden

? **15:** Was versteht man unter einem Verbrauchsgüterkauf und welche Gewährleistungsrechte sind gesetzlich festgelegt?

Antwortmöglichkeit: Einer der Vertragspartner ist Kaufmann, der andere Privatmann. Der Käufer hat das Recht auf 2 Jahre Gewährleistung bei offenen und versteckten Mängeln.

? **16:** Was versteht man unter einem zweiseitigen Handelskauf und welche Gewährleistungsrechte kommen hier zur Anwendung?

Antwortmöglichkeit: Beide Vertragspartner sind Kaufleute; offene Mängel müssen sofort angezeigt werden, versteckte Mängel müssen unverzüglich nach Entdeckung, aber spätestens nach 2 Jahren angezeigt werden; eine Reduzierung der Gewährleistung auf ein Jahr ist möglich.

? **17:** Was bedeutet der Begriff „Beweislastumkehr"?

Antwortmöglichkeit: Die Beweislast bei Gewährleistung liegt grundsätzlich beim Verkäufer, innerhalb der ersten 6 Monate wird allerdings zugunsten des Käufers vermutet, dass der Schaden bereits bei Übergabe vorhanden war (➠ Teil II, Kap. 2.6, S. 83).

(?) 18: Was versteht man unter einem arglistig verschwiegenen Mangel und welche Gewährleistungsfristen gelten hier?

Antwortmöglichkeit: Der Verkäufer kannte den Mangel und hat diesen dem Käufer verschwiegen; Verjährungsfrist 3 Jahre ab Kenntnisnahme.

(?) 19: Nennen Sie 6 Mängelarten und geben Sie je ein Beispiel!

Antwortmöglichkeit:

1. Quantitätsmangel: Statt 50 Hemden wurden nur 32 geliefert.
2. Qualitätsmangel: Ein Pullover hat ein Loch.
3. Falschlieferung: Statt 50 Pullundern wurden 50 Pullover geliefert.
4. Mangelhafte Montageanleitung: Es fehlt eine Schraube in der Anleitung; das Regal fällt von der Wand und wird beschädigt.
5. Fehlerhafte Montage: Ein Monteur baut einen Küchenschrank falsch auf; der Glasboden zerbricht dabei.
6. Fehlerhafte Angaben in der Werbung: Die Werbung verspricht einen Computer mit 2 GB Festplatte, tatsächlich ist aber nur eine Festplatte mit 1,4 GB verbaut.

(?) 20: Wie müssen Produkte, bei denen Gefahren für die Gesundheit oder die Umwelt bestehen, gekennzeichnet sein?

Antwortmöglichkeit: Mit den Gefahrenkennzeichen für „entzündlich", „brandfördernd", „unter Druck stehende Gase", „Umweltgefährdung"

(?) 21: Welche Gefahren bestehen beim Einsatz eines Hubwagens?

Antwortmöglichkeit: überfahrene Füße, gequetschte Finger, Gefahren eines Umstürzens wegen zu hoher Geschwindigkeit

(?) 22: Ermitteln Sie aus den vorliegenden Angaben eines Kassenberichtes die Tageslosung in Euro:

a) Bargeldbestand bei Geschäftsöffnung   300,00 Euro
b) Ausgaben für Wareneinkäufe   1.000,00 Euro
c) Bargeldbestand bei Geschäftsschluss   6.667,00 Euro

Lösung: 6.667,00 Euro – 300,00 Euro + 1.000,00 Euro = 7.367,00 Euro

? **23:** In welchen Fällen entstehen Kassendifferenzen?
a) Sie scannen 4 Flaschen Wasser ein, die fünfte Flasche vergessen Sie zu kassieren.
b) Der Kunde bezahlt 4 Wasserflaschen mit einem Zehn-Euro-Schein. Die Flasche kostet 1,50 Euro. Sie geben ihm 3,00 Euro Wechselgeld.
c) Ein Kunde bekommt an der Kasse 3 Prozent Rabatt auf seine Einkäufe.
d) Sie machen einen Kassensturz und errechnen dafür den Bargeldbestand. Von der Summe ziehen Sie die Mehrwertsteuer ab und vergleichen diese mit dem Soll-Geldbestand.

Lösung: in den Fällen b und d

? **24:** Nennen Sie drei Gründe für einen Kassensturz.

Antwortmöglichkeit:
1. Ein Kunde behauptet, zu wenig Wechselgeld erhalten zu haben.
2. Verdacht auf Geldentwendung aus der Kasse.
3. Unachtsamkeit beim Kassieren.

? **25:** Berechnen Sie den Soll-Geldbestand.

Kassenbericht

Bruttoumsatz	4.800,20 Euro
Wechselgeldbestand	250,00 Euro
Kartenzahlungen	1.360,00 Euro
Soll-Geldbestand	?

Lösung: 4.800,20 Euro – 1.360,00 Euro + 250,00 Euro = 3.690,20 Euro

? **26:** Erklären Sie den Unterschied zwischen Tageslosung und Tagesumsatz.

Antwortmöglichkeit: Tageslosung und Tagesumsatz sind nicht identisch. Der Tagesumsatz umfasst neben den Bareinnahmen aus dem Warenverkauf auch die unbaren Einnahmen per Kartenzahlung. Beide lassen sich dem Kassenbericht entnehmen.

? 27: Erläutern Sie
a) zwei Ursachen und
b) die schädliche Wirkung
einer positiven Kassendifferenz.

Antwortmöglichkeit:
a) Der Ist-Geldbestand ist höher als der Soll-Geldbestand; es wurde zu wenig Wechselgeld herausgegeben; die Höhe des Wechselgeldes am Anfang des Tages wurde falsch gezählt; fehlerhafte Zählung des Ist-Geldbestandes
b) Kundenverlust, Personalgespräche, Personalentlassung

? 28: Beim Dreisatz wird mit dem geraden Verhältnis oder dem ungeraden Verhältnis gerechnet. Erläutern Sie den Unterschied und geben Sie jeweils ein praktisches Beispiel.

Antwortmöglichkeit:
a) Bei der Dreisatzberechnung wird aus drei bekannten Größen eine vierte gesuchte Größe ermittelt. Bei geradem Verhältnis gilt, dass sich bei Änderung einer Größe die andere Größe im gleichen Verhältnis ändert.

Beispiel: 2 Mitarbeiter kosten täglich 150 Euro. Wie viel kosten 4 Mitarbeiter? 4 Mitarbeiter kosten täglich 300 Euro.
b) Beim ungeraden Verhältnis ändern sich die Größen gegenläufig. Dies bedeutet, die Verringerung der einen Größe führt zur Vergrößerung der anderen Größe oder umgekehrt.

Beispiel: 2 Auszubildende brauchen zur Regalbestückung 60 Minuten. Wie lange brauchen 4 Auszubildende? 4 Auszubildende brauchen 30 Minuten, also entsprechend weniger als 2 Auszubildende.

? **29:** Bei welchen Berechnungen braucht der Kaufmann die Prozentrechnung?

Antwortmöglichkeit: Die Prozentrechnung dient zur Berechnung von Preisnachlässen, Berechnung von Entgelten, Berechnung von Rabatten oder zur Kalkulation von Preisen.

? **30:** Erklären Sie, gegebenenfalls mithilfe eines Beispiels, wofür man die Durchschnittsrechnung im kaufmännischen Bereich benutzt.

Antwortmöglichkeit: Um rechnerische Durchschnittswerte zu bestimmen, z.B. durchschnittlicher Umsatz, durchschnittlicher Lagerbestand, Umsatz je Verkäufer etc. Diese Durchschnittswerte werden gebraucht, um die Wirtschaftlichkeit eines Einzelhandelsunternehmens zu beurteilen; z.B. die Wirtschaftlichkeit (Effizienz) bestimmter Verkäufer, bestimmter Zeiträume, bestimmter Artikel etc.

? **31:** Unterscheiden Sie den einfachen Durchschnitt vom gewogenen Durchschnitt.

Antwortmöglichkeit:
- Einfacher Durchschnitt: Aus der Summe mehrerer Werte wird ein Mittelwert errechnet. Die einzelnen Werte müssen immer die gleiche Benennung haben.
- Gewogener Durchschnitt: Er wird angewendet, wenn einzelne Werte häufiger vorkommen. Beispielsweise wird in einer Inventur der Drehstuhl zu 85,30 Euro fünfmal und der Tisch zu 128,00 Euro siebenmal aufgenommen.
  Also ist der gewogene Durchschnitt:
  $(5 \times 85,30) + (7 \times 128) = 1.322,50 : 12 = 110,21$ Euro.

? **32:** Im Einzelhandelsunternehmen kommt es vor, dass Geldbeträge nach einem bestimmten Verhältnis verteilt werden müssen. Suchen Sie zwei passende Beispiele.

Antwortmöglichkeit:
- Verteilung der Lagerkosten auf die Produkte
- Anteil eines Verkäufers am Jahreserfolg

- Anteil von Waren an den Frachtkosten
- Gewinnanteil eines Teilhabers etc.

(?) 33: Nennen Sie zwei Möglichkeiten, den Gewinn oder den Verlust eines Unternehmens zu ermitteln.

Antwortmöglichkeit:
- durch Gegenüberstellung von Aufwendungen und Erträgen innerhalb eines Jahres oder
- durch Eigenkapitalvergleich zweier aufeinanderfolgender Jahre, wenn es keine Entnahmen oder Einlagen durch den Unternehmer gab.

(?) 34: Welche Aufgaben haben Bezugs- und Verkaufskalkulation in einem Einzelhandelsbetrieb? Welche einzelnen Stufen unterscheidet man?

Antwortmöglichkeit (➡ Teil II, Kap. 6.1, S. 106):
- Mit der Bezugskalkulation berechnet der Einzelhändler den Preis, den er für eine Ware bezahlen muss, bis sie in seinem Regal liegt. Der Listenpreis des Lieferanten ist dabei der Ausgangspunkt. Von ihm wird der Lieferantenrabatt abgezogen und so der Zieleinkaufspreis ermittelt. Unter Umständen gewährt der Lieferant bei einem Zielkauf noch Skonto, den der Einzelhändler bei der Bezahlung vom Zieleinkaufspreis abziehen kann und so nur den Bareinkaufspreis zu bezahlen braucht. Da der Lieferant laut BGB seine Leistung an seinem Unternehmenssitz erbringt, muss der Käufer dann noch die Bezugskosten berücksichtigen, die für den Transport bis in das eigene Lager entstehen. Damit ist die Bezugskalkulation beendet und die Verkaufskalkulation beginnt.
- Verkaufskalkulation: Auf den Bezugspreis schlägt der Einzelhändler seine Handlungskosten und berechnet so den Selbstkostenpreis. Dazu wird noch der Gewinn kalkuliert und so der Nettoverkaufspreis berechnet. Dann kommt noch die Mehrwertsteuer hinzu. Der so ermittelte Brutto-

verkaufspreis ist der Ladenpreis, zu dem der Einzelhändler sein Produkt verkaufen kann.

? **35:** Warum kalkulieren die Einzelhändler auch mit Kalkulationszuschlag und Kalkulationsfaktor?

Antwortmöglichkeit: Die Kalkulation ist eine aufwendige Berechnung. Da bei Produkten der gleichen Warengruppen Handlungskosten, Gewinnerwartungen und Umsatzsteuersatz gleich bleiben, kann aus einer vollständigen Verkaufskalkulation ein Multiplikator errechnet werden, der durch Multiplikation mit dem Bezugspreis in einem einzigen Schritt zum Bruttoverkaufspreis führt. Wird die Differenz zwischen dem Bruttoverkaufspreis und dem Bezugspreis in Prozent ausgedrückt, handelt es sich um den Kalkulationszuschlag, der die Verkaufskalkulation ebenfalls vereinfachen kann (➠ Teil II, Kap. 6.2 / 6.3, S. 109).

? **36.** Welche Aufgaben hat die Rückwärtskalkulation?

Antwortmöglichkeit: Wenn der Einzelhändler ein Produkt nur zu einem bestimmten Marktpreis anbieten kann, so ist es wichtig, dass er bei einem Angebot überprüfen kann, ob er mit dem Bezugspreis des Lieferanten und dem zu erzielenden Marktpreis auf seine Kosten kommt. Also muss er vom Bruttoverkaufspreis bis zum Bezugspreis zurück kalkulieren (➠ Teil II, Kap. 6.4, S. 110). Dabei muss er berücksichtigen, dass der Bruttoverkaufspreis dem Prozentsatz von 119 Prozent entspricht und der Nettoverkaufspreis mit 100 Prozent berechnet werden muss. Die entsprechenden gegebenen Prozentsätze sind also größer als 100 Prozent und der jeweils gesuchte Prozentwert (beim Selbstkostenpreis und Bezugspreis) entspricht 100 Prozent.

III Wirtschafts- und Sozialkunde

(?) 1: Erläutern Sie am Beispiel Benzinverbrauch das ökonomische Prinzip als Minimal- und als Maximalprinzip.

Antwortmöglichkeit:
- Minimalprinzip: Ich versuche mit so wenig Benzin wie möglich nach Hamburg zu kommen.
- Maximalprinzip: Ich versuche mit einem vollen Tank so weit wie möglich zu fahren.

(?) 2: Nennen und beschreiben Sie 6 Aufgaben des Einzelhandels in der Volkswirtschaft.

Antwortmöglichkeit:
- Raumüberbrückung: Der Einzelhändler bringt Waren aus aller Welt zum Endverbraucher und erspart dem Verbraucher so weite Wege.
- Zeitüberbrückung: Die Güter müssen nach Produktion nicht sofort verbraucht werden.
- Lagerhaltung: Durch die Lagerhaltung können Schwankungen der Kundennachfrage ausgeglichen werden.
- Sortimentsbildung: Der Einzelhandel stellt aus dem umfangreichen Angebot der Hersteller die Produkte zusammen, die seine Kunden wünschen.
- Mengenausgleich: Der Einzelhändler kauft in großen Mengen ein und verkauft in bedarfsgerechten Mengen an den Endverbraucher.
- Markterschließung: Der Einzelhandel nimmt Trends in sein Sortiment auf, weckt Kundenwünsche und übermittelt dem Hersteller seine Marktkenntnisse.
- Absatzförderung: Durch Warenplatzierung (Warenpräsentation) und verkaufsfördernde Maßnahmen (Sales Promotion) wird der Absatz gefördert.
- Marktbeobachtung: Der Einzelhandel gibt Kundenwünsche und Kundenverhalten an die Produzenten weiter.
- Service: Der Einzelhandel berät Kunden, transportiert Ware und repariert möglicherweise.

? 3: Im Einzelhandel arbeiten Unternehmen auf unterschiedliche Weise zusammen. Unterscheiden Sie zwischen der Kooperation und der Konzentration hinsichtlich der wirtschaftlichen und rechtlichen Selbstständigkeit der beteiligten Unternehmen.

Antwortmöglichkeit:
- Kooperation: Die rechtliche Selbstständigkeit bleibt erhalten und die wirtschaftliche wird zu einem Teil aufgegeben.
- Konzentration: Die rechtliche Selbstständigkeit kann aufgegeben werden und die wirtschaftliche Selbstständigkeit wird auf jeden Fall stark eingeschränkt.

? 4: In welchem Zusammenhang stehen Unternehmen und private Haushalte im einfachen Wirtschafskreislauf? Welche Transaktionen werden dabei nicht erfasst?

Antwortmöglichkeit: Die (privaten) Haushalte bieten den Unternehmen ihre Arbeitskraft an und erhalten dafür ein Einkommen (Lohn, Pacht, Zins). Dieses Geld fließt wieder in die Unternehmen zurück, wenn die Haushalte Sachgüter und Dienstleistungen erwerben. Die Konsumausgaben der privaten Haushalte verwenden die Unternehmen wiederum für die Produktion, und von dem Lohn für geleistete Arbeit kaufen die Haushalte weitere Konsum- und Sachgüter.

Die Lieferungen und Geldströme von Unternehmen zu Unternehmen und Haushalt zu Haushalt werden dabei nicht erfasst.

? 5: An einer Börse liegen einem Makler folgende Kauf- und Verkaufsaufträge für Aktien vor. Bestimmen Sie den Gleichgewichtspreis, zu dem gleich viel gekauft und verkauft wird, also Angebot und Nachfrage ausgeglichen sind.

Verkaufsaufträge			
Stückzahl	**Mindest-kurs/-preis**	**Stückzahl**	**Mindest-kurs/-preis**
150	117	70	120
110	118	50	121
80	119	40	122

Gesamt 500

Kaufaufträge			
Stückzahl	**Mindest-kurs/-preis**	**Stückzahl**	**Mindest-kurs/-preis**
110	117	65	120
90	118	50	121
75	119	150	122

Gesamt 540

Lösung:

Kurs	Angebot insgesamt	Nachfrage insgesamt	Umsatz in Stück
117	150	540	150
118	260	430	260
119	**340**	**340**	**340**
120	410	265	265
121	460	200	200
122	500	150	150

? 6: Unterscheiden Sie zwischen Rechtsfähigkeit und Geschäftsfähigkeit.

Antwortmöglichkeit:

- Rechtsfähigkeit ist die Fähigkeit, Träger von Rechten und Pflichten zu sein, z.B. erben zu können, unabhängig vom Alter

- Geschäftsfähigkeit ist die Fähigkeit, Rechtsgeschäfte abschließen zu können. Wir unterscheiden die
  - Geschäftsunfähigkeit (Kinder unter 7 Jahre),
  - die beschränkte Geschäftsfähigkeit (Personen von 7 Jahren bis zum vollendeten 18. Lebensjahr) und
  - voll Geschäftsfähige (Personen ab 18 Jahre).

(?) 7: Welcher Unterschied besteht zwischen Besitz einer Sache und Eigentum an einer Sache?

Antwortmöglichkeit:

- Der Besitz einer Sache bedeutet, dass jemand über eine Sache tatsächlich verfügen kann, z.B. also ein gemietetes Auto fahren kann.
- Eigentum bedeutet die rechtliche Herrschaft über eine Sache. Der Eigentümer kann also frei über eine Sache verfügen, er kann ein Auto z.B. verkaufen.

(?) 8: Entscheiden und begründen Sie, wann es sich in folgenden Fällen um nichtige, anfechtbare oder rechtmäßige Rechtsgeschäfte handelt.

a) Der Einzelhändler Möller ist stark verschuldet. Die Bank gewährt ihm keinen weiteren Kredit. In seiner Not erhält er von einem Privatmann ein Darlehen zu 50 Prozent Zins jährlich.

b) Herr Meyers kauft im Hinterzimmer einer Gastwirtschaft zwei Stangen geschmuggelte Zigaretten.

c) Im Unterricht werden Verträge besprochen. Beim Schenkungsvertrag zieht der Lehrer einen 50-Euro-Schein aus der Brieftasche und gibt ihn Detlev mit den Worten: *„Den schenke ich dir!"* Detlev sagt: *„Danke"* und steckt den Schein ein.

d) Kaufmann Bullmeier droht seinem säumigen Kunden: *„Wenn Sie nicht bis übermorgen gezahlt haben, schicke ich Ihnen meinen Bruder, der ist Amateurboxer, vorbei!"*

e) Der Angestellte sieht im Geschäft einen gebrauchten Fotoapparat für 150,00 Euro. Er denkt: *„Oh, 15,00 Euro ist aber durchaus günstig, den kauf ich."*

Lösung:
a) Nichtig, da hier gegen die guten Sitten verstoßen wird.
b) Nichtig, da dies gegen ein gesetzliches Verbot verstößt.
c) Nichtig, da die Schenkung erkennbar nicht ernst gemeint war, sondern nur der Demonstration diente.
d) Anfechtbar, da es sich hier um eine widerrechtliche Drohung handelt.
e) Anfechtbar, da es sich hier um einen Irrtum in der Erklärung handelt (⟼ Teil III, Kap. 2.2.2, S. 134).

? 9: Bei welcher rechtlichen Erklärung verzichtet der Gesetzgeber auf eine Empfangsbestätigung, damit die Erklärung gültig wird?

Lösung: Bei einem Testament.

? 10: Ein Papierlieferant macht einem Einzelhändler ein telefonisches Angebot über eine besonders günstige Papierlieferung von 5.000 Blatt zu 25,00 Euro. Der Einzelhändler kann sich nicht direkt entscheiden und legt auf. Drei Tage später ruft der Einzelhändler den Papierlieferanten zurück und möchte nun bestellen. Der Lieferant hat das günstige Angebot allerdings nun nicht mehr vorrätig. Der Einzelhändler besteht aber auf Lieferung.

Ist der Lieferant noch an sein Angebot gebunden? Begründen Sie Ihre Antwort.

Antwortmöglichkeit: Der Papierlieferant ist nicht mehr an das Angebot gebunden, da telefonische Angebote nur so lange gültig sind, wie das Gespräch dauert.

? 11: Erklären Sie die Begriffe „Einliniensystem", „Mehrliniensystem" und „Stabliniensystem" und geben Sie je einen Vor- bzw. einen Nachteil an.

Antwortmöglichkeit:
- Einliniensystem: Jeder Stelle ist genau eine Leitungsstelle zugewiesen.
  Vorteil: klare Zuordnung von Kompetenzen
  Nachteil: überforderte Leitungsstellen

- Mehrliniensystem: Jeder Stelle sind mehrere Leitungsstellen zugeordnet.
  Vorteil: direkte und schnelle Kommunikation mit einer fachkompetenten Leitungsstelle
  Nachteil: Gefahr von Kompetenzkonflikten
- Stabliniensystem: Wie Einliniensystem mit zusätzlichen Stabstellen zur Unterstützung der Leitungsstellen.
  Vorteil: Entlastung der Leitungsstellen
  Nachteil: mögliche Kompetenzstreitigkeiten

(?) 12: In welchen Gesetzen ist die betriebliche Arbeitszeit geregelt?

Antwortmöglichkeit:

- Das Betriebsverfassungsgesetz regelt die Beziehung zwischen Arbeitgebern und Betriebsräten.
- Vereinbarungen werden in Betriebsvereinbarungen geregelt. Diese enthalten: tägliche Arbeitszeit, Verteilung auf die Wochentage etc.
- Im Arbeitszeitgesetz wird die höchstmögliche Arbeitszeit mit dem Pausenminimum angegeben. Verbesserung kann es durch den Tarifvertrag gemäß Tarifvertragsgesetz geben.

(?) 13: Nennen Sie die Mindestinhalte eines Ausbildungsvertrages.

Antwortmöglichkeit:

- Art, sachliche und zeitliche Gliederung sowie Ziel der Berufsausbildung, insbesondere die Berufstätigkeit, für die ausgebildet werden soll
- Beginn und Dauer der Berufsausbildung (2 Jahre bei Verkäufern und 3 Jahre bei Einzelhandelskaufleuten)
- Ausbildungsmaßnahmen außerhalb der Ausbildungsstätte
- Dauer der regelmäßigen täglichen Ausbildungszeit
- Dauer der Probezeit (max. 4 Monate, innerhalb derer beide Vertragsparteien ohne Angabe von Gründen oder Einhaltung einer Kündigungsfrist kündigen dürfen)

- Zahlung und Höhe der Vergütung (geregelt in gesetzlichen oder tariflichen Bestimmungen)
- Dauer des Urlaubs (geregelt in gesetzlichen oder tariflichen Bestimmungen)
- Voraussetzungen, unter denen der Berufsausbildungsvertrag (nach Ablauf der Probezeit) gekündigt werden kann
- ein in allgemeiner Form gehaltener Hinweis auf die Tarifverträge, Betriebs- oder Dienstvereinbarungen, die auf das Berufsausbildungsverhältnis anzuwenden sind

(?) 14: Erläutern Sie die Bedeutung von Tarifvertrag und Tarifautonomie.

Antwortmöglichkeit:

- Der Tarifvertrag wird zwischen Arbeitgeberverbänden und Arbeitnehmerverbänden als Manteltarifvertrag abgeschlossen, der allgemeine Arbeitsbedingungen regelt, oder als Entgelttarifvertrag, der konkrete Gehälter und Löhne regelt.
- Tarifautonomie: Der Staat darf sich zu keinem Zeitpunkt in die Verhandlungen einmischen.

(?) 15: Erklären Sie den Ablauf einer Tarifauseinandersetzung vom Ablauf des alten bis zum Abschluss eines neuen Tarifvertrages.

Antwortmöglichkeit: Der Tarifvertrag ist ausgelaufen; Forderungen werden geäußert und unter Umständen mit Warnstreiks unterstützt; wenn keine Einigung gefunden wird, wird ein Schlichtungsverfahren eingeleitet; wenn keine Einigung erzielt wird, erfolgt eine Urabstimmung über einen Arbeitskampf (mindestens 75 Prozent der Mitglieder müssen dafür stimmen); es wird gestreikt, unter Umständen reagieren die Arbeitgeber mit Aussperrung; Abschluss eines neuen Tarifvertrages.

(?) 16: Aus welchen 5 Säulen setzt sich die Sozialversicherung zusammen?

Antwortmöglichkeit: Krankenversicherung, Pflegeversicherung, Rentenversicherung, Arbeitslosenversicherung, Unfallversicherung. Versicherungen werden in der Regel paritätisch von Arbeitgeber und Arbeitnehmer gezahlt; lediglich die Unfallversicherung zahlt der Arbeitgeber alleine.

17: Welche Rechte hat ein Betriebsrat bei betrieblichen Entscheidungen?

Antwortmöglichkeit:
- Informationsrecht: betriebliche Lage
- Mitwirkungsrecht: personelle Angelegenheiten
- Mitbestimmungsrecht: Arbeitszeiten, Pausenzeiten

18: Warum gibt es das Betriebsverfassungsgesetz?
Antwortmöglichkeit: Deutschland ist ein demokratischer Staat, und deshalb sollen die Arbeiter in größeren Unternehmungen auch Einflussmöglichkeiten haben, die aber das Entscheidungsrecht des Unternehmers nur dann einschränken, wenn es um ureigene Arbeitnehmerbelange geht.

19: Was regelt das Arbeitssicherheitsgesetz?
Antwortmöglichkeit: Ein Betrieb muss dafür sorgen, dass den Beschäftigten ein Betriebsarzt und eine Fachkraft für Arbeitssicherheit zur Verfügung stehen.

20: Nennen Sie 5 betriebliche Gefahrenquellen und deren Beseitigung!

Antwortmöglichkeit:
- Gegenstände (z.B. gelieferte Waren) stehen im Weg: Die Waren müssen sofort verräumt werden.
- Leitern: Die Leitern müssen den Sicherheitsstandards entsprechen.
- Rutschgefahr auf nassem, glattem Fußboden: feuchten Boden trocknen, Tragen von Schuhen mit rutschfester Sohle, rutschfeste Fußbodenbeläge
- Verletzungsgefahren durch Messer, Beile etc.: Messer und Beile nicht unbeaufsichtigt herumliegen lassen.
- Verletzungsgefahr an Maschinen: Sicherheitszeichen nutzen, Mitarbeiter schulen

- Verletzungen bei der Arbeit mit Gefahrenstoffen: Sicherheitszeichen nutzen, Schulung der Mitarbeiter, Sicherheitskleidung tragen

? 21: Was versteht man unter Erster Hilfe?

Antwortmöglichkeit: Sofortmaßnahmen bei Unfällen, Notfallerkrankungen oder Vergiftungen durch einen Laienhelfer

? 22: Nennen Sie die Stufen der Rettungskette.

Antwortmöglichkeit:
- Absichern/Eigenschutz: Der Verletzte muss unter Beachtung des Eigenschutzes aus der Gefahrenzone gebracht und die Gefahrenzone abgesichert werden.
- Notruf wählen/Sofortmaßnahmen einleiten:
  - Wo? – Wo ist etwas geschehen?
  - Was? – Was genau ist passiert?
  - Wie? – Wie viele Verletzte?
  - Welche? – Welche Art der Verletzung liegt vor?
  - Warten – auf Rückfragen der Rettungsstelle.
- Rettungswagen: Warten auf den Rettungswagen und Weitergabe aller relevanten Informationen für den Arzt
- Krankenhaus: Der Verletzte wird mit dem Rettungswagen in ein Krankenhaus gebracht und dort weiterbehandelt.

? 23: Welche Schritte müssen im Brandfall eingeleitet werden?

Antwortmöglichkeit: Ruhe bewahren, Feueralarm auslösen und das Feuer melden. Brandschutzzeichen und Rettungszeichen beachten (➠ Teil III, Kap. 4.1, S. 162). Feuerlöscher nur bei sehr kleinen Bränden einsetzen.

? 24: Wozu verpflichtet die Verpackungsordnung Betriebe?

Antwortmöglichkeit: Verkaufsverpackungen, Umverpackungen und Transportverpackungen zurückzunehmen und sich am flächendeckenden Rücknahmesystem zu beteiligen.

? **25:** Auf welche Produkte wird die Pfandpflicht von Einwegverpackungen (Dosenpfand) erhoben?

Antwortmöglichkeit: Dosen, PET-Flaschen und Glas-Einwegflaschen. Ausgenommen sind Kartonverbundverpackungen (z.B. Tetra-Pak). Pfand wird erhoben auf Mineralwasser, Bier, kohlensäurehaltige Getränke und alkoholische Mischgetränke.

? **26:** Nennen Sie 6 Möglichkeiten der Energieeinsparungen beim Transport und der Lagerung von Ware.

Antwortmöglichkeit:
- Warentransport: kurze Transportwege, leichtes Verpackungsmaterial und umweltfreundliche Transportfahrzeuge
- Lager: Bei der Beleuchtung, der Kühlung und auch der Heizung eine hohe Energieeffizienzklasse wählen.

IV Geschäftsprozesse

? **1:** Der Auszubildende des Einzelhandelsbetriebs Müller fragt seinen Freund, was man unter dem Begriff „Firma" verstehe. Der Freund antwortet: *„Ob Firma, Betrieb oder Unternehmung, das ist doch alles das gleiche!"* Sind Sie in Bezug auf den Begriff „Firma" derselben Meinung? Begründen Sie Ihre Antwort.

Antwortmöglichkeit: Die Firma ist der Name eines Kaufmannes, unter dem dieser seine Handelsgeschäfte betreibt. Der Betrieb ist der Ort der Leistungserstellung und das Unternehmen ist der rechtliche Rahmen, innerhalb dessen gehandelt wird.

? **2:** Unterscheiden Sie die „Kommanditgesellschaft (KG)" und die „Gesellschaft mit beschränkter Haftung (GmbH)" bezüglich der Firma, der Finanzierung, der Haftung und der Gewinnverteilung.

	Kommanditgesellschaft (KG)	Gesellschaft mit beschränkter Haftung (GmbH)
Firma	Personen-, Sach-, Misch- oder Fantasiefirma mit Zusatz KG	Personen-, Sach-, Misch- oder Fantasiefirma mit Zusatz GmbH
Finanzierung	• (Erhöhung der) Kapitaleinlagen • Aufnahme neuer Gesellschafter • Bankfinanzierung	• (Erhöhung der) Kapitaleinlage • Aufnahme neuer Gesellschafter • Aufnahme von Fremdkapital bei einer Bank
Haftung	• Komplementär: mit Privat- und Geschäftsvermögen • Kommanditist: mit dem Geschäftsvermögen	Haftungsbeschränkt, jeder Gesellschafter haftet nur mit seiner Kapitaleinlage.
Gewinn/ Verlust	• Gewinn: 4 Prozent auf die geleistete Kapitaleinlage. Restverteilung des Gewinns in einem angemessenen Verhältnis. • Verlust: Auf alle Gesellschafter verteilt in einem angemessenen Verhältnis.	Im Verhältnis der Geschäftsanteile oder nach Maßgabe des Gesellschaftsvertrages

? **3:** Peter ist seit vier Jahren stolzer Besitzer einer Bankkarte (ec-Karte). Da sein Freundeskreis nun auf Kreditkarte umgestellt hat, will Peter ihnen in nichts nachstehen. Seine Freundin Hanna fragt ihn, warum er denn überhaupt eine Kreditkarte brauche, er hätte doch eine Bankkarte!

Erläutern Sie Hanna die Unterschiede zwischen Kreditkarten, die von Kreditkartenorganisationen herausgegeben werden und Bankkarten, die von Banken herausgegeben werden!

Antwortmöglichkeit:
• Kreditkarte:
   – erhältlich über eine Bank im Namen einer Kartenorganisation oder direkt über die Kartenorganisation
   – Einzugsermächtigung für Kartenorganisation
   – Jahresbeitrag an Kartenorganisation

- weltweit bargeldlose Zahlung, Versicherungsleistung, Geldabholung, Internetzahlung etc.
- Abrechnung einmal monatlich
- Bankkarte (ec-Karte):
  - erhältlich von Bank im Namen der Bank
  - bargeldlose Zahlung in einem Geschäft innerhalb Europas
  - bei einigen Kreditinstituten kostenlos (ggf. Kontoführungsgebühr)
  - Beträge werden direkt vom Konto abgebucht
  - Bargeldabhebung beim Kreditinstitut ggf. kostenlos

(?) 4: Erklären Sie den Unterschied zwischen einem Kontokorrentkredit und einem Lieferantenkredit.

Antwortmöglichkeit:
- Lieferantenkredit: Einräumung eines Zahlungsziels durch den Lieferanten. Bei vorzeitiger Zahlung kann Skonto abgezogen werden, wenn dies vereinbart wurde.
- Kontokorrentkredit: Kurzfristige Überziehung des (laufenden) Privat- oder Geschäftskontos gegen hohe Zinsen.

(?) 5: Erklären Sie den Unterschied zwischen einem Dauerauftrag und einem Lastschriftverfahren.

Antwortmöglichkeit:
- Dauerauftrag: Bei regelmäßigen, gleichbleibenden Beträgen erteilt der Zahlende seinem Kreditinstitut den Auftrag, das Geld zu überweisen (Beispiel Miete, Taschengeld).
- Lastschrift: Bei regelmäßigen, aber ungleichen Beträgen erhält der entsprechende Zahlungsempfänger die Ermächtigung, vom Konto des Zahlers das Geld einzuziehen (z.B. Telefonrechnung, Stromrechnung).

(?) 6: Ein Reisebüro erhält von seinem Lieferanten eine Warenlieferung mit nicht sogleich erkennbaren Qualitätsmängeln, sog. „versteckten Mängeln". Wann muss es die Sendung beanstanden (rügen)?

a) sofort nach Erhalt der Ware
b) innerhalb von 2 Jahren
c) unverzüglich nach Entdeckung des Mangels und unabhängig vom Zeitpunkt
d) unverzüglich nach Entdeckung des Mangels, jedoch innerhalb von 24 Monaten
e) innerhalb von 4 Jahren; denn dann sind die Ansprüche verjährt

Lösung: Antwort d) ist richtig

? **7:** Befindet sich der Lieferer in den folgenden Fällen in Lieferungsverzug? Begründen Sie Ihre Ansicht (Kunde ist jeweils Einzelhändler Müller).

a) Am 20.03 ist ein bestellter Computer noch nicht eingetroffen. Vereinbarter Liefertermin: 17.03.
b) Müller hat am 17.02 Papier bestellt. Vereinbarter Liefertermin ist der 01.03. Am 25.02 ist die Lieferung noch nicht eingetroffen und Müller schickt dem Lieferer am gleichen Tag eine Mahnung.
c) Die Müller KG schickt dem Lieferer eine Mahnung, da eine fällige Lieferung – es handelt sich um einen Spezialauftrag – noch nicht eingetroffen ist. Die Lieferung hat sich aufgrund eines Brandschadens durch Blitzeinschlag verzögert.

Lösung:
a) Ja, falls Verschulden vorliegt.
b) Nein, noch nicht fällig.
c) Nein, höhere Gewalt. Es liegt kein Verschulden vor.

? **8:** Warum „schreiben" Unternehmungen Anlagegüter zu Anschaffungskosten mit einem bestimmten Abschreibungssatz „ab"?

Antwortmöglichkeit: Anlagegüter werden mit dem Wert ihres Beschaffungspreises und aller damit verbundenen Anschaffungsnebenkosten, um sie in Betrieb nehmen zu können, in ein Anlageverzeichnis und dann in die Bilanz übernommen. Mit dem ersten Tag ihrer Inbetriebnahme verlieren diese Anlagegüter durch den Gebrauch an Wert. Selbst wenn sie nur älter werden, ohne dass sie gebraucht werden, tritt ein Wertverlust ein. Dieser Wertverlust gehört zu den Kosten der Einzelhandlung. Während die Anschaffung bei Eröffnung des Geschäfts entweder mit Eigenkapital oder mit Fremdkapital finanziert wird, muss der Wertverlust durch die Verkaufspreise erwirtschaftet werden. Deshalb hat der Unternehmer die Möglichkeit, diesen Wertverlust in seiner Gewinn- und Verlustrechnung zu berücksichtigen und sich so über den Verkaufspreis von seinen Kunden bezahlen zu lassen. Der Gesetzgeber nennt diesen Betrag „Absetzung für Abnutzung", denn er erhöht nicht nur die Handlungskosten, sondern er mindert auch die gewinnabhängigen Unternehmenssteuern.

Der Abschreibungssatz ergibt sich aus der betriebsüblichen Nutzungsdauer und wird durch das Bundesministerium der Finanzen bestimmt. Bestimmt z.B. diese sogenannte AfA-Tabelle eine betriebsübliche Nutzungsdauer von 8 Jahren für „Wirtschaftsgüter der Ladeneinrichtung", so entspricht das einem jährlichen Abschreibungssatz von 12,5 Prozent (100 Prozent : 8 Jahre). Ist das Anlagegut länger im Betrieb in Gebrauch, bleibt es mit einem Erinnerungswert von 1 Euro in der Bilanz erhalten (➡ Teil IV, Kap. 4.1, S. 216).

? **9:** Welche Auswirkungen auf das Rechnungswesen ergeben sich, wenn ein Anlagegut verkauft wird?

Antwortmöglichkeit: Der Unternehmer kann sein Anlagegut vor Erreichen der betriebsüblichen Nutzungsdauer verkaufen oder mit dem Erreichen dieser Altersgrenze oder es auch weiter nutzen.

Verkauft er das Anlagegut vorher, so hat das Anlagegut noch einen relativ hohen Restbuchwert. Ist der Verkaufserlös größer als der Restbuchwert, ergibt sich ein sonstiger außerordentlicher Ertrag. Ist der Verkaufserlös aber kleiner als der Restbuchwert, ergibt sich ein sonstiger außerordentlicher Aufwand. Wird das Anlagegut aber zum Restbuchwert verkauft, so ergeben sich keine Auswirkungen auf die Gewinn-

und Verlustrechnung des Unternehmens. Außerordentliche Aufwendungen und Erträge werden dagegen in der Gewinn- und Verlustrechnung des Unternehmens verzeichnet. Wird das Anlagegut nach dem Ablauf der betriebsüblichen Nutzungsdauer verkauft, so wird sich in der Regel ein außerordentlicher Ertrag ergeben, da der Verkaufserlös größer sein dürfte als 1 Euro.

? **10:** Warum braucht eine Unternehmung nicht nur im Rahmen der Finanzbuchhaltung eine Gewinn- und Verlustrechnung (GuV), sondern darüber hinaus eine Kosten- und Leistungsrechnung mit Kostenarten-, Kostenstellen- und Kostenträgerrechnung?

Antwortmöglichkeit: Die Gewinn- und Verlustrechnung im Rahmen der Finanzbuchhaltung entsteht aufgrund der gesetzlichen Vorschriften im HGB und in der Abgabenordnung. Sie ist insofern zunächst einmal eine Information für Betriebsfremde. Da aber der Unternehmer selbst gute Entscheidungsunterlagen braucht, bereitet die Kosten- und Leistungsrechnung (➠ Teil IV, Kap. 4.2, S. 216) die dokumentierten Zahlen aus der Finanzbuchhaltung für innerbetriebliche Entscheidungsprozesse auf.

- In der Kostenartenrechnung werden betriebsfremde, periodenfremde und außerordentliche Aufwendungen und Erträge gesucht und von den Zahlen in der GuV abgegrenzt. So wird das reine Betriebsergebnis aus der betrieblichen Tätigkeit ermittelt (➠ Teil IV, Kap. 4.2.3. S. 218).
- In der Kostenstellenrechnung werden die betrieblichen Kosten und Leistungen den einzelnen Verursachern zugerechnet (➠ Teil IV, Kap. 4.2.4, S. 220).
- In der Kostenträgerrechnung werden die Kosten dann verursachergerecht den einzelnen Produkten zugerechnet, um dann auf dieser Basis den betrieblich notwendigen Verkaufspreis zu kalkulieren (➠ Teil IV, Kap. 4.2.5, S. 221).

? **11:** Welche Aufgabe hat die Deckungsbeitragsrechnung?
Antwortmöglichkeit: Ausgangspunkt für die Deckungs-

beitragsrechnung ist die Aufteilung der Gesamtkosten in fixe (also weitgehend mengenunabhängige) und variable (also weitgehend mengenabhängige) Kostenanteile. Der Begriff Deckungsbeitrag benennt die Summe der Erlöse, die nach Abzug des Wareneinsatzes und der variablen Kosten übrig bleiben, um damit die fixen Kosten zu decken. So kann in der Sortimentspolitik besser entschieden werden, welche Warengruppen aus kostenrechnerischer Sicht ertragreicher sind als andere (➠ Teil IV, Kap. 4.2.7. S. 222).

? 12: Warum wird die kurzfristige Erfolgsrechnung (KER) in der Regel in einem dv-gestützten Warenwirtschaftssystem (WWS) ermittelt?

Antwortmöglichkeit: Das dv-gestützte WWS kann praktisch in jeder Minute die aktuellen Sollzahlen der Unternehmensrechnung zur Verfügung stellen. Die kurzfristige Erfolgsrechnung umfasst dabei eine begrenzte Menge von betrieblichen Kennzahlen, die aber schon vor der Nachkalkulation Hinweise darauf geben können, ob die Unternehmung erfolgreich gesteuert werden kann. Selbstverständlich stellt die KER folgende Daten zur Verfügung: Wareneinkauf, Wareneinsatz, Umsatzerlöse, durchschnittlicher Lagerbestand und Warenrohgewinn. So kann der Unternehmer rechtzeitig Maßnahmen ergreifen, um den Betriebs- und Unternehmenserfolg zu optimieren (➠ Teil IV, Kap. 4.2.8. S. 223).

? 13: In welche Bereiche unterteilt sich die Personalwirtschaft?

Antwortmöglichkeit:
1. Personalbedarfsplanung: vergleicht Soll- und Istbestand an Personal und leitet daraus Personalbedarf bzw. Personalentlassungen ab
2. Personalbeschaffung: Stellenausschreibungen, Bewerbungsverfahren, Auswahl und Einstellung neuer Mitarbeiter
3. Personaleinsatzplanung: tägliche Personalplanung, Urlaubsplanung etc.

4. Personalentwicklung: Qualifizierung von Mitarbeitern z.B. für neue Maschinen oder Führungsaufgaben
5. Personalfreisetzung: Entlassung von Mitarbeitern

? **14:** Was versteht man unter einer ordentlichen bzw. einer außerordentlichen Kündigung?

Antwortmöglichkeit:

- Ordentliche Kündigung: verhaltensbedingt, personenbedingt oder betriebsbedingt; muss sozial gerechtfertigt sein; Einhaltung gesetzlicher Kündigungsfristen
- Außerordentliche Kündigung aufgrund einer groben, schuldhaften Pflichtverletzung, z.B. Diebstahl oder Nichtzahlung des Lohns; setzt in der Regel eine Abmahnung voraus.

? **15:** Welche Berufsgruppen haben ein besonderes Kündigungsrecht?

Antwortmöglichkeit: Schwerbehinderte, werdende Mütter, Auszubildende nach der Probezeit, Mitglieder des Betriebsrats bzw. der Auszubildendenvertretung. Es handelt sich hier um besonders schutzwürdige Arbeitnehmergruppen.

? **16:** Welche Steuerklassen werden in Deutschland unterschieden?

Antwortmöglichkeit:

- Steuerklasse I: ledige, geschiedene, verwitwete oder verheiratete Arbeitnehmer, die von ihrem Ehegatten dauernd getrennt leben oder deren Ehegatte im Ausland lebt
- Steuerklasse II: in Steuerklasse I genannte Arbeitnehmer, in deren inländischer Wohnung mindestens ein Kind lebt
- Steuerklasse III: verheiratete Arbeitnehmer, die nicht dauernd getrennt leben und deren Ehegatte kein Einkommen bezieht oder auf Antrag in Steuerklasse V eingestuft wird oder: verwitwete Ehegatten, in dem Kalenderjahr, das dem Todesjahr des Ehegatten folgt

- Steuerklasse IV: verheiratete Arbeitnehmer, die nicht dauernd getrennt leben und beide Arbeitsentgelt beziehen
- Steuerklasse V: Arbeitnehmer erhalten diese Steuerklasse, wenn auf Antrag der Ehegatte Steuerklasse III erhält.
- Steuerklasse VI: Arbeitnehmer, die gleichzeitig mehrere Arbeitsstellen haben

17: Führen Sie für die folgende Mitarbeiterin eine Gehaltsabrechnung durch!

Name	Geburts-datum	Kon-fession	Gehalt	Steuer-klasse	Kinder-freibe-trag	VL Arbeit-geber	VL Arbeit-nehmer
Muster-frau	22.09.82	–	3.745 €	IV	1	38 €	75 €

Auszug aus der Lohnsteuertabelle

Kinderfreibetrag			0		0,5		1		1,5	
Lohn/Gehalt	Steuer-klasse	Lohn-steuer	SolZ	KiStr	SolZ	KiStr	SolZ	KiStr	SolZ	KiStr
3.783,00	I	694,33	38,18	62,48	32,65	53,43	27,38	44,80	22,36	36,59
	II	656,25	–	–	30,65	50,16	25,47	41,69	20,56	33,64
	III	407,83	22,43	36,70	18,24	29,84	14,17	23,18	4,80	16,73
	IV	**694,33**	38,18	62,48	35,38	57,90	**32,65**	53,43	29,98	49,07
	V	1.067,25	58,69	96,05	–	–	–	–	–	–
	VI	1.103,50	60,69	99,31	–	–	–	–	–	–

Lösung:

Grundgehalt (Personalstammblatt)	3.745,00 Euro	
Prämie (aus Personalstammblatt)	–	
AG-Anteil VL (aus Personalstammblatt)	38,00 Euro	
Bruttogehalt		3.783,00 Euro

Lohnsteuer (aus Lohnsteuertabelle)	694,33 Euro	
Solidaritätszuschlag (aus Lohnsteuertabelle)	32,65 Euro	
Kirchensteuer (aus Lohnsteuertabelle)	–	
Abzüge Steuern		726,98 Euro
Krankenversicherung Arbeitnehmer (AN): 7,3 % + 0,9 % = 8,2 %	310,21 Euro	
Pflegeversicherung AN: 1,025 %	38,78 Euro	
Rentenversicherung AN: 9,45 %	357,49 Euro	
Arbeitslosenversicherung AN: 1,5 %	56,75 Euro	
Abzüge Sozialversicherungen		763,23 Euro
Nettogehalt		2.292,79 Euro
VL-Gesamtbetrag		113,00 Euro
Auszahlungsbetrag		2.179,79 Euro

? **18:** Unterscheiden Sie die Begriffe „Marketing" und „Werbung".

Antwortmöglichkeit: Werbung ist lediglich ein Bereich der Kommunikationspolitik, die wiederum ein Bereich des Marketing ist. Marketing umfasst viel mehr als Werbung, es bestimmt die Gesamtausrichtung des Unternehmens am Markt.

? **19:** Marketing Mix ist die Kombination aller Marketinginstrumente. Umschreiben Sie die Aufgabe der Marketinginstrumente jeweils mithilfe einer beispielhaften Frage.

Antwortmöglichkeit:

Marketinginstrument	Frage
Kommunikationspolitik	Wo soll Werbung geschaltet werden?
Preispolitik	Zu welchem Preis soll die Ware angeboten werden?
Servicepolitik	Welche Serviceleistungen wollen wir anbieten?
Distributionspolitik	Wollen wir die Waren auch im Internet anbieten?
Sortimentspolitik	Welche Waren wollen wir verkaufen?

? **20:** Sie haben einen Bereich des Verkaufsraumes neu gestaltet. Nun möchten Sie in Erfahrung bringen, ob den Kunden diese Umgestaltung gefällt. Wie können Sie die entsprechenden Informationen erhalten? Gehen Sie bitte auf die Art und das mögliche Verfahren der Marktforschung ein.

Antwortmöglichkeit: Durch Primärforschung direkt am Point of Sale, indem Kunden entweder beobachtet oder direkt nach ihrer Meinung befragt werden.

? **21:** Schreibtischforschung ist günstiger als Feldforschung. Begründen Sie die Notwendigkeit der Feldforschung.

Antwortmöglichkeit: Während Schreibtischforschung schon vorhandene Daten auswertet, bietet die Feldforschung die Möglichkeit, neue, bislang nicht vorliegende Informationen zu gewinnen und auszuwerten.

? **22:** Sie sollen den Aufbau einer unverkennbaren Unternehmensidentität unterstützen. Nennen Sie 3 konkrete Maßnahmen, die Sie vorschlagen könnten.

Antwortmöglichkeit:
- Corporate Design: Firmenlogo, Firmenfarben, Fassade, Mitarbeiterkleidung
- Corporate Behaviour: einheitliches Verhalten der Unternehmensmitarbeiter gegenüber Kunden und Geschäftspartnern in bestimmten Situationen sowie der Umgang miteinander, Umgang mit Reklamationen, Führungsstil

- Corporate Communication: einheitliche Kommunikation, sodass unabhängig vom Kommunikationsmittel und der -art immer dieselbe Botschaft ankommt; im Verkaufsgespräch eine einheitliche Ausdrucksweise und Gesprächsführung

(?) 23: Begründen Sie, ob es ausreicht, im Rahmen des Controlling die Kennzahlen der Kosten- und Leistungsrechnung (KLR) und der kurzfristigen Erfolgsrechnung (KER) zu errechnen.

Antwortmöglichkeit: Controlling ist ein Instrument der Unternehmensleitung, das es ermöglicht, aus den Werten der Vergangenheit die Unternehmensstrategie für die Zukunft zu entwickeln. Deshalb reicht es für das Controlling nicht aus, nur die dokumentierten Zahlen zusammenzufassen, sondern diese müssen zu Vergleichszahlen ins Verhältnis gesetzt werden. Diese Vergleichszahlen können sowohl betriebsintern (Zeitvergleich) als auch extern (Branchenvergleich) entstanden sein. Controlling hat auch die Aufgabe, die Auswirkung unterschiedlicher Unternehmensmaßnahmen zu prognostizieren und in unterschiedlichen Szenarien zu untersuchen. Die so vorbereitete Entscheidung muss dann aber letztlich der Unternehmer selbst treffen.

Wichtige Formeln und Schemata

1 Kalkulation

Kalkulationsschema
Listeneinkaufspreis
− Liefererrabatt
= Zieleinkaufspreis
− Liefererskonto
= Bareinkaufspreis
+ Bezugskosten
= Bezugs-(Einstands-)preis
+ Handlungskosten
= Selbstkostenpreis
+ Gewinn
= Nettoverkaufspreis
+ Umsatzsteuer
= Bruttoverkaufspreis

$$\text{Kalkulationsfaktor} = \frac{\text{Bruttoverkaufspreis}}{\text{Bezugspreis}}$$

$$\text{Kalkulationszuschlag} = \frac{100 \times (\text{Bruttoverkaufspreis} - \text{Bezugspreis})}{\text{Bezugspreis}}$$

$$\text{Kalkulationsabschlag} = \frac{100 \times (\text{Bruttoverkaufspreis} - \text{Bezugspreis})}{\text{Bruttoverkaufspreis}}$$

$$\text{Handelsspanne} = \frac{100 \times (\text{Nettoverkaufspreis NVP} - \text{Bezugspreis})}{\text{Nettoverkaufspreis}}$$

2 Lagerkennzahlen

2.1 Bestandskennzahlen

- Der **Mindestbestand,** auch eiserner Bestand genannt, ist die Menge an Waren, die immer auf Lager liegen sollte.

- Der **Höchstbestand** ist die Menge an Waren, die maximal von einem Produkt auf Lager liegen sollte.
- Der **Meldebestand** ist die Menge an Waren, bei der eine Nachbestellung unter Umständen direkt beim Lieferanten ausgelöst wird.

Mindestbestand

+ Lieferzeit x durchschnittlicher Tagesabsatz

= Meldebestand

2.2 Bewegungskennzahlen

Durchschnittlicher Lagerbestand	
jährliche Rechnung	$\dfrac{\text{Anfangsbestand} + \text{Endbestand}}{2}$
quartalsmäßige Rechnung	$\dfrac{\text{Anfangsbestand} + 4 \text{ Quartalsendbestände}}{5}$
monatliche Rechnung	$\dfrac{\text{Anfangsbestand} + 12 \text{ Monatsendbestände}}{13}$
wöchentliche Rechnung	$\dfrac{\text{Anfangsbestand} + 52 \text{ Wochenendbestände}}{53}$

Umschlagshäufigkeit	
mengenmäßige Berechnung	$\dfrac{\text{Menge der jährlich verkauften Ware}}{\text{durchschnittlicher Lagerbestand}}$
wertmäßige Berechnung	$\dfrac{\text{Jahresumsatz zu Einkaufspreisen}}{\text{durchschnittlicher Lagerbestand zu Einkaufspreisen}}$

durchschnittliche Lagerdauer $= \dfrac{360}{\text{Umschlagshäufigkeit}}$

Lagerzinssatz = $\dfrac{\text{Jahreszinssatz} \times \text{durchschnittliche Lagerdauer}}{360}$

Lagerzinsen = $\dfrac{\text{Wert durchschnittlicher Lagerbestand} \times \text{Lagerzinssatz}}{100\ \%}$

3 Erfolgskennzahlen

Rohgewinn

   Umsatzerlöse für Waren
– Wareneinsatz ((Netto)Aufwendungen für Waren)
_____
= **(Waren-)Rohgewinn**

Reingewinn

   Summe aller Erträge des Unternehmens
– Summe aller Aufwendungen des Unternehmens
_____
= **Reingewinn**

Eigenkapitalrentabilität

Durchschnittl. Eigenkapital = $\dfrac{\text{Anfangsbestand EK} + \text{Endbestand EK}}{2}$

Rentabilität des Eigenkapitals
(Unternehmerrentabilität) = $\dfrac{\text{Gewinn} \times 100}{\text{durchschnittl. Eigenkapital}}$

Umsatzrentabilität

Umsatzrentabilität = $\dfrac{\text{Gewinn} \times 100}{\text{Umsatz zu Verkaufspreisen}}$

Umsatz je Quadratmeter

Umsatz / Quadratmeter = $\dfrac{\text{Gesamtumsatz}}{\text{Quadratmeterzahl der Verkaufsfläche}}$

Umsatz je MitarbeiterIn (MA)

Umsatz / MitarbeiterIn $= \dfrac{\text{Gesamtumsatz}}{\text{Anzahl der MA}}$

4 Bilanzbeurteilung

Vermögensaufbau

Vermögensaufbau $= \dfrac{\text{Anlagevermögen}}{\text{Umlaufvermögen}}$

Kapitalaufbau

Kapitalaufbau $= \dfrac{\text{Eigenkapital}}{\text{Fremdkapital}}$

Quote des Eigenkapitals

Gesamtkapital $=$ 100 %
Eigenkapital $=$ x %?
$$x = \dfrac{100 \times \text{Eigenkapital}}{\text{Gesamtkapital}}$$

Quote des Fremdkapitals

Gesamtkapital $=$ 100 %
Fremdkapital $=$ x %?
$$x = \dfrac{100 \times \text{Fremdkapital}}{\text{Gesamtkapital}}$$

Anlagendeckung

Eigenkapital $=$ 100 %
Anlagevermögen $=$ x %?
$$x = \dfrac{100 \times \text{Anlagevermögen}}{\text{Eigenkapital}}$$

Stichwortverzeichnis

Stichwortverzeichnis